吉林财经大学资助出版图书

吉林财经大学物流产业经济与智能物流实验室开放基金项目资助

吉林财经大学现代数字产业学院资助

基于多元系统耦合的
中国绿色经济发展路径

马 明 唐 乐◎著

中国社会科学出版社

图书在版编目(CIP)数据

基于多元系统耦合的中国绿色经济发展路径/马明,唐乐著. —北京:中国社会科学出版社,2023.6
ISBN 978-7-5227-2139-2

Ⅰ.①基… Ⅱ.①马…②唐… Ⅲ.①绿色经济—经济发展—研究—中国 Ⅳ.①F124.5

中国国家版本馆 CIP 数据核字(2023)第 119267 号

出 版 人	赵剑英
责任编辑	王　曦
责任校对	阎红蕾
责任印制	戴　宽

出　　版	中国社会科学出版社
社　　址	北京鼓楼西大街甲 158 号
邮　　编	100720
网　　址	http://www.csspw.cn
发 行 部	010-84083685
门 市 部	010-84029450
经　　销	新华书店及其他书店

印刷装订	北京君升印刷有限公司
版　　次	2023 年 6 月第 1 版
印　　次	2023 年 6 月第 1 次印刷

开　　本	710×1000　1/16
印　　张	16.25
插　　页	2
字　　数	213 千字
定　　价	89.00 元

摘　要

　　自从邓小平同志在 1988 年提出了"科学技术是第一生产力"的重要论断以来，"科技强国"已经成为推进我国经济发展和社会进步的核心理念。党的十八大以来，习近平总书记把科技创新摆在国家发展全局的核心位置，高度重视科技创新，并在党的二十大报告再次提出，必须坚持"创新是第一动力"，"坚持创新在我国现代化建设全局中的核心地位"。坚持创新驱动发展战略是一项系统工程，不仅需要系统内部的整合优化科技资源配置、强化社会层面研发投入、激发人才创新活力、完善科技创新体制机制等改革举措，更为重要的是，要处理好科技创新系统与外部系统的耦合关系，特别是在转变经济增长方式、提升经济发展质量的关键时期，科技创新与产业变迁相互影响、联系紧密；协同创新作为科技进步的有效实施方案，更加需要相适应的产业结构与之协调匹配，才能激发创新活力；在"绿水青山就是金山银山"理论指引下，发展环境友好型经济是一切生产经营活动的行动指南，一定程度影响着产业结构演进与科技创新方向。因此，解决好多元系统协同发展问题，是提升科技创新效率、发挥科技引领作用的有效手段，对实现经济发展方式转变、促进经济社会与生态环境和谐共生具有重要现实意义。

　　本书以我国 30 个省（自治区、直辖市）为研究对象，以 2009—

2018 年的数据为背景，在应用熵权法测算产业变迁、协同创新、科技进步、生态效率综合发展水平的基础上，对"四元系统"耦合度及耦合协调度进行评价。基于耦合度的时序演变及收敛性分析，明确了子系统间互动关联关系及发展趋势；基于耦合协调度的时序演进及空间联系分析，整体把握了"四元系统"彼此融合、协调一致的动态发展水平及空间联动规律；构建了面板计量经济模型，研判了耦合协调度的影响因素。综合实证分析结论，总结了我国产业变迁、协同创新、科技进步、生态效率耦合协调发展等问题，并针对加强科技实力、引导区域绿色经济发展提出了相关对策建议。

研究结果表明：第一，我国"四元系统"发展水平相对较低，省际存在明显差距。具体体现在产业集聚发展水平不高、协同创新程度较低、科技进步增速放缓、生态效率总体偏低且区域间差异明显等方面，因此，从提升产业集聚度、加大企业对科研机构的研发投入、培养造就高水平人才队伍、提升技术效率等方面入手补足"四元系统"短板，是促进其耦合协调发展的前提。第二，省际耦合协调发展不平衡，"四元系统"和谐促进关系有所恶化。研究期内绝大多数省（自治区、直辖市）处于中等协调耦合与低协调耦合状态，暴露出我国"四元系统"耦合协调发展结构不合理、发展水平不均衡的弊端。制定切合实际的产业发展规划，合理配置生产资源、创新要素、生态资源是改善耦合协调度的有效举措。第三，耦合协调度空间联系不够紧密，核心地区辐射带动能力不足。除"京津冀""长三角"区域耦合协调的空间关联性较高外，其他区域发展模式都较为松散。充分发挥重点区域内核心城市的辐射带动作用，构建起区域联动的一体化发展模式，有助于缩小地区间协同发展差距，强化资源流动、产业布局、协同创新的空间联系，促进全国层面"四元系统"耦合协调良性发展。

目　　录

第一章　绪论

自党的十八届三中全会报告提出加快转变经济发展方式、加快建设创新型国家开始，我国经济开始从以规模扩张为主导的粗放型增长方式向以"提质增效"为标志的内涵式增长方式过渡。在产业结构高级化进程中，科技进步是核心动力，党的十八大报告强调指出："科技创新是提高社会生产力和综合国力的战略支撑，必须摆在国家发展全局的核心位置。"习近平总书记在党的十九大报告中再次强调，创新是引领发展的第一动力，是建设现代化经济体系的战略支撑。党的二十大报告，进一步夯实了创新在我国现代化建设全局中的核心地位，只有坚持创新是第一动力，才能推动我国实现高质量发展，塑造我国国际合作和竞争新优势。可以预见，在已经开启的"十四五"发展征程中，科技创新必将是产业结构高级化演进的主要推动力，是实现提升经济发展质量的重要手段。虽然科技研发已经作为重要的产业布局方向体现在各省（自治区、直辖市）"十四五"发展规划中，但高新技术产业与现有产业结构融合度低、产业组织形态落后以及配套产业不健全束缚了协同创新行为、现有经济发展方式与生态环境不协调等，严重影响了我国产业结构高级化进程。因此，基于全国各省（自治区、直辖市）为研究视角，理论分析产业变迁、协同创新、科技进步、生态效率的耦合机理，构建"四元系统"耦合协调框架模型并实证分析耦合协调现状及发展趋势，提出促进耦合协调的对策建议，对调整区域产业布局、推进区域经济一体化发展、提升生态效率等具有一定的理论及现实意义。

第一节 研究背景

随着我国进入"十四五"发展阶段，开启了全面建设社会主义现代化国家新征程。习近平总书记在党的二十大报告中指出："必须坚持科技是第一生产力、人才是第一资源、创新是第一动力，深入实施科教兴国战略、人才强国战略、创新驱动发展战略，不断塑造发展新动能新优势。"这意味着科技创新将在未来较长一段时期内成为推动我国国家发展和社会进步的主导力量。未来不仅要在优化科技资源配置、加大企业研发投入、加强原创性与基础性技术攻关、激发人才创新活力等方面加大力度，更要通过建设重大科技创新平台、完善企业创新服务体系等，不断创新科技创新方式、完善创新发展环境。科技创新活动由于植根于国民经济，并服务于现代产业体系，有利于经济水平与经济质量提升的研发创新活动，才具有生命力，因此科技进步的着力点在促进经济发展。党的二十大报告强调，加快推进制造强国、质量强国建设，促进先进制造业和现代服务业深度融合，构建实体经济、科技创新、现代金融、人力资源协同发展的现代产业体系。在未来十年内，我国着眼于抢占未来产业发展先机，聚焦新一代信息技术、生物技术、新能源、新材料高端装备及绿色环保技术等战略性新兴产业，以此作为培育先导性和支柱性产业的重点领域。可以预见，"十四五"时期是我国产业结构高级化演进的重要发展期，科技进步与协同创新将引领产业结构演进方向，生产性服务业融合化发展是提升产业创新效率、提高产业结构转型质量的重要保障。因此，处理好产业结构升级与科技创新的关系，促进二者耦合协调发展，是地方政府制定未来经济发展规划需要考虑的关键问题。

在全球经济飞速发展的背景下，能源濒临枯竭、生态环境日益恶化的危机已经严重威胁着经济的可持续增长和社会进步。1992 年联合国环境与发展会议在全球环境持续恶化、发展问题更趋严重的情况下，提出了各国政府协同合作、采取积极措施，防止环境污染和生态恶化，为保护人类生存环境而共同努力的倡议。我国响应国际会议号召，积极推进生态保护与环境建设工作，制定了《中国21 世纪议程——中国 21 世纪人口、环境与发展白皮书》，同时制定了一系列法律法规来约束经济活动对环境的破坏行为，如《中华人民共和国环境保护法》《中华人民共和国水污染防治法》《排污费征收使用管理条例》《环境行政处罚办法》等。党的十八大把生态文明建设纳入中国特色社会主义事业五位一体总体布局，明确提出大力推进生态文明建设，努力建设美丽中国，实现中华民族永续发展。党的十九大报告指出，必须树立和践行"绿水青山就是金山银山"的理念，坚持节约资源和保护环境的基本国策。在党的二十大报告中，习近平总书记再次强调，坚持绿色发展，促进人与自然和谐共生的理念，坚决遏制高耗能、高排放项目盲目发展，壮大节能环保、清洁生产、清洁能源、生态环境、基础设施绿色升级、绿色服务等产业。发展生态经济的国策必将对我国产业结构的转型方式产生重要影响。构建市场导向的绿色技术创新体系，实施绿色技术创新攻关行动，绿色技术创新与创新体系建设将成为提升我国生态效率、促进经济与环境和谐发展的重要举措。

综上所述，在以提升经济发展质量为目标的"十四五"时期，我国经济面临产业结构与组织形态升级、科技创新能力提升、生态环境改善等多重任务，如果将各项任务看作构成经济社会发展的子系统，追求子系统间耦合协调发展则是实现多重目标的关键，也是落实具体实施方案时要面对的主要挑战。综合来看，耦合关系主要通过子系统间要素互动、供需匹配、功能协同、组织融合等方式来构建，在产业变迁、协同创新、科技进步、生态效率发展到一定程度的前提下，促进子系统间合作互动、整合协同化发展，不失为提升经济发展质量、实现经济效益和社会效益双赢的可行性举措。

第二节　研究意义

一　理论意义

1. 丰富了产业变迁、协同创新、科技进步对生态效率影响的理论基础

现有研究多是通过构建计量模型，实证分析产业结构升级、协同创新、科技进步对生态效率的影响，其中较少涉及影响机理的剖析，或者理论阐述缺乏完整性，削弱了实证分析结论的理论支撑，不利于研究方向的进一步拓展。基于此，本书分别探讨了产业变迁、协同创新、科技进步对生态效率的影响机理。特别地，将产业变迁理解为产业结构升级与产业集聚两个方面，分别从这两个方面阐述了产业变迁对生态效率的影响机理，扩大了产业结构理论与生态经济相互交叠的领域，有利于启发关于改善产业组织形态来促进生态经济发展的思考。

2. 尝试构建了产业变迁、协同创新、科技进步、生态效率耦合协调发展理论体系

以系统论、协调论、新供给理论、经济—环境系统理论、耦合理论为支撑，在理论分析了耦合系统运行模式、耦合系统结构与功能、耦合系统协同发展的基础上，构建起包括"四元系统"耦合互动关系、耦合形式、耦合协调机制等方面的理论体系，较为全面地、深入地探究产业变迁、协同创新、科技进步、生态效率耦合发展的内涵与机理，有助于揭示"四元系统"耦合协调发展规律，对拓展科技创新引领产业结构升级与生态环境保护主题的研究空间和研究思路，开拓相关理论在产业变迁、协同创新、科技进步、生态

效率耦合协调研究方面的应用领域具有一定的理论意义。

二 现实意义

1. 为产业变迁、协同创新、科技进步、生态效率耦合协调发展提供决策依据

首先，对产业变迁、协同创新、科技进步、生态效率发展水平进行综合评价，分析其总体演进趋势及区域关联特征，为整体把握我国"四元系统"发展现状、区域优势及空间联系提供实证依据，奠定耦合协调度考量、制定耦合协调发展策略的实证基础；其次，通过对"四元系统"耦合度、耦合协调度的测算，以及耦合度收敛性、耦合协调度影响因素的实证分析，有利于正确了解各子系统耦合作用能力的大小、复合系统耦合程度和时序变化趋势，有助于整体把握"四元系统"融合协调发展演化规律及影响因素，从而探求影响我国产业变迁、协同创新、科技进步、生态效率耦合协调发展的瓶颈环节与制约因素，为各省（自治区、直辖市）制定耦合协调发展策略提供实证依据，对合理配置生产与创新资源、正确实施科技创新引领产业结构升级策略、促进区域经济发展与生态环境和谐共生具有重要的现实意义。

2. 为构建"四元系统"区域协同发展模式提供实证参考

在深入实施区域重大战略的"十四五"规划下，加快推进京津冀、长江经济带、粤港澳大湾区、长三角等协同发展将是增进区域关联、构建省域联动发展模式、提升整体区域经济实力的重点突破方向。在区域协同发展的背景下，驱动着产业变迁、协同创新、科技进步、生态效率耦合协调，要破除资源流动、产业布局、协同创新的地域性约束，构建核心城市引领的重点城市群"四元系统"耦合协同模式。本书在测算省际"四元系统"耦合协调度的基础上，实证分析了耦合协调度空间关联强度，一方面有助于发现不同区域内具有较强带动性的核心地区，另一方面基于核心地区的辐射范围圈定能够实现协同发展的有效区域；另外，通过邻近地区耦合协调度差异的原因分析，有利于构建起优势互补、扬长避短的"四元系统"区域耦合协调发展模式，对优化区域经济布局、提升资源配置效率、促进区域协同发展都具有一定的实际意义。

第三节　研究内容及研究方法

一　研究内容

本书从耦合协同视角，对我国产业变迁、协同创新、科技进步、生态效率"四元系统"相互影响及协同发展程度进行考量，并对耦合协调度的空间联系进行实证分析，为提升"四元系统"耦合协调度、构建区域联动发展模式提供对策建议。首先，理论分析了产业变迁、协同创新、科技进步对生态效率的影响机理，揭示三者与生态环境相互关联、相互作用的内在逻辑，为后文"四元系统"耦合协调分析奠定理论基础；其次，以耦合理论、系统论、协调论、新供给理论和经济—环境系统理论为基础，对产业变迁、协同创新、科技进步、生态效率耦合发展互动关系进行理论分析；再次，构建产业变迁、协同创新、科技进步、生态效率的评价指标体系，利用熵权法和数据包络法测度2009—2018年我国省域产业变迁、协同创新、科技进步、生态效率综合水平，进而探究区域演进趋势和空间演化特征，为"四元系统"耦合关系分析提供实证依据；又次，构建模型分别对"四元系统"的耦合关联程度和耦合协调性进行测度，进而从时间维度探究省际及区域耦合关系的演化规律，以及从空间维度研判区域间耦合协调度的关联特征，并基于计量经济学方法对影响耦合协调发展的主要因素进行分析；最后，基于前文的分析结论，总结了我国产业变迁、协同创新、科技进步与生态效率耦合协调发展现存问题，并对促进"四元系统"耦合协调发展提出对策建议。具体来看，全文分为八章，结构安排如下。

第一章：绪论。介绍了本书的研究背景，阐述了对"四元系统"耦合协调研究的理论与现实意义；阐明本书研究的主要内容和所采用的方法；通过技术路线图厘清各章之间的逻辑关系，构建研究框架。

第二章：文献综述。梳理了国内外有关产业变迁、协同创新、科技进步、生态效率发展关系的文献，并进行了文献述评。

第三章：产业变迁、协同创新、科技进步的生态效率影响机理分析。通过大量文献的阅读与整理，理论分析了产业变迁、协同创新、科技进步对生态效率的影响机理。

第四章：产业变迁、协同创新、科技进步、生态效率耦合发展的理论基础。基于耦合系统理论，阐述了耦合系统协同发展内涵，包括耦合系统运行模式、耦合系统结构与功能、耦合系统协同发展方式；综合系统论、协调论、新供给理论、经济—环境系统理论思想内涵，构建了产业变迁、协同创新、科技进步、生态效率耦合发展相关理论，具体包括耦合形式以及耦合协调机制。

第五章：中国产业变迁、协同创新、科技进步、生态效率发展水平综合评价。在前文理论分析的基础上，构建了产业变迁、协同创新、科技进步、生态效率评价指标体系，利用熵权法和数据包络法，测算了2009—2018年我国省域四个子系统综合发展水平，进而从时间维度对总体变化趋势、区域变化趋势以及空间维度演化特征进行实证分析。

第六章：中国产业变迁、协同创新、科技进步、生态效率耦合关系分析。运用单位根检验、协整检验来判别产业变迁、协同创新、科技进步、生态效率之间是否存在长期均衡关系，进而构建模型对"四元系统"耦合度进行测算，基于实证结果分析各子系统之间耦合关联程度及演进趋势。最后，利用 σ 收敛和 β 收敛模型探究了耦合度的空间分布差异性特征。

第七章：中国产业变迁、协同创新、科技进步、生态效率耦合协调性分析。构建耦合协调度模型，对我国省域层面、区域层面

"四元系统"耦合协调度的时空演进趋势进行实证分析；运用引力模型测算了耦合协调度的空间关联强度，从北部、南部区域内部省域空间联系和南北省域之间空间联系两个方面，探求"四元系统"耦合发展空间维度的相互影响、联动共生的规律；最后，利用计量经济模型，对"四元系统"耦合协调发展的影响因素进行剖析。

第八章："四元系统"耦合的困境及中国绿色经济发展路径。总结了我国"四元系统"耦合协调发展所面临的问题，并针对耦合协调发展现存问题提出了对策建议。

二 研究方法

1. 文献分析方法

通过梳理有关产业变迁、协同创新、科技进步、生态效率相关主题研究文献，构建起各系统综合评价指标体系；另外，借鉴相关文献理论探索与实证分析结论，奠定了本书"四元系统"耦合协调理论推演以及实证研究思路与方法的基础。

2. 定性分析与定量分析相结合的方法

"四元系统"耦合协调性的分析具有复杂性、动态性特征，应在构筑坚实的理论基础的前提下，通过量化分析方法来验证理论假设、探究发展水平及演化规律。本书定性研究方法主要应用在系统间相互影响机理分析、耦合发展相关理论推演、评价指标体系构建等方面，定量研究方法主要应用在"四元系统"耦合度、耦合协调度的测算及时空演进趋势等实证分析方面。通过定性分析与定量分析相结合，使研究结论更具客观性与科学性。

3. 比较分析方法

比较分析方法是通过对某些处于相同时点上不同个体的差异性表现，或者研究对象在时间维度上的演化特征进行对比分析，从而探求引起差异性的内在原因、推测事物发展规律的一种方法。本书运用比较分析方法进行了两个方面的研究，一是对省际"四元系统"耦合度及耦合协调度进行横向比较分析，二是对耦合协调度的时空演进进行纵向比较分析。

第四节 研究框架

本书的研究框架如图1-1所示。

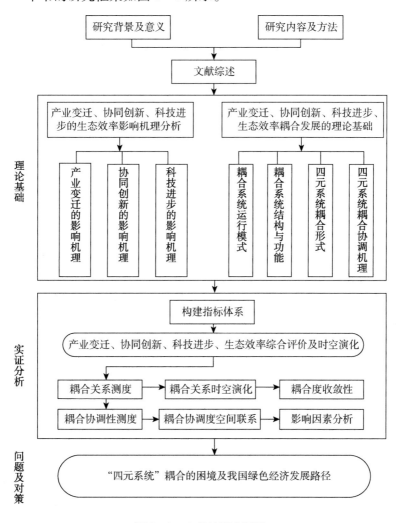

图1-1 本书的研究框架

第二章 文献综述

经济增长的影响因素历来是经济学研究的热点领域，随着"绿水青山就是金山银山"理论的逐步完善和深入发展，环境友好、可持续发展的生态经济备受关注。对于传统影响经济增长的典型因素是否依然能够推进资源节约型社会和环境友好型社会的发展进程，引起了国内外学者的广泛关注。本书的文献梳理基于影响生态经济发展的关键因素展开，分别从产业变迁、协同创新和科技进步三个方面总结近年来国内外相关研究成果。

第一节 产业变迁对生态效率的影响研究

区域产业变迁是指产业内部比例构成变化和产业布局形态改变两个方面，以往研究主要集中在产业变迁与区域经济增长相互关系等方面，并产出大量研究成果。但产业变迁对生态环境影响的研究，在近期才受到国内外学者的关注，相对而言研究成果较少。在社会经济系统与生态环境系统和谐发展的倡导下，如何协同促进经济发展与生态环境保护，已经成为未来研究的主导性主题。从产业变迁角度总结影响生态效率的相关成果，有利于更全面揭示两者之间的相互作用规律，为更好地激发产业变迁对生态效率的改善、更加充分地发挥经济系统结构性优势提供决策参考。

一　产业结构升级对生态效率的影响

国外相关研究主要集中于产业的比例结构改变对环境的影响。Cole 和 Elliott（2003）认为产业结构变化未必能够改善生态环境，主要原因是基于规模扩张的产业结构调整只是生产要素数量上的积累，而并未带来产业组织方式或模式创新方面的质的提升，单纯生产能力的提升可能会恶化地区生态环境。Janicke 和 Rennings（2011）、Cole 和 Sterner（2000）从产业比例变化的角度进行分析，认为产业结构调整可以降低单位 GDP 污染。Cole（2000）考察了发达国家和发展中国家制造业产出构成变化对空气污染的影响。研究发现，制造业结构变得更清洁以及制造业在 GDP 中产出份额下降共同促进了人均收入与 GDP 污染强度之间倒"U"形关系的加强。Zundel（2001）提出了一种观点，即现代工业增长和传统工业衰退所导致的经济结构变化将对环境质量产生积极影响。但许多实证结果表明，发达国家旧基础产业产出的下降并不总是有利于环境的，产业结构变化对环境的影响关系要复杂得多。通过定义三种不同结构变化，从系统的角度阐明经济结构变化和环境结构变化之间的关系，在回顾经济结构变化理论的基础上，总结了经济结构变化所引起的环境结构变化的一般规律，可用作基础产业经济发展及环境影响分析的工具。讨论了导致环境压力变化的结构组成，并依据实际数据分析了生产与消费结构变化对环境压力的影响。1995—2015 年，结构变化对于总排放量减少的贡献不大，但使基于生产和消费的人均排放量分别减少了 40% 和 50%。另外，部分学者关注于产业结构的不同演化阶段对环境污染的影响，Dasgupta 等（2002）总结了环境库兹涅茨曲线反映的环境污染与经济发展之间呈现倒"U"形关系。在工业化的第一阶段，环境污染曲线增长更快，原因是相对于清洁的空气和水，人们更加迫切需要良好的工作和收入的增长，环境监管相对薄弱。这种平衡随着收入的增加而变化，主要工业部门变得更清洁，人们更加重视环境保护，监管机构更有效。Grossman 和 Krueger（1995）研究了人均收入与各种环境指数的关联，包括城市空气污染指数、流域氧含量、河流流域的粪便污染以及河流流域的重金属污染，研究结果并未呈现出经济增长导致环境质量持续下降的规律，但随着经济增长，经历了前一阶段的环境改善后，将面临新一轮的环境恶化。Panayotou（2011）认为随着主导产业从第一产业过渡到第二产业，环境的污染程度逐渐加深。

国内学者应用定性与定量分析方法研究了产业结构变化对生态效率的影响。相比国外研究，国内研究的主题更多集中在产业、区域及省域三个维度上，产业结构与生态效率的互动关系分析。史丹（2002）认为产业结构是影响能源利用效率的重要因素之一，由于第二产业能源弹性系数最大，其在 GDP 中比重的变化对能源利用效率有较大的影响。就我国而言，1995 年以后尽管工业的能源利用效率提高较快，但其仍是国民经济各部门中能源利用率最低的部门。彭建等（2005）构建了不同产业类型的生态环境影响系数与产业结构的总体生态环境影响指数，定量评价了丽江市产业结构对生态环境的综合影响。董锁成等（2007）总结了中国资源型城市经济转型所面临的问题，其中资源型城市产业结构层次低下，属于传统的粗放型初级产业结构，其生态环境效益明显落后于全国城市平均水平。实施多元化产业结构优化战略、构建生态产业体系是实现社会经济与资源环境良性循环的关键。邓祥征和刘纪远（2012）研究了青海省产业结构升级与污染物排放的关系，评价了产业结构升级可能带来的污染风险。蔡玉蓉和汪慧玲（2020）动态考察了我国 30 个省域生态效率变化趋势及空间效应，并应用 SYS-GMM 动态面板模型研究产业结构对生态效率的影响机制。研究发现，我国产业结构升级对生态效率提升具有正向促进作用，同时环境规制的提升有利于发挥产业结构对生态效率的积极影响。部分研究将空间关联效应纳入模型中加以分析，汪艳涛和张娅娅（2020）运用空间联立方程模型研究了产业结构升级与生态效率的交互效应与空间效应，Moran's I 指数均大于 0 说明产业结构升级与生态效率存在空间正相关关系；联立方程模型结果显示，生态效率与产业结构具有双向正向促进关系；产业结构升级对生态效率表现为空间正向溢出效应。马骏和周盼超（2020）构建了产业升级二维指标体系，以长江经济带 107 座城市为研究对象，探讨了产业高级化和产业合理化对生态效率的影响，得出结论，即产业高级化、产业合理化均有利于周边城市生态效率的发展，区域经济发展水平的提升能够激发产业升级对生态效率的促进作用。顾典和徐小晶（2020）以我国 30 个省份为研究对象做了相似研究，产业结构合理化、产业结构高级化能够促进生态效率提升，但就东、中、西部而言，作用程度有所差异；清洁能源在产业结构优化升级对生态效率提升的过程中发挥传导作用。此外，部分学者探讨包括产业结构在内的多个因素与生态效率的耦合协同性，将其视为多元系统来实证研究系统协同度的时空演化趋势，以及影响系统稳定性的因素。杨坤和汪万（2020）运用耦合协调度模型，对我国长三角地区协同创新、产业结构与生态效率耦合协同的时空演化进行研究，实证结果显示，三元系统综合发展水平震荡演进，耦合协调程度阶段性明显，地区差异突出，呈现出由上海向四周递减的规律，生态效率与协同创新或产业结构之间的不协调是影响三元系统耦合协调发展的主要制约因素。

二　产业集聚对生态效率的影响

产业集聚对生态环境的影响存在正向效应、负向效应等方面，因此国内外学者的相关研究主要从以下三个方面展开。

一部分学者从城市可持续性发展的外部影响因素及工业污染对区域经济集聚等多方面进行研究，认为产业集聚会加剧区域环境污染状况。Verhoef 和 Nijkamp（2002）从外部性的角度研究城市的可持续性发展问题，通过建立一个单中心城市的一般空间均衡模型来探讨两种外部性的影响。一方面，工业中心的污染导致居民区环境质量的空间差异性恶化；另一方面，表现为生产中马歇尔外部利益的集聚经济是城市存在的驱动力。对于环境目标的追求有时可能以减少集聚经济为代价，但也可能刺激集聚经济发展。Hosoe 和 Naito（2006）分析了工业污染的外部性对贸易模式和经济地理的影响。通过建立新的经济地理模型，并将环境因素引入其中，分析了环境污染对区域经济分布的影响，区域的产业集聚通过空气污染、水污染等影响其他部分的生产率。Frank（2001）计算了欧盟 200 个城市群空气质量，2010 年城市集聚程度显著下降伴随着未来空气质量将高于质量标准，即城市集聚与环境污染具有正向关联关系。刘军等（2016）实证分析了中国 285 个地级市产业聚集对环境污染的影响，空间计量结果显示，产业聚集加剧了环境污染，表明研究期内中国产业聚集对于环境的负外部性更为显著。张可和汪东芳（2014）运用空间联立方程模型考察了经济集聚与环境污染的空间溢出和相互作用机制，并运用 283 个地级以上城市数据进行验证。研究结论表明，经济集聚加重环境污染，环境污染抑制经济集聚，两者均存在空间溢出效应及交叉影响效应。Cheng（2016）利用定量分析方法研究了城市制造业集聚与环境污染之间的空间相关性和相互作用，研究结果发现两者之间存在显著的空间相关性，制造业集聚加剧了环境污染，而环境污染抑制了制造业集聚。由于空间溢出效应的作用，任何城市的制造业集聚和环境污染都会受到周边城市制造业集聚和环境污染的影响。此外，部分学者将产业聚集对环境的负外部性具体到空气、水等资源污染方面。Ren Wenwen 等（2003）从上海土地利用模式与水体质量关系入手，研究了城市化率与水资源的关联关系。结果表明，快速城市化加速了水质的恶化。王兵和聂欣（2016）关注于产业集聚对于环境治理是助力还是阻力，以开发区的产业集聚区为研究对象，通过设置河流水质观测点以获取水体质量数据。研究表明，设立开发区所带来的污染物排放企业规模扩张导致了水质恶化，短期内产业集聚可能成为环境治理的"阻力"。

另一部分学者关注于产业集聚对生态环境的正外部性，认为产业集聚对经济增长、产业结构升级以及生态环境改善具有促进作用。Zeng 和 Zhao（2009）研究了环境污染对跨国制造业集聚的影响，基于对两个国家 N 和 S 的调查，发现制造业产生的跨境污染降低了当地收入水平，阻碍了企业迁往低环境法规约束国家的进程，制造业集聚程度降低。另外，制造业集聚效应能够缓解污染避风港效应，如果较大国家 N 实施比 S 更为严格的环境规制，则污染避风港可能不会出现。Han 等（2018）关注城市集聚经济对碳排放的影响机制，利用空间计量经济学方法，在收集中国 283 个地级以上城市面板数据的基础上，估算了城市集群经济对碳排放的影响。研究结论为，低端技术产业的专业化集聚在多数情况下对本地及周边城市的碳排放具有显著的抑制效应，而多元化集聚增加了碳排放；中端技术产业的专业化和多元化集聚增加了当地及周边城市的碳排放；高端技术产业的专业化和多元化集聚具有不同程度碳减排效应。张治栋和秦淑悦（2018）利用 Tobit 模型实证检验了不同产业集聚对城市绿色效率的差异性影响，就长江经济带而言，产业集聚对绿色效率的影响呈现非单调变化，不同产业的影响也存在差异，制造业集聚与城市绿色效率呈"U"形关系，服务业集聚促进了城市绿色效率的提升。徐瑞（2019）以中国 283 个地级市为研究对象，测度了产业集聚对城市环境污染影响的三种效应，研究结果表明，产业集聚对环境污染的抑制效应超过促进效应，净效应在不同年份、不同地区均显著为负。但随着第二产业集聚水平的提高，产业集聚减少城市环境污染的效果在降低，第三产业的集聚起到了降低城市环境污染的作用。这与张治栋和秦淑悦（2018）的研究结论相一致。此外，部分学者针对产业集聚对生态环境的正外部性的作用机理展开研究。Copeland 和 Taylor（1994）从生产绩效和成本两个方面研究了产业集聚能够减轻环境污染的原因。结论表明，产业规模报酬递增以及环境治理成本递减能够有效发挥产业集聚对生态环境的保护作用。冯薇（2006）阐述了产业集聚为产业生态化创造条件，进而推动循环经济发展。以"3R"为原则，按照生产者、消费者和分解者的功能对产业集聚进行引导，有利于形成良性循环的资源链，实现产业生态化层次升华。陈建军和胡晨光（2008）以长三角区域1978—2005 年数据为样本，实证分析了外围式的集聚所带来的经济发展、技术进步和索洛剩余递增影响。研究发现，产业集聚能够促进地区技术进步、增强产业竞争力，带来产业结构升级和索洛剩余递增。李勇刚和张鹏（2013）选取中国 1999—2010 年 31 个省份作为分析样本，实证研究了产业集聚对环境污染的影响。研究结论显示，产业集聚并非引起生态环境恶化的原因，二者呈正"U"形关系，目前产业集聚有利于降低环境污染，且对东部地区环境污染的改善作用更为显著。

其余学者的相关研究结论显示，产业集聚与生态环境恶化并没有明确的因果关系。杨柳青青（2017）分析了产业集聚对城市生态效率的影响以及城市生态效率的空间关联机制，实证研究表明，产业集聚对城市生态效率的影响效果因区域而异，西部地区、中部地区的促进作用较为明显。两者之间理论上的倒"U"形关系在中西部地区和中等城市不显著。余昀霞和王英（2019）在测算制造业集聚水平的基础上，将产业集聚变量引入面板回归模型以实证分析制造业整体集聚与环境污染的关系。制造业整体集聚与环境污染存在倒"N"形关系，不同细分行业中两者的曲线关系不尽相同，且不同地区制造业集聚对环境污染呈现不同的影响效果。张亮亮（2018）实证考察了产业集聚对环境污染的动态影响机理。研究表明，产业集聚对环境污染具有门槛效应，遵循短期内增加环境污染、长期会减弱环境污染的周期循环规律。

第二节 协同创新对生态效率的影响研究

国内学者关注创新与生态效率关系的研究较为多见，其中围绕该主题的定性分析丰富了该领域的理论体系。徐兴珍和彭金发（2014）阐述了科技创新与生态文明建设的辩证关系，科技创新对生态文明建设具有引领和支撑作用，生态文明建设是发展科学技术的精神内核，进而提出了两者协调发展的主张。杨洁（2014）分析了产业协同创新的低碳发展路径，区域内创新主体应协同合作进行分工明确、资源互补的产业链聚集，有利于实现低碳产业发展之路。祝尔娟和鲁继通（2016）首次构建了基于交通、产业、生态三个层面的区域协同创新体系框架，提出协同创新是微观、中观、宏观在内的综合创新体系，并总结了生态领域协同创新的六个方面。

相对而言，应用定量方法分析协同创新对生态效率影响模式的研究更为普遍，近年来基于耦合理论，将多个关联主体纳入同一框架体系内的系统耦合协调发展方面的研究逐渐兴起。陈林心等（2016）针对长江中游城市群资源利用效率不高的状况，运用空间面板模型将创新和创业作为核心解释变量，对长江区域生态效率的影响模式进行研究，结果显示，创新比创业在提升城市生态效率方面的作用更为显著；魏巍贤和杨芳（2010）将内生增长理论和环境污染模型相结合，将影响 CO_2 排放的因素纳入分析模型中，基于中国省市面板数据进行实证分析。在影响 CO_2 排放的诸多因素中，自主研发、技术引进具有显著的 CO_2 减排效果，但自主研发吸收能力较低；李虹和张希源（2016）构建了科技创新与生态环境复合系统协同度模型，并测度了中国三大城市群生态创新协同度，基于影响因素分析，政府环境规制、科技创新支持和市场竞争程度对区域生态创新协同起到积极作用。谢波等（2018）基于全国省市面板数据，在测算生态效率水平的基础上，利用空间计量模型检验了科技创新、环境规制对生态效率的影响。研究发现，科技创新与生态效率水平之间存在"U"形非线性关系。罗良文和张万里（2017）实证分析了我国30个省份绿色技术创新效率和区域生态效率的关系，绿色技术创新效率能够促进生态效率提高，但促进作用并不明显。Sun 等（2017）基于熵权 TOPSIS 法建立了评价模型，通过分析绿色技术创新的影响因素，构建了包括积极因素和消极因素的评价指标体系，进而对6个战略性产业生态经济效率进行比较分析。杨坤和汪万（2020）针对现有研究关注两两因果关系的局限，将协同创新、产业结构和生态效率三者纳入同一个系统，探讨其相互影响及耦合机理，并应用耦合协调度模型对我国长三角地区协同创新、产业结构和生态效率的耦合协调时序演化及空间差异进行分析，认为长三角区域的协同创新、产业结构与生态效率耦合度具有阶段性特征，地区差异显著，而且不同地区耦合协调发展的影响因素差异显著；庞庆华和周未沫（2020）同样将金融集聚、区域创新和生态效率三者纳入同一分析框架，并将空间溢出效应考虑进金融集聚—区域创新—生态效率的发展系统中，提升耦合协调度的精度。并以江苏省为对象分析了其耦合协调情况及发展模式，实证结果显示，江苏省"三元系统"耦合协调度在不断提高，南京市处于领先地位与区域创新政策密不可分。

第三节　科技进步对生态效率的影响研究

有关科学技术对生态效率的影响的国内外文献相对较少，且多是在较早时期产出的一些相关研究成果。国外学者的研究领域更多地集中关注某个区域或者产业部门能源效率或者能源生产率的变化，产生了对引起这种变化原因的分析，而科学技术常常被作为重要影响因素进行探讨。Birol 和 Keppler（2000）指出能源效率是在以降低能源消耗，同时保持经济增长为目标出台相关政策时考虑的关键参数，相对价格的变化和引进提高单位能源生产效率的新技术是影响能源效率的两种途径，在均衡经济中，价格或技术的任何变化都会通过生产要素和商品的替代产生反馈，从而对经济体产生影响。Fisher-Vanden（2006）以中国工业部门能源生产率提高的关键因素作为研究重点，通过大量企业数据分析，确定了能源价格上涨、研发支出、企业所有权改革和产业结构变化是1997—1999年中国能源生产率提升的主要原因，其中技术研发活动表现出节能倾向，并对提升进口技术的吸收能力非常重要。

国内学者有关科技进步对生态效率的影响研究从定性分析与定量分析两个方面展开。定性分析包括能源利用率的构成、科学技术与生态文明的辩证关系、科技进步推进循环经济发展的国际经验等方面。史丹（2002）研究了改革开放以来我国能源利用效率改进的原因，认为改革开放以来我国能源消费增速减缓的根本原因是能源利用率的改进，包括能源技术进步效率和能源经济效率，其中能源技术效率涉及的是将新的科学技术引进生产制造、产品生产工艺、技术设备等环节，往往与技术创新和技术发明联系在一起。徐兴珍和彭金发（2014）从理论分析角度探讨了科学技术与生态文明建设的辩证关系，科技创新引领了生态文明建设，生态文明建设是发展科学技术的精神内核，二者协调发展是促进经济社会和谐发展的关键。严炜（2011）总结了发达国家以科技进步推动循环经济发展的经验，并列举了包括增加科技投入、加强国际合作、实施人才战略、健全科技法规、发展技术市场等举措，对国内发展循环经济具有借鉴意义；定量分析关注科技进步对区域生态经济发展的影响。雍会和吴强（2011）针对塔里木河流域农业用水对生态环境的外部性影响，通过理论分析与实践分析，探讨了科技进步对流域生态经济发展的促进作用，并从四个方面提出了塔里木河流域的科技进步对策。严炜（2015）以推进湖北省循环经济发展为目标，分析了科技进步对促进湖北省循环经济发展的主要作用以及发展障碍，进而从科技进步角度提出了促进湖北省循环经济发展的策略。陈新华等（2017）将科技进步对生态效率的影响形式分为四个方面：人力资本积累、研究与开发、国际技术扩散和产业结构调整，并对广东省21个城市进行实证研究，结论显示，人力资本积累对生态效率提升作用明显，各城市由于不同原因造成了生态效率差异较大。

第四节　生态效率的其他相关研究

一　国外研究综述

国外学者比较关注企业生态效率状况，选取不同的方法对不同类型企业的生态效率进行测算。Korhonena 和 Luptacik（2004）应用 DEA 方法设计了两种评价生态效率的过程，一是对技术效率和生态效率独立的评价；二是将污染物作为投入进行生态效率整体评价，而后对欧洲24个电力企业进行实证分析。Hahn 等（2010）设计了成本回报率（RCR）指标来分析基于机会成本的企业经营生态效率，认为 RCR 有利于将生态效率研究向管理方向转化，还能够识别和量化企业生态效率变化背后的驱动因素。并应用 RCR 对德国企业二氧化碳效率进行分析。Arabi 等（2014）认为生态效率的差异是企业在进行产业调整中关注的重要方面，应用 ML 指数测算了伊朗发电厂2003—2010年的效率、生态效率和技术变化，研究表明产业整体生态效率提升的关键在于纯技术进步。Cramer（2015）描述了企业如何将对生态环境影响的控制融入产品生命周期全过程，以实现降低企业生产对环境影响的目标。Lahouel（2016）基于 DEA 方法构建了生态效率评价体系，用于评价法国17家客户服务企业生态效率水平。

部分学者注意到用现有指标体系或者计算方法评价产业生态效

率存在不合理性，进而通过以上两个方面的改进使生态效率测算结果更具科学性。Dahlström 和 Ekins（2010）指出用经济指标评价部门生态效率存在问题，提出了考虑一致性和连贯性的生态效率指标；Plehn 等（2012）发现目前研究中缺少从用户导向视角进行生态效率评估及策略制定，通过提出环境价值流方法（EVSM）将多维度绩效评估系统和包括环境与经济业务流程的生产系统整合成一个过程模型，应用于消费品制造业案例研究中；Goto 等（2014）提出了新的 DEA 方法来评价决策单元运营与环境效率，将产出分为期望与非期望两类，对日本 47 个地域制造业与非制造业 OE、UEN 和 UENM 三种效率进行测算。

从城市、区域及国家维度对生态效率的测算，为比较环境效率差异、缓解地区环境压力、把握国家环境表现及分析与其他国家生态效率趋同性提供实证依据。Lee 等（2014）对港口城市环境污染现象进行深入分析，运用 SBM-DEA 方法测算港口城市环境效率，比较分析了全球主要港口城市的环境效率差异。Seppäläa 等（2005）以芬兰 Kymenlaakso 地区为研究对象，从经济和环境维度设计评价指标测算生态效率，为提升经济行为竞争力以及缓解对地区环境的影响提供依据。Kielenniva 等（2012）构建指标体系来测量污染土壤管理（CSM）的区域生态效率。Camarero 等（2013）应用 DEA 方法测算了 22 个 OECD 国家的生态效率，进而对区域趋同性进行分析。Shabani 等（2015）构建 DEA 模型，在考虑四类环境准则的前提下，对国家个体及整体环境表现进行评价。Mavi 等（2019）构建模型评价经济发展与生态效率的联合效应，应用两阶段数据包络方法测算了 OECD 国家经济创新与生态效率。

另外，国外学者也关注生态效率评价方法原理的探究及方法的改进。Dyckhoff 和 Allen（2001）系统化地推导了评价生态效率的 DEA 模型。Kuosmanen（2005）讨论了在生态效率量化方面的一些一般性问题和挑战，这些问题和挑战似乎与几乎任何类型的生态效率评估相关。Mickwitz 等（2006）应用参与式调研方法建立了一套评价生态效率的指标体系，决策者通过使用经济环境比率指标来监测环境的变化以及获取区域社会发展的信息。Ramli 等（2013）分析了 DDF（directional distance function）方法评价效率的优劣势，进而提出了更为理想的 SDDF（scale directional distance function）方法，并对马来西亚制造业部门生态效率进行测算。Kobayashi 等（2005）提出了两种量化生态效率的方法：QFD（quality function deployment）和 LCIA（life-cycle impact assessment），这些方法被广泛应用于制造产业生态效率评价。

二　国内研究综述

国内学者的相关研究集中在区域生态效率测算及影响因素，区域生态效率差异性、收敛性及时空耦合两个方面。

1. 区域生态效率测算及影响因素

韩增林等（2019）基于超效率 DEA 方法测算我国区域生态效率，从时空动态分布及演进趋势两个方面对我国生态效率进行分析；宋改凤等（2019）采用基于能值理论的生态效率度量模型对武汉市进行分析，结果显示改进的度量模型比传统方法更加准确科学；李华旭和孔凡斌（2016）运用主成分法处理了 DEA 评价指标，对长江经济带产业生态效率进行评估分析；路战远等（2010）探讨了资源—环境双重约束下我国区域资源环境绩效水平，利用资源环境综合绩效指数对广西地区资源环境绩效进行了综合分析；王波和方春洪（2010）认为因子分析法能够较好地评价区域生态效率，从指标体系中提取节能减排因子、基础经济因子和水资源利用因子，通过计算因子得分来分析区域生态效率差异；杨斌（2009）将 DEA 方法运用到生态效率实证研究中，对我国 2000—2006 年区域生态效率进行测度与评价；邱寿丰和诸大建（2007）借鉴德国环境经济账户中生态效率指标，构建了适合度量我国生态效率的指标体系，并分析了我国 1990—2005 年生态效率的历史趋势。

顾荣华和朱玉林（2020）应用生态足迹下的随机前沿生产函数模型测算江苏省各市生态效率，构建空间滞后变量模型验证生态效率的影响因素；周俊俊等（2020）测算了宁南山区三县生态效率，并对其影响因素进行分析；邱立新和周家萌（2020）定量测度了浙江省 69 个县域生态效率，分析其时空演化、空间聚集特征及影响因素；易杏花和刘锦钿（2020）对我国西部 11 个省份生态效率变化趋势及影响因素进行研究；顾典和徐小晶（2020）运用最小二乘法和系数矩阵估计方法分析了我国 30 个省份产业结构优化对生态效率的影响；方杏村等（2020）利用空间杜宾面板模型分析了财政分权与产业集聚对城市生态效率的影响，认为财政收入分权与财政支出分权反向影响生态效率，产业集聚正向影响生态效率；喻胜华和傅榕（2020）研究了长三角地区生产性服务业集聚对生态效率的影响；阎晓等（2020）针对资源型地区生态环境与工业发展之间的矛盾，研究了资源型省份不同类型工业集聚对生态效率的影响及作用机制；蔡玉蓉和汪慧玲（2020）分析了我国 30 个省域生态效率时空变化趋势，运用动态面板模型研究产业结构升级对生态效率影响的作用机理；马骏和周盼超（2020）构建广义动态空间模型探讨了产业高级化和产业合理化对长江经济带生态效率的作用机制；任小静和屈小斌（2020）将三种规制方向与省际生态效率纳入空间计量模型中，通过选择不同的规制工具来实现区域生态效率的提升；唐晓灵和曹倩（2020）在测算中国 30 个省份生态效率的基础上，运用 GML 指数、STIRPAT 模型等方法分析生态效率内外部因素的影响机理；汪晓文和刘娟（2019）在测算西部 11 个省份生态效率的基础上，利用面板 Tobit 模型检验了城镇化对生态效率的影响；邓霞（2019）运用 Super-SBM 模型测算了长江流域 11 个省份生态效率，用 Tobit 模型对影响因素进行实证分析；邱海洋（2018）运用

MIMIC 模型对我国 30 个省份区域共享经济发展水平进行评价，而后实证分析共享经济对生态效率的影响；吴磊和熊英（2018）基于生态足迹的方法测评了长江流域省份生态效率，采用模糊定性比较分析法筛选出提升生态效率的最优组合模式；屈文波（2018）运用空间杜宾面板模型研究了我国 30 个省份环境规制影响生态效率的直接效应和间接效应；陈林心等（2016）应用空间面板模型探讨了创新、创业对长江中游城市群生态效率的影响；陈新华等（2017）运用三阶段 DEA 模型，从人力资本积累等四个方面研究了广东省科技进步对生态效率的影响；韩洁平等（2017）测算了东三省生态效率，并利用 Tobit 模型对影响因素进行研究；王晓玲和方杏村（2017）以东北老工业基地 23 个地级城市为研究对象，测算其生态效率并分析影响因素；陈真玲（2016）对我国 30 个区域生态效率进行全面评估，并从技术进步与技术效率两个方面对生态效率影响因素进行分析；且陈真玲（2016）还对我国 30 个省份生态效率和城镇化的关系进行了实证分析；邓波等（2011）运用三阶段 DEA 模型对我国区域生态效率进行研究，发现三产占比以及人均受教育年限促进生态效率的增长；陈傲（2008）采用因子分析赋权的方法评价中国区域生态效率差异，进而利用线性回归模型分析了环保资金投入、环境政策及产业结构对生态效率的影响。

2. 区域生态效率差异性、收敛性及时空耦合

汪艳涛（2020）采用基尼系数、对数离差均值及泰尔指数分析不同地区生态效率差异情况；陈明华等（2020）采用 Dagum 基尼系数对长江经济带城市生态效率的空间差异进行分解，分析长江经济带三大地区内部差异、地区间差异以及各地区交叉重叠对城市生态效率的贡献率；杨桐彬等（2020）使用 Dagum 基尼系数方法测度长三角地区生态效率差异，并检验差异的收敛特征；吴义根等（2019）构建了区域生态效率空间收敛分析理论框架，利用空间滞后模型探讨了我国省际生态效率 β 收敛情况；孙欣等

（2016）对长江经济带区域生态效率进行测算，并分析了生态效率差异性及收敛性；刘丙泉等（2011）应用超效率 DEA 方法对中国 2000—2009 年区域生态效率进行评估，并依据测算结果分析了区域生态效率差异性；杨俊等（2010）运用 DEA 方法测算了1998—2007 年中国省际环境效率，并对其收敛性和影响因素进行分析。

商燕劼等（2020）应用耦合协调模型测算了江苏省 13 个地级市的城市竞争力、区域创新和生态效率之间的耦合协调度，通过空间趋势面分析研究了协调度的空间布局，进而应用引力模型量化分析三者之间的空间联系，并利用灰色关联模型预测协调度的变化趋势；杨坤和汪万（2020）应用耦合协调度定量分析长三角地区协同创新、产业结构和生态效率之间相互关联、相互影响程度，并探讨了耦合协调度的时空演化；庞庆华和周未沬（2020）研究了江苏省金融集聚—区域创新—生态效率的耦合协调度及其空间演化过程；张立新和闫振好（2019）构建了高技术产业技术创新系统与生态效率系统协同度评价指标体系和测度模型，并对山东省两个系统协同度进行实证分析；胡彪等（2017）对京津冀地区城市化与生态环境两者的效率关系进行了耦合研究。

第五节　研究评述

党的十八大把生态文明建设纳入中国特色社会主义事业五位一体总体布局，明确提出大力推进生态文明建设；党的十九大报告提出，必须树立和践行"绿水青山就是金山银山"的理念，坚持节约资源和保护环境的基本国策；党的二十大报告明确指出，中国式现代化是人与自然和谐共生的现代化，尊重自然、顺应自然、保护自然是全面建设社会主义国家的内在要求。在此背景下，构建环境友好型经济社会将成为未来经济转型、产业结构升级的目标，由此引发了学者对该领域问题的关注。鉴于产业变迁、协同创新、科技进步互动关系的研究已经较为成熟，研究成果较为丰硕；而对生态效率的相关研究尚浅，故梳理了产业变迁、协同创新、科技进步对生态效率影响的相关文献，总结如下。

（1）产业结构与生态效率的互动关系方面，国外学者倾向于从产业比例变化的角度，探讨污染物排放与能源消耗的变化。而国内学者更多地利用计量经济模型实证分析产业结构升级与生态效率相互影响，研究对象更加关注于区域经济带或城市群，并开始出现包括产业结构在内的多元系统耦合协调性的研究；产业集聚与生态效率的互动关系方面，以经济集聚与环境污染、碳排放相互影响的研究主题居多，较少从生态环境与经济效益两个方面衡量相互影响，以及缺乏在多元系统相互作用下的产业集聚对生态效率影响的研究。

（2）协同创新与生态效率互动关系方面，理论与实证分析更多是针对科技创新对生态文明、生态环境的影响展开，较少涉及协同创新的作用机理与影响力。另外，除利用计量经济模型分析两者的影响模式外，将协同创新、产业结构和生态效率三者纳入同一个系统，探讨其相互影响及耦合机理的研究逐渐兴起。

（3）科技进步与生态效率互动关系方面，国外相关研究是将科学技术作为重要影响因素，来分析某个区域或者产业部门能源效率或者能源生产率的变化，缺乏研究内容的进一步拓展，研究成果也比较匮乏；国内学者就科技进步对生态效率影响的理论研究成果较为丰富，实证方面主要是以两两因果关系分析为主，鲜有在产业变迁、科技创新、生态效率等多元系统耦合协调的分析框架下，对子系统间的耦合机理及协同发展路径进行分析。

综上，对于生态环境以及生态效率的影响，学界基本得到较为统一的结论，即产业结构升级以及产业集聚、协同创新、科技进步均在某种程度上或某个发展阶段对减少污染物排放、降低环境污染、提升生态环境质量具有积极的作用，这为本书后续的"四元系统"耦合协调的发展模式的探讨奠定了理论基础。在"科技兴国"与"绿水青山就是金山银山"双重战略目标背景下，探讨单因素的科技创新或生态保护，都会出现由忽视多元系统间相互关联、彼此制约的耦合机理的问题导致区域经济发展策略的片面性与理想化，长此以往将不利于经济发展质量与生态环境改善的同步提升。现有的从产业变迁、协同创新、科技进步、生态效率四个方面分析系统间耦合协调关系的研究还比较少，已有的相关研究存在以下问题：第一，缺乏产业变迁、协同创新、科技进步、生态耦合协调机理的探讨。学者较多地对"两两系统"耦合协调机理进行阐述，但多元系统间存在的联动关系以及连锁反应才是客观经济体系的真实现象，忽略了关联系统间传导机理的作用规律容易导致区域经济策略陷入"顾此失彼"的境地。第二，多元系统间耦合发展的理论体系不够全面与深入。目前关于系统耦合的研究，更多的是粗略地将耦合及耦合协调理论引入研究主题，至于包含子系统的耦合发展互动关系、耦合形式、耦合协调机制等主题的理论体系讨论较为少见，不利于开展更为广泛而深入的研究。第三，现有研究较多围绕"二元系统"耦合协调度的时空演化实证结果进行策略的制定，少有基于空间关联强度的跨区域经济发展与生态环境的协同发展方式的探讨。因此，依据产业变迁、协同创新、科技进步、生态效率的耦合协调度测算结果，考察区域间耦合协调度的空间关联强度，探索局域空间"中心极"，能够为区域间优化资源分配以及制定协调机制提供实证参考，从提升区域整体"四元系统"耦合协调度的角度思考构建跨区域经济与生态协同发展模式也具有一定的创新性。

第三章　产业变迁、协同创新、科技进步的生态效率影响机理分析

第一节　生态效率内涵界定

20 世纪 70 年代，随着全球生态环境危机进一步严重，已经可以预见地威胁到全人类的生存和发展，对于资源的消耗与环境的破坏逐渐引起人们的关注。80 年代，联合国首次确定以生态经济为核心思想的可持续发展战略作为全球发展战略，由此引发了以经济发展与生态系统和谐共生为主题的全球性探索。最早提出生态效率概念的是西方学者 Schaltegger 和 Sturm，他们将追求经济效率与注重资源环境可持续利用相结合，强调两者兼容性。随后，生态效率这一概念从不同的时间与空间维度不断扩展，较为常见的定义方式是经济体在某段时间创造的经济价值与对环境造成负荷的比值，具体描述为既定经济增量下减少对生态环境的影响，或者在已经产生的环境资源代价条件下追求更高的经济产出。1992 年 WBCSD（世界可持续发展工商理事会）提出了生态效率微观范畴的定义，即企业在提供商品和服务过程中，不仅能够满足人们对提升生活品质的需求，也要以合理的资源消耗制定具有竞争力的价格，同时兼顾生产供应活动对生态环境的影响，在经济与环境双重约束下实现产品服务价值最大化（Wbcsd，1996）。此后，生态效率的概念被进一步细

化，从系统论的观点来看，生态效率就是系统的收益与造成系统损失的相互关系的概括（Meier，1997），用环境绩效指标与经济绩效指标之比可以衡量生态效率（Muller & Sterm，2001），面对原材料选择等微观问题，购买原材料的资源投入与对环境影响的比值可作为决策参考（Scholz & Wiek，2005），相关思想与生态效率内涵一致。

我国有关生态效率问题的关注起步较晚，在参考已有的生态效率研究成果的基础上，也取得了一定的成就。周国梅等（2003）用比值法将生态效率定义为单位价值创造的环境成本；戴铁军和陆钟武（2005）将环境影响具体化为原材料消耗和污染物排放，以此与经济产出相结合衡量生态效率；诸大建、朱远（2005）认为生态效率就是环境与经济的协调发展关系。随着相关研究的不断深入，在某些问题的认识上学者逐渐达成共识，成金华等（2014）阐明了生态效率蕴含资源消耗、环境影响、经济产出三个方面，生态效率提升是在控制环境影响和资源消耗的同时，实现经济产出最大化的过程。综上所述，国内外对于生态效率内涵的认识是一致的，就是将环境与资源也作为重要的生产要素加入传统经济生产要素体系中，经济活动不仅要追求经济效益，也要重视环境效益，生态效率水平的提升是经济社会系统与生态环境系统协调发展的结果。

第二节 产业变迁影响生态效率的机理分析

随着经济系统演进，产业组织形态与结构特征持续调整，一方面，产业间地理分布集中趋势明显，同时信息技术推进产业链一体化运作，产生了基于虚拟企业概念的跨行业协同运作模式，使实体空间与虚拟空间产业组织形态相对统一，更为高级的产业组织形态不仅反向促进经济增长，也带动了生态效率的提升；另一方面，经济发展持续推进产业结构升级，使产业内部资源分配合理、互补性生产要素相互融合，实现了相对静止的产业协调状态。而技术进步、工艺创新、价值创造方式转变等因素会打破产业协调而触发产业结构高级化演进进程,"换挡升级"后创新了经济增长方式,使经济进入高层次发展阶段。无论是产业结构合理化还是产业结构高级化,均从不同方面影响区域生态效率。因此,明确产业变迁对生态效率的影响机理,为从产业维度寻求生态经济发展之路奠定了理论基础。

一 产业结构升级对生态效率的影响机理

1. 产业结构协调为生态效率提升奠定了基础

产业结构协调也就是实现产业合理化的途径,是产业结构升级过程中所达到的产业间相互关联的稳定状态。产业结构协调可以从三个方面来理解:第一,国民经济各个产业部门定位比较合理,体现先进生产力或价值创造能力的产业部门通过产业更替成为主导产业,随之带动与其关联的上下游产业地位,直至达到均衡状态。第二,产业间比例构成更加优化,主导产业通过资本注入或合并重组等方式扩大产业规模以更有效地发挥对经济增长的促进作用,辅助配套供应及服务产业依赖主导产业的发展而实现自身规模的调整,最终达到产业间比例构成相对固定的状态。第三,产业间的关联方式趋向于绿色环保。基于产业结构演化理论,各国主导产业将经历从第一产业、第二产业向第三产业转移,每次主导产业更替都意味着产业结构协调的重复,当演进到第三产业为主导产业的阶段,服务业将引导产业间以更清洁、低消耗、低污染排放的方式进行关联。综上所述,产业结构协调为以高科技、信息知识化主导产业升级创造了稳定的产业环境,也为提升生态效率奠定了基础。

2. 产业结构合理化的丰富内涵作用于生态经济发展

产业结构合理化具有丰富理论内涵,从资源配置的角度看,产业结构合理化的本质是生产要素分配方式和组合方式的重构，合理化过程意味着生产要素打破旧时组合方式从而达到更高层次均衡的过程，包括生产要素优化选择与合理配置、能源结构合理化、劳动力合理配置等。从系统结构角度来看，产业结构合理化作用于外部子系统与内部子系统两个维度上的协调，无论是产业间系统的协调，还是同一产业内部协调，代表落后的、有害于生态环境的生产要素将被淘汰。高新技术产业的发展带动了国民经济产业部门技术水平的提升，同时以环境友好、资源节约为代表的产业发展理念逐渐落实在产业发展规划中，推进了产业结构新的协调过程。一方面，企业在产品研发与生产制造等环节不断追求技术水平的提升，使劳动力、资本等生产要素从低附加值、劳动密集型产业向高附加值、技术与知识密集型产业转变，必然改变能源消费结构与资源利用率，对改善生态环境具有促进作用；另一方面，在可持续发展理念的指引下，企业逐渐有目的性地淘汰落后产能，对高能耗、高污染的部门或工序进行技术升级或者寻求替代生产方式，促使生产要素以一种更有利于环境保护的方式进行重组，产业间运作方式变得更加节能、环保，极大地促进了区域生态效率的提升。

3. 时间与空间维度的产业结构合理化促进了生态效率影响机制形成

从时间维度来看，产业结构合理化过程处于相对静止的、绝对动态发展的状态，但无论是静止状态的产业协调，还是动态变化中的产业更替，都存在一种内在驱动力去摒弃一切不合理、不经济、不效率的产业部门，取而代之的是高级的、高效的、环境友好的产业出现。从空间维度来看，某区域产业结构升级对邻近区域生态效率表现为正向溢出效应，即一个区域产业合理化与高级化的演进会辐射到周边区域，由于区域间产业结构层次具有差异性，某地迁出的产业可能对于另一个区域是高效的、主导型产业，承接地区产业结构由于产业的空间溢出效应而受到冲击，促进了本区域产业高级化与合理化发展。一方面，产业高级化带来了区域主导产业的变迁，为产业结构相对低级的区域提供了承接相对高级产业的机会，区域间必将发生产业转移，而承接区域由于自身主导产业的升级也会挤出原有高污染、高能耗产业，有利于本区域实现产业绿色化发展。同时，产业高级化也伴随着知识与技术的溢出效应，通过区域间的产业链向周边地区扩散，先进的知识与技术本身具备提高经济产出率与环境保护的特征，因此能提高区域整体生态效率水平。另一方面，产业合理化同样具有空间溢出效应。产业合理化的本质是产业间关联协调的状态，核心问题在于生产要素在产业间合理配置，以此促进经济增长和生态改善。从空间关联角度来看，产业合理化必然引起生产要素的区际流动，经济相对发达地区吸引先进生产要素形成相对稳定的产业布局，同时被淘汰的要素通过区域间置换在经济欠发达区域发挥作用，挤出低效高污染的要素资源，提升了生态经济绩效。综上所述，时间维度与空间维度的产业结构合理化过程是影响区域生态效率的主要机理。

4. 产业结构合理化可以通过结构的协调以及功能的集聚改善生态效率

从区域协调及优化角度来看，实现区域经济一体化发展，关键在于充分发挥产业结构合理化作用，即在区域内推进功能完整、结构比例适当的产业集群形成。产业结构合理化可以通过结构的协调及功能的集聚改善生态效率。要充分重视产业结构合理化过程中集聚的作用。集聚是指具有相同功能或起到关联作用的生产要素的汇聚，并非简单的叠加行为，而是通过基于业务流程的有序编排以及优势互补的有机组合，充分激发各种要素的活力与潜力，提高利用率。一旦达到要素整合状态，便实现了系统整体产出绩效大于各个要素单独运营产生的绩效和。在技术、人员、资金集聚成为跨企业高层次组合体后，技术的溢出效应将最大限度带动产业集群技术水平提升，资金也以更为合理的方式进行分配，人员在企业间频繁交流合作将激发出更大的创造力与劳动生产率。在这种结构模式下，低成本、高效率、低能耗的企业发展目标更容易实现，正是企业间的结构协调以及功能集聚作用，使区域生态效率得到提升。

5. 产业结构高级化演进推进了经济环保型发展方式转变

产业结构优化的核心作用体现在产业结构高级化。配第从产业间劳动力转移的现象开始关注产业结构演进问题，指出劳动力之所以出现从第一产业到第二产业，进而向第三产业转移的现象，是劳动报酬的差异所致，劳动力自动表现为从低收入产业部门向高收入产业部门转移的趋势。克拉克基于对若干国家的实证研究，肯定了配第的劳动力转移理论。配第一克拉克定理指出，在经济发展过程中确实会引起劳动力在产业间的转移，并呈现出相同的规律，即在经济发展达到一定水平后，劳动力会从生产率相对较低的第一产业转移出来进入第二、第三产业，最终进入向劳动报酬最高的第三产业转移，究其根源在于各产业部门产品需求收入弹性不同。这种劳动力转移带来的产业间劳动力比例的不断变化便是早期产业结构优化的具体表现，农业劳动者占比下降、工商业占比上升正体现出产业结构高级化演进特征，劳动生产率低、生产技术落后及价值创造乏力的行业部门将失去对生产要素的吸引力，从而丧失原本主导产业的地位，让位于具有先进生产力和价值创造能力的产业。产业结构高级化必然会提升主导产业产品附加价值，以满足企业创收和消费结构升级的需求，这就意味着在原有资源与环境消耗水平下产生更多的经济产出，单位资源产生效益的提升推进了经济发展向环境保护方向转变，低能耗、低投入、合理资源消耗在产业高级化过程中逐一实现。

6. 产业结构优化通过能源消耗结构的改善间接促进生态效率提升

产业结构优化不仅引发了主导产业更替以及国民经济各产业占

比的变化，能源消费结构的改变也是重要的影响方面。近年来，我国在制定经济发展战略时不再单纯追求经济总量的增速，而是提出了转变经济发展方式、注重内涵式经济增长的方针，这就为产业结构优化指明了方向，一方面通过自主研发、技术引进、模仿吸收等方式提升主导产业价值创造能力；另一方面充分促进产业间以及产业内部资源的合理匹配，深层次挖掘结构化促进经济增长的能力。在此战略引领下，2014—2018 年我国 GDP 年平均增速虽然降至 6.9%，但能源消费年平均增长率、二氧化碳年平均增长率均呈现出下降趋势，而且国新办发表的《新时代的中国能源发展》白皮书指出，中国能源生产和利用方式发生重大变革，能源消费结构向清洁低碳加快转变，2020 年清洁能源消费量占能源消费总量的比重达 24.3%，产业结构优化显著影响了能源消耗结构。以清洁能源为例，产业结构高级化推动了清洁能源产业发展。技术进步作为产业高级化的一项重要成果促进了核电、太阳能发电、风力发电等新型能源产业加快研发与技术成果转化能力的提升，加大新能源对传统能源的替代力度，使经济系统的生产方式更加清洁、环保；产业结构合理化对清洁能源产业发展具有积极作用。现阶段产业结构合理化已经被赋予了生态发展内涵，在追求资源合理配置、能力优势互补的同时，更要充分考虑各产业经济与生态系统的协调，尤其是清洁化、低排放运营理念与现代化生产流程的融合，这必然为清洁能源的规模化使用提供便利，促进清洁能源产业发展。综上所述，产业结构优化实现了能源消耗结构的清洁化升级，从而有利于区域生态效率的提升。

7. 产业结构高级化促进了生态经济系统信息化水平的提升

产业结构优化一方面淘汰了落后部门与技术，另一方面促进了具有活力的新兴产业部门与先进技术发展成熟，信息化技术便是伴随着产业结构高级化而不断升级，持续推动生产效率的提升以及生产模式的创新。首先，互联网技术已经成为信息化技术发展历程中的重要里程碑，正是由于企业合作经营模式的需要，推动了信息技术向广域范围内互联互通方向发展，由此诞生了互联网经济，基于信息传递、共享、协同的企业运作模式提升了合作伙伴间沟通效率、降低了业务差错与失配率、减少了由于信息闭塞而产生的流通库存，不仅提升了经济效益，也推动了生态化经济发展方式的转变。其次，大数据、物联网等数字化技术已成为企业培育竞争能力的中坚力量。当第三产业演进成为主导产业，标志着产业结构达到高级阶段，智能决策、消费者感知、多维特征关联识别等企业需求应运而生，引发了全产业数字化转型全面推进。又一次新的技术革命使产业生产要素更加集约化，要素分配将兼顾经济性与生态性从而达到最优化，智能化决策降低了市场运营风险，使资源消耗与环境污染维持在既定目标范围之内，促进了生态经济系统信息化运作水平的提升，最终达到提高生态效率的目的。由此可见，每次产业结构升级都带动了技术进步与信息化水平提升，信息化产业发展壮大必然促进节约化、高效化、清洁化经济社会发展，从而提高生态效率。因此，产业结构优化通过信息化水平的传导作用而间接影响生态效率。

8. 产业结构升级推动经济发展，实现了生态效率改善

产业结构高级化对经济发展的影响机理，已经被配第一克拉克、库兹涅茨法则、霍夫曼定理等经典理论明确阐述。随着产业结构升级，劳动生产率与劳动报酬提升，不仅带动了经济增长，也推进了经济发展水平提升。稳态经济理论对经济增长与经济发展的内涵给予了解释：增长是数量的变化，发展是质量的进步。当产业结构演进到某个阶段实现了经济增长达到极限程度，经济增长速度放缓并进入相对静止的稳态，这时需要转变经济增长方式来打破均衡状态，从而实现经济"质"的发展。无论是经济增长还是经济发展，都促进了产出效率的提升，并具备单位产品生产所消耗的资源与资本数量下降的趋势，这也正是生态效率提升的内涵所在。产业

结构升级直接促进了经济发展，间接提升了生态效率。

二　产业集聚对生态效率的影响机理

产业集聚是指从事相似业务领域的或者上下游相关联的企业和机构为了增进沟通、加强协同而在某个区域高度集中，形成了相互关联、相互依赖的区域网络的现象。产业集聚通过加强专业化分工、促进生产要素溢出效应、推动产业规模扩大化等方面，最终对区域生态效率产生影响。

1. 产业集聚强化了专业化分工，对生产效率产生正向促进作用

产业集聚将分散于区域不同地理位置的生产要素进行统一空间范围内的集中，从事相同或者相似业务领域的企业竞争关系加剧，必然促进其基于自身具有的某种"比较优势"的业务模式重构，剥离非竞争优势的业务领域以加强专业化水平；价值链条上从事关联业务的企业越来越重视合作伙伴关系的价值，相互之间的业务关联更加紧密。一方面，产业集聚强化了区域产业的专业化分工。企业通过加强自身强势业务领域的资本投入，同时提升技术水平及人才素质，在较长一段时期内积累了丰富的业务操作经验，不断提升竞争壁垒的同时，通过对更为合理的生产要素投入配置的追求，实现在既定投入水平下更高的经济产出，从而推动了生产效率的提升。另一方面，专业化分工必然要求上下游企业之间保持更为紧密的信息沟通以及更为高效的作业协同，地理位置上的集中为关联企业间的原材料供应、区域化协同制造、物流配送模式等创造了新的模式，降低了供应链运营成本的同时提高了对订单响应的敏捷度，加快了资金周转速度，为企业在激烈的市场竞争中获取了降本增效的方法，不仅提高了企业盈利能力，同时也有助于降低对生产资源的耗费和能源、水、土地等环境资源的过度使用，使生态效率得到提升。此外，政府为了吸引优质企业进驻产业园区，会加强对基础设

施的投入以提升服务水平，包括现代化园区布局、先进自动化仓库、物联网环境搭建、区域全覆盖的通信网络、四通八达的交通运输网络等，企业共享优越的经营环境从而创造出显著的溢出效应，便捷的信息沟通带来了价值增值、生产流程数据化加强了业务透明度、功能协同促生了跨行业操作标准、基于共同配送的物流模式逐渐成熟，这些都提升了供应链期望产出，避免了基础设施的重复建设和盲目投资，从而降低了资源浪费，也减少了过度建设所带来的环境污染物排放，对生态效率的提升有着积极作用。

2. 产业集聚提升生产要素溢出效应的区域效果，有助于生态效率的提升

产业集聚不仅指企业地理位置相互靠近，同时相关的生产要素都依附企业进行同步移动，其中人才、资本和劳动力作为传统生产要素通过在新地点、新伙伴间的重新配置而追求最优化状态，而管理经验、服务能力等新兴生产要素因其虚拟性而更易于传递与共享。对于高新技术产业的集聚，其信息技术、新兴科技、行业理解及创新思想等在引领技术发展趋势的同时，也作为市场普及者将有价值的知识在企业间、行业间传播、交流，并提供相应的技术支持及技术升级解决方案服务，加强了与寻求数字化转型的企业之间的联系与引导，从事相同或相似业务领域的企业相互学习、相互效仿推动了全行业知识的普及，倒逼保守的传统企业为了维持现有业务规模而不得不与行业步伐保持一致，随着全行业信息化及技术水平的提升，一方面有利于企业自身降低了日常生产运作的成本消耗；另一方面缩短了与上下游企业的沟通时间，降低了交易成本及寻租成本，避免了由于沟通不畅及疏于交往而导致的供应错配、无效订单、重复订货等不经济行为。此外，产业集聚所导致的知识跨组织流动使企业急需比以往更为精细化的管理能力及更为丰富的管理经验，才能实现充分合作基础上的双方共赢。因此除了提升技术水平，企业还需要专业的第三方服务机构提供包括业务流程重组、组

织结构变革、功能整合与再造等咨询服务，第三方咨询公司入驻产业园区将进一步推进以管理能力和管理经验为标志的新型生产要素的企业间的传播与共享，从而产生显著的溢出效应，使企业间遵循业务协同的合理化建议极易达成共识，带来了企业期望产出与非期望产出的整体改进。同时，如果供应链主体企业对于节能减排与绿色生产等理念达成共识，通过集群中产业要素溢出效应很快扩散至全产业范围，则集群内多个企业联合投资、合作创新来抵御构建绿色化生产体系的风险，将比非集聚状态下的企业联合更具可能性。综上所述，技术、知识、经验等生产要素的集群内扩散，将使企业以更加经济效率的方式生产运营，使经济效率与生态效率同步得到提升。

3. 产业集聚促进技术进步，从而为改善生态效率提供新动力

未来企业将以供应链的形式彼此间构建起业务、信息、技术、理念等方面的联系，尤其对于以创新技术为主要标志的高新技术产业，集群化布局方式加强了企业间信息沟通以及发展理念的统一，更有利于达成产业创新链条各环节的紧密衔接，一方面，缩短新技术研发周期，加速新产品市场化普及速度，从而提升全社会科学技术水平。高新技术产业集群增加了企业间信息、技术、知识与能力等创新要素的交流与传播，尤其对于从事信息技术、生物技术、新材料技术研发的产业集群，技术升级进程中的相互学习产生溢出作用，再加上这些产业本身就具有"低污染""清洁技术""环境友好"等属性，集群内部企业间的频繁往来将推进节能减排技术产业层面的迅速扩散，环境保护的理念与意识也将迅速得到提升，为改善生态环境质量、实现全社会可持续发展战略提供强劲动力。另一方面，产业绿色创新化转型或者产品绿色创新技术研发体系的构建往往涉及较多环节，组织机构种类繁杂，如果绿色创新实验室、绿色技术研发中心、绿色技术扩散机构、绿色技术企业与用户中介服务体系等建设任务由单一企业来承担，会由于高资金投入与低市场

回报的现实使企业陷入窘境，而且技术创新本身的高风险性也让企业难以承担。而产业集群能较为有效地解决了绿色创新的现实问题，通过集群内部多个企业合理分工、高效互动，构建基于绿色技术的合作创新组织结构，显著降低了单个企业的创新成本，通过风险分担的合作方式能够提升产品绿色创新的可行性，以资源共享推动绿色创新步伐，提升经济社会的生态效率。

4. 规模化为目的的产业集聚将对生态环境产生不利影响

企业间在某一地理位置的相对集中确实能够提升供应链的竞争能力，但是由于资本追求经济利益的本质，企业在集群化运营初期，将不断扩大经营规模，通过资本运作尽可能多地吸引地理范围内大量涌现的高端人才，引进高水平数字化与高新技术，以寻求对市场份额的快速占领。此时的产业集聚为企业实现规模化扩张提供了互补性的生产要素，产业集群的基础设施及服务也便于扩大生产规模，大幅度提升经济产出，但是规模化带来业务快速增长的同时，也引发了能源的过度消耗、污染物排放疏于治理的环境问题，一方面，企业难以从扩大生产规模的投资中抽取资金进行节能减排技术投入；另一方面，环境治理投入的见效周期长，需要绿色创新的持续投资，这对于发展初期的中小型企业来说是难以完成的任务。因此随着企业发展的规模越来越大，在经济效率不断提升的同时，节能减排技术的投入跟不上产业规模扩张的速度，导致污染物大量排放但又得不到有效治理，对生态环境造成了严重影响。从业务协同角度来看，产业集聚深化专业化分工，集群内企业逐渐演变为对某一专门化业务深耕细作，进而通过与其他关联企业协同生产来分享资源互补、强强联合所创造的价值。然而在产业集群发展初期，企业间存在生产规模、技术水平等方面的差异，并且企业在设计未来的发展愿景及制定战略策略时更多的是基于自身实力的自我决策，由此便会导致在与合作企业进行业务协同时会出现发展目标不一致、生产规模不匹配、技术衔接不畅等问题，产业集群的供应链协同程度不高导致系统内部出现多个瓶颈环节，生产过剩、库存积压不仅影响经济价值的创造，也带来资源利用效率低等问题。因此，在产业集聚发展初期，如果没有跨企业供应链整体的战略发展目标以及业务协同化管理策略，仅是任凭企业以扩大规模为目的的自由发展，则地理上的集中也只是形成产业群落而非集群，对经济效益和环境效应都将产生负面作用。

第三节　协同创新影响生态效率的机理分析

1. 协同创新是实现区域经济系统与生态环境协调发展的重要途径

经济的高速发展将是全球经济体追求的永恒目标，也是区域社会进步的根本动力，随着全球经济一体化程度的不断加深，以经济增长为核心的发展方式变革逐渐成为国家、地方政府及企业关注的主题。在知识经济时代，依托于数字化资源及层出不穷的先进科学技术，创新成为区域经济、社会发展的常态化任务，在破除了资源所有权束缚以及生产要素流动壁垒等障碍后，基于企业合作、功能协同、流程整合的协作化创新改变了区域经济格局、创造了新的经济发展模式、加速了生产要素的跨企业流通、提升了生产效率。因此，协同创新为区域经济发展注入了新的动力，推进了产业结构升级和经济发展模式变革。同时，"绿水青山就是金山银山"理论高瞻远瞩地指出了片面追求经济增长所面临的危机，经济系统高效运作与生态环境可持续发展的双重任务对区域经济发展提出了更高要求。究其根源，就是在"节能减排"约束下追求最大化经济产出。协同创新兼顾了要素的"集约化效用"和"创新性组合"，激发了组织提升"有效化产出"的潜能。第一，根据系统协同学理论，各子系统通过相互协作、相互影响及有序组合，可以形成一种超越各自功能总和的新功能，即 $1+1>2$ 的效果，无论是在生产制造环节的原材料投入，还是流通服务环节的能源消耗，协同效应都会发挥作用，在达到既定生产任务的情况下极大地降低了对生态环境的影响。第二，基于熊彼特创新理论，引入新的生产要素和生产条件即创新，也就是说，"新要素"融入"旧系统"从而激发更大的发展潜能。如生产技术、信息技术融入生产体系中，在提升产品产量及服务水平的同时，更降低了生产要素投入水平，对实现经济系统与生态环境协调发展具有促进作用。第三，"协同"与"创新"具有交叠效应，即新要素的引进加速了原有系统内要素相互影响的进程，而子系统间合理的结构组成使新的生产要素发挥更大效用。协同创新实现了更高水平的要素组合与升级，既能够促进跨区域、跨行业、跨部门的多领域、多主体间集约化经营方式所产生的价值增值效应，提升经济产出效率，还能够实现合理资源分配与自由流通模式下要素投入强度的下降，提升生态效率。

2. 协同创新的基本特征构筑了生态经济发展的基本条件

生态经济已经成为当今社会普遍关注的重大问题之一，其内涵不仅仅是生态环境与经济系统的融合，而是已经成为拥有固定组成部分和运行规律的独立系统，学者围绕这一思路对生态经济的内涵进行了创新研究。生态经济是指在生态系统承载能力之内，以生态经济学原理和系统工程方法为手段，对传统经济系统的生产方式、消费方式、产业布局等进行重新组织，达到对资源利用能力的最大化开发，从产业构成和技术水平两个方面入手推进生态高效、经济发达的产业结构高级化发展，同时政府引导构建体制合理、社会和谐的文化环境，最终实现推进物质文明与精神文明协同发展的目标。由此可知，构建生态经济体系不是在传统经济体系基础之上的改造，而是包括产业组织、行业运营、文化引导等方面资源的重构，协同创新为生态经济系统的构建提供了必要支撑。第一，协同创新具有整体性。协同创新的行为不是基于单一企业内部的独立行为，也不是对生产技术或者物流管理等单一业务领域的升级改造，而是系统内部各独立的创新主体基于共同目标、内在动力，通过频繁交流与协商，在核心业务环节、产业运营制度、人才激励与开发等方面实现的多样化协作，其中所涉及的经济要素与环境要素并不是简单的堆积，而是有序的组合，其所要实现的目标、系统功能的发挥以及运行方式都表现出统一的整体性，这符合生态经济系统发展的逻辑。第二，协同创新具有开放性。互联网经济时代的产业格局已经越来越趋向于网络化，企业的生产经营活动必然处于局部网络体系当中，创新活动也不再是封闭式的行为，而是产业链条上关联企业基于共同目标、遵循约定规则的开放式行为，基于区域内或产业内部维度的开放可视为内部开放，旨在破除阻碍生产要素流动的壁垒，促进创新资源的聚集和整合；基于区域外或跨产业维度的开放则是外部开放，能够汲取广域范围内异质化的创新资源，有利于在互补性业务领域内实现创新。无论是生态经济本质还是经济系统，其效率的提升归根结底还是要依赖资源配置方式与资源创新能力，协同创新的开放性在上述两个方面都具有显著的促进作用，因此是提升生态经济系统效率的有效手段。第三，协同创新具有集成性。在协同理论指导下的创新过程关注的是总体目标的实现，也就是要达到创新系统以高效、低成本、快速便捷的方式运行，任何可能出现瓶颈的环节都将被重点关注并运用系统化的手段加以解决，这就体现出协同创新的集成性特点，即对可以利用的各种创新资源进行筛选与安排，基于互补性与统一性的考虑，集合具有相对优势的创新资源成为一个有机统一的复合体。在生态经济体系建设过程中，不可避免地会涉及区域内跨界的生态环境建设、绿色生产体系搭建、绿色交通及仓储等基础设施选址、产业园区建设、公共服务及社会保障政策制定等，都需要发挥协同创新的集成性，在协同理论与系统化理论的指导下，将生态经济体系中的各子系统与子功能进行有机衔接和优化整合，从而真正实现将生态环境可持续发展举措融入经济运行系统各项功能中，以促进区域生态经济良性发展。协同创新的集成性为生态经济体系建设提供了思路与方法。第四，协同创新具有结构性。经济系统的结构决定了发展质量，例如，服务业主导的产业结构更加注重以更为先进的信息技术与管理方式推动产业发展，摆脱依靠"规模化"创造价值的路径，以服务的精细化与定制化为企业带来利润；而制造业主导的产业结构在初级发展阶段依然要延续劳动密集型和资金密集型发展路径，通过扩大生产规模和增加劳动强度来实现更大规模的产出，其对资源的无节制投入不仅影响了经济效率，也造成了对环境的破坏。高级化的产业结构是生态经济发展的必然方向，在发展过程中需要经历结构化的调整与布局，协同创新在产业结构化演进中承担重要任务，在生产要素组合、供应链运作协同、产业网络布局、生态环境发展等方面促进了要素合理化组合，不仅是在形式上表现为新的机构或者新联盟，而且资源结构的重构和有机组合冲破了企业维度和行业维度的樊篱，针对产业结构的"短板"和薄弱环节寻求结构优化对策，最终通过联合来实现融合的目标。协同创新正是通过对创新要素实施结构化效应，来推进生态经济系统不断实现产业结构升级。

3. 协同创新是从根本上打破生态经济发展瓶颈的系统方法

生态经济系统是融合了生产要素、环境要素、制度要素、管理要素等多种要素的综合系统，要实现经济发展与环境友好双重目标，就需要将各类要素有机组合、协同运作，在现有资源总量保持不变的前提下，最大限度地挖掘资源潜能，达到"提质增效"的目的。通过外在新技术、创新能力的融入来减少相同经济产出下能源消耗与污染物排放，达到"节能减排"的目的。这两种创新的方式均体现出"联合"与"融合"的特征，是确保生态经济系统良性发展、生态经济效率稳步提升的途径。然而目前经济系统生态化发展之路中存在诸多瓶颈，例如，相对封闭的市场条件以及地方政府保护主义致使人才、资金、技术的跨区域流动变得举步维艰，盲目投资、市场跟风等战术性经济行为导致生态经济系统合理化布局遭到破坏，这些瓶颈环节如果不能被破除，基于区域的合作与联合被局限在有限的业务领域内，跨行业的功能整合与模式创新则会因为缺乏系统性与全局性而处处掣肘，从而严重影响生态经济体系运行效率。协同创新为解决此类问题提供了思路。首先，协同创新是层次分明的综合创新体系，分为初级层面、中级层面和高级层面，初级层面的协同创新，主要通过破除影响企业间要素流动的障碍来构建自由的外部环境，例如，打开区域市场的壁垒，促进信息流、资金流和物流的跨区域企业间流动，从而带动劳动力、技术、资本等生产要素自由配置，以实现效率最大化。中级层面的协同创新聚焦产业层面格局的构建，生态经济系统的共生性决定了有关生产、销售、服务、交通、民生、生态环境等社会发展的子系统应该是和谐共生、互动发展的，不能只重视生产销售体系投资而忽略其与交通服务等体系的匹配，否则可能引发生态经济体系畸形发展。协同创新在明确区域内各子系统功能分工、优势互补的前提下，发挥其对结构优化的促进作用，平衡优势产业能力、弥补产业格局短板，推动产业层面相互协同、互动发展的良好格局的形成。高级层面的协同创新作用于宏观领域，通过观念创新、机制创新、制度创新等扫清区域要素流通、产业功能融合等方面的障碍，实现区域生态经济系统更高水平的协同。其次，协同创新层次体系是复合型有机整体，初级层面的要素自由流动与组合是协同创新的基础，不解除创新要素层面的区域束缚就不可能实现高级层面的协同创新；中级层面涉及的区域经济结构性调整是协同创新的核心任务，均衡协调的社会经济系统布局是产业结构合理化与高级化的基础工作，通过产业间互联互通及有机融合，有效地推进现代化经济系统良性有序地发展；高级层面的制度与模式等方面的创新是关键。例如，针对生态系统的区域补偿机制、稀缺资源有偿使用制度的建立，通过对生态系统恢复性活动以换取经济补偿用于提升产业技术水平、完善城镇配套设施建设、推动产业结构升级，实现生态系统与经济社会系统联动与协同，为初级层面及中级层面协同创新目标的实现扫清了障碍。从这个角度来看，协同创新的三个层次相互关联、互为保障，是一套破除生态经济发展瓶颈、逐层有序实现提升经济产出和保护生态环境双重目标的系统方法。

4. 协同创新推动构建区域创新生态系统，促进了产业结构生态化演进

协同创新除了体现为创新主体间的合作与协同行为，从区域创新生态系统的角度还可理解为创新需求子系统与创新供给子系统的协同，促进了区域创新环境生态化演进。创新生态系统的发展与成熟，会对协同创新活动产生反向影响力，即一方面要结合区域系统价值主张开展创新活动；另一方面要引导价值主张与地区协同创新相匹配，当创新主体研发活动与地区价值主张一致时，有助于降低技术创新过程中的潜在风险，同时促进现有知识、技术不断夯实所遵循的价值主张，加速实现科技创新成果的生产力转化进程，推进区域经济发展方式转型。另外，创新生态系统具有自我更新与完善的属性将会不断激发更为高级的创新需求，如培养高新技术产业、扶持战略新兴产业等，所涉及的前沿领域的关键技术与核心技术研发将作为区域产学研创新主体所要遵循的新的价值主张，创新生态系统通过协调创新供给与需求子系统，提升了科技创新与技术研发赋能产业化的成功概率，更有利于催生以信息技术、生物科技、新材料技术、清洁能源与环保技术为代表的新兴产业成为区域经济主导产业，改变了传统产业结构，推进了产业结构生态化演进。其中，产学研合作所创造的大量新知识与新技术，极大地改变了产业部门间的合作分工现状，随着产业链的运作模式不断深入，产业边界日益模糊、依存度逐渐提高，而且更为紧密的产业关联性加快了传统产业与新兴产业的融合，高新技术产业引领传统产业向"高附加值、低污染消耗"的生产方式转型，由此推动产业结构调整。

第四节 科技进步影响生态效率的机理分析

一 科学技术是洞察生态经济内涵、实现生态经济发展的必备武器

一方面，科学是人类发现自然规律的总结，是具有逻辑性、规律性、启发性的人类智慧的积累。随着人们对科学领域探索的不断扩展，事物之间存在的一般性的联系启发人们将已经被揭示的自然知识与社会现象相结合从而产生了社会科学研究范畴，由此构建了社会科学的理论基础，例如，系统工程论、信息控制论、物质循环论等。其中，与生态经济最直接关联的科学基础是生态经济学。其中所蕴含的生态规律逐渐被人们认同、领悟并作用于实践中，如果没有生态经济学的科学指导，人们对生态经济内涵、结构组成、发展规律等方面的认知则处于模糊状态，更难以构建合理的生态经济体系以实现其发展。此外，技术科学、管理科学等相关知识提供了从管理与技术方面提升生态系统运行效率的理论指导。总之，科学为洞察生态经济内涵、提升生态经济系统化认识提供了理论基础。

另一方面，技术是科学的延伸，是将科学付诸实践的手段与工具。从微观层面来看，企业在节能减排的理论指导下要实现能源的节约、污染物排放的处理，就要依靠生产技术优化、绿色技术研发来达到目标；从中观层面来看，产业内部的生态制造链条的搭建需要协同技术、沟通技术、信息系统技术以及支撑产业绿色发展的循环再利用技术、共生链接技术等；从宏观层面来看，构建全社会的绿色生态经济体系需要依靠系统协同技术、功能整合技术以及基于先进观测手段和精密仪器对数据进行收集，从而监控系统运行与异常情况诊断，利用技术手段提供科学决策的准确依据。随着大数

据、智能化、自动识别等先进技术的普及，丰富了污染治理与生态平衡维持的手段，对环境研究与环境保护起到了积极作用。

二 科学技术促进了资源生产率和能源利用率的提升

生态环境与经济社会和谐发展是可持续发展理论的核心主张，也是构建生态经济系统的最终目标。衡量生态经济系统发展效果的一项重要指标就是资源和能源的使用效率，改变传统粗放式或单方面以提高经济产量为目标的生产方式，取而代之的是激发生产资源潜能的发挥，以及以更低的能源消耗和污染物排放来实现同等水平的经济增长目标，这是生态经济优越性的具体体现。科学技术不仅是先进生产力的代表，也是构建与之相适应的先进生产关系的有力工具，在生态经济发展框架内，科学技术推动了认识新能源、利用新能源、转化新能源的进程，更清洁的可再生能源作为生产制造以及生活服务产业的新型能源种类开始逐渐替代传统"黑色能源"，降低了社会生产活动对环境的负面影响；生产技术的创新、新型材料的研发对于仍以第二产业为国民经济支柱的我国来说，无疑将极大提升现有资源投入状态下的产出效率，同时"轻型、无害、可循环"的工业材料的普及将可能造成的环境破坏从生产源头加以遏制，体现了科学技术对生态系统整体构建的积极作用。此外，科学技术对资源与能源利用率的提升还体现在优化资源配置方面。在改革开放初期，我国经济发展只重视数量规模的扩张而忽略产业的合理布局，导致盲目投资、重复建设、资源闲置等严重影响经济绩效的问题，正是源于缺乏科学管理技术而无法实现资源的合理配置。随着国家提出了转变经济增长方式、提质增效等经济发展战略，我国企业开始加大科技研发投入力度，同时也注重在产业组织和经营模式方面的创新，互联网信息技术加强了企业间沟通，产业链条的产品开发、生产制造、物流运输、市场营销活动将以一体化、高效率的方式运作，资源的优化配置使其生产率得到极大提升。大数据、云计算、物联网技术创新了企业运营模式，使生产要素在产业维度进行自由流动与组织分配，提高了企业间协同度与资源的共享程度，将市场需求转变为数字信息引导生产与流通活动，降低了需求预测失误多导致的群体性供应链损失。综上所述，科学技术从三个方面提高了资源生产率和能源利用率：第一，科学技术的发展和利用增加了可利用资源与能源的种类和数量，有助于实现更高效率的资源替代效应，提高生态效率；第二，科技创新突破了原有生产制造的技术水平，特别是绿色生态技术的发展使生产活动在经济性和生态性两个方面实现同步发展；第三，科学管理技术优化了资源分配效果，推进了基于信息技术的跨产业沟通与合作，通过模式创新和组织创新实现了最优化资源组合，以提升资源生产率带动生态经济系统不断优化。

三　科学技术是构建合理化生态经济结构的重要手段

生态经济是不同于传统经济体系的一种多目标、整合式系统，构建合理化生态经济结构是促进资源与子系统有效配置，从而实现环境友好与经济增长双重目标的必然途径。一方面，基于系统论与协同论的观点，系统内部各要素通过有序排列，来实现子系统间有机组合的目标，也就是达到系统协同运作的状态。对于经济系统也是如此，通过产业结构的升级来实现资源与能源的有效配置，从而最大限度地提升经济要素效率。另一方面，产业结构具有动态演进趋于合理化的特征，对于生态经济系统来说，其发展模式与资源组合方式并没有固定的经验可以借鉴，需要依据国情不断调整，也就是产业结构的调整与优化升级作用，通过加大清洁能源产业发展力度来强化对传统能源的"替代效应"；通过对生产服务业的政策引导与资金支持来改变经济增长方式，实现产业结构高级化。综上所

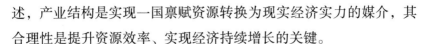

述，产业结构是实现一国禀赋资源转换为现实经济实力的媒介，其合理性是提升资源效率、实现经济持续增长的关键。

科学技术对于产业结构的调整与优化升级具有显著促进作用。第一，技术进步能够改变资源与能源需求结构。技术进步使人们对于自然资源和能源开发与利用在广度和深度上加强，绿色化加工技术、清洁能源开发技术将改变生产者利用资源与能源的方式，迫使生产方式由粗放式生产过程向清洁化、高附加值生产过程转变，推动了产业结构的调整与升级。第二，技术进步的波及性引发了更大范围产业结构升级。供应链中上下游产业的关联性决定了某个环节技术水平提升必然带动另一个部门提升技术水平从而与之业务相匹配，由此带动了全行业产业结构的调整。第三，高新技术产业加速产业结构调整。产业结构高级化的一项重要标志就是高新技术产业的蓬勃发展。在生态经济体系中，以高新技术产业为代表的产业集群不仅加速整合重组了原有产业及部门，还促使大量资源服务与能源循环利用的新产业诞生，使产业结构调整符合循环经济发展需求。

四　科学技术赋予生态经济智慧化发展能力

随着"工业4.0"和智慧城市等新理念广泛深入的发展，智能化、科技化已经融入进现代经济社会的各个角落，给经济系统注入了现代化创新要素，同时也催生出新的生产关系以释放以智能化为标志的先进生产力的强大能量。尤其在"绿水青山就是金山银山"理论的内涵不断发展的新时期，无论是微观企业的经济行为，还是宏观经济发展模式的重构，都以兼顾经济利益与生态效益为行动规范，恰逢产业智慧化改革发展机遇，构建以数字化驱动的智能生态经济体系便成为未来社会发展和经济建设的主要任务。生态经济智慧化发展能力也将成为挖掘经济体发展潜力、积累多元竞争优势、实现经济与环境和谐发展、开拓对外贸易渠道的关键能力。先进科学技术主导了智慧生态经济系统建设，赋予生态系统智慧化发展能力。

第一，信息化技术破除了体系间数据传输壁垒。智慧化生态系统是由多个子系统共同构成的复合体系，除传统的供应链体系外，还包括废物循环系统、绿色技术开发应用系统、环境监测分析系统、污染治理与生态平衡系统等，追求经济效率与生态效率最大化的目标是在经济系统与生态系统协同运作的前提下才能实现的，任何单方面的盲目行为不仅有碍于企业合理化发展模式的构建，对于生态经济体系的建设更是一种破坏。因此，基于数字化的跨系统功能协同是避免资源错配、非均衡发展的主要途径，信息化沟通技术将提供企业间沟通的数字通道，引导产业间形成基于共同目标的统一行为模式，促进生态经济体系协同性不断提升。

第二，科学技术促进了基于服务业升级的产业结构高级化进程。生态经济系统智慧化能力不仅仅体现在应用科学技术的种类与数量的增加，基于科学技术所构建的智慧化服务能力才是生态经济系统高级化的根本，这与传统产业结构理论中的产业高级化诠释了相同的含义。首先，数字化技术增强了对于经济活动的数字描述能力，传统非常规经济指标、行为指标都可以实现数字化定义，不仅客观表述了非量化的经济活动，更重要的是实现了行为模式的构建及活动状态的评价，促成了产业间信用体系的形成。其次，大数据、云计算等数字化分析工具普遍应用于生产、流通、营销等领域，使企业投入、产出、环境影响等活动绩效拥有了客观评价方法，也催生了生态经济建设所需的信息咨询与服务市场的高速增长，加速了产业结构高级化进程。

第三，基于科学技术的服务体系提升了企业经营效率和技术创新能力。高级化的产业结构并不能自动转化为高效的经济产出，关键因素在于内部结构的合理性。科学技术提升了信息网络与数字化平台应用效率，为生产要素基于本能的流动和自由组合提供了媒介，非人为参与的产业结构演进能够体现出更合理的要素组合方式，同时规避信息不对称带来的决策风险和管理风险，降低交易成本。此外，通过信息化设计研发、网络化经营管理、数控化设备运行等方面的提升，使企业具备了更强的技术与模式的创新能力。再加上借助数字化技术有效的政府管控行为，使法律、政策、行业规则更具有针对性和保障性，在科学管理的基础上降低生态经济运营风险。

五 科学技术是推动生态经济发展的原动力

知识经济时代的标志性特征是技术进步与科技创新代替了资本与劳动力密集型投入而成为经济增长的动力。一方面，科技创新一旦融入循环经济系统中，将引发产业部门从生产方式、产品结构、价值创造到运营理念等方面的革新与升级，当新发明、新技术持续被应用于产品制造与管理流程中，带动了传统"高能耗、高投入、大规模"的生产方式向高科技含量、绿色环保的循环经济发展方向转换。另一方面，科技创新加速了产业向智力密集型转变，更加注重以高素质人才为导向的劳动力质量提升，"轻资产化""服务化"的运营模式成为企业持续创造利润的源泉，例如，美国的罗宾逊货运公司虽然不曾拥有一辆货车，但罗宾逊拥有 500 多个 IT 工程师，每年在信息技术方面投入几千万美元，这种技术实力几乎不逊色于中等规模的专业软件公司。建立了整合社会运输商的信息系统后，企业来年收入大幅增长，利润增长了两倍多。由此可见，发达国家技术与理念具有明显的竞争优势，是科技创新与技术进步保障了发达国家循环经济的良性发展。

第四章 产业变迁、协同创新、科技进步、生态效率耦合发展的理论基础

第一节 耦合系统理论

一 相关概念界定

1. 耦合与系统耦合

耦合一词来源于物理学，是指两个或两个以上体系由于相互之间存在某种联系或者通过相互之间的力的作用而彼此影响最终达到协同发展的现象。通常意义上人们将耦合关系理解为正向促进的效应，其实也存在反向破坏。正如控制论中的"正反馈"与"负反馈"，当某一系统与其他系统交互时，其返回系统输入的信息与输出信号的调整方向一致的情况下，可以促进和强化系统作用，这种作用称为"正反馈"；在反馈信息与系统输出信息的调整方向相反的情况下，会对系统产生抑制或削弱的作用，这种作用称为"负反馈"。"正反馈"会打破系统原来所处均衡状态，在社会体系中可以是推动制度的革新，但同时也是对相对稳定的制度体系的冲击和瓦解。"负反馈"的作用是使系统间保持相对稳定的联系，以便维持现有的均衡状态。对于复合系统而言，正反馈机制会使系统间失去稳定性，从而产生自我组织与新的体系，这种新的体系通过负反

馈机制而保持相对稳定，系统的进化过程伴随着正、负反馈的有机结合。系统耦合聚焦两个或两个以上具有关联关系的系统，通过系统间的相互作用形成新的整体系统，耦合系统内部伴随着物质、能量、信息等交互与循环，体现为数据耦合、标记耦合、控制耦合、外部耦合、公共耦合和内容耦合。通过改变原有子系统之间相对独立的运作模式以及系统功能的创新与整合，推动原有子系统达到有效协同的高级阶段，实现和谐发展目标。

2. 协同

协同一词来自古希腊语，是指协调两个或者两个以上的不同资源或个体，共同一致地完成某一目标的过程或能力。1971年德国科学家哈肯提出了系统协同学思想，认为世界总体演变趋势是从无序状态走向有序状态。无序状态是系统内个体或要素相互冲突、彼此独立的阶段性发展状态，持久的无序状态将阻碍社会的进步和人类的发展。但自然界的一个普遍规律是事物之间存在广泛的联系，能够促使无序向有序转化，从而使系统内各子系统相互配合、合理分工、功能完备、紧密衔接，以物质或能量为纽带彼此联结从而集聚成有机整体，形成超越原各自功能总和的新功能。这种整合万物的能力即协同，具备协同能力的系统有序运作，整体发展运行过程中体现出协调与合作的性质，从而形成拉动效应，促使整个系统演进。各子系统在协同发展状态下个个获益，整体加强，共同发展，从而加强了事物间属性的互动关联，推动系统不断提升发展层次。由此，本书对于协同的定义侧重于多元系统间以及系统内部各要素间功能的协调一致、共同合作的能力，从而推动系统功能创新以及实现系统目标。

3. 产业生态系统

生态系统原指生物群落与环境之间相互依存、彼此提供物质与能量而形成的统一整体。产业生态系统将此概念应用于国民经济各部门所构成的产业体系中，类似于自然生态系统的运行规则，使资源可以被充分、合理、高效地利用，形成生产者、消费者、分解者和协调者的有序衔接与协作，通过能流、物质流和信息流将各子系统的独立功能联系起来，从而形成一个有机整体，推动产业体系不断升级及可持续发展。从产业生态系统构成来看，可分为产业生物群落和产业环境两个组成部分，产业生物群落是产业生态系统的核心要素，是由相互间存在物质、能量和信息沟通的企业种群相对于外来物种所形成的整体，产业环境是以产业为中心，对其存在和发展起制约和调控作用的环境因素集合，如产业政策、市场条件、政府规制、经济政治现状等。产业生态环境作为一个有机复杂的功能体，系统的成员趋向于形成动态联盟的统一整体，同时彼此之间既能为争夺相同资源产生冲突，也能通过合作赢得共同利益。系统中既汇聚了具有相同功能或从事相似业务的企业，又具备了全产业链生产与服务的丰富企业种类，因此生态系统具有整体性、竞合性、集聚性和多样性的特征。

4. 耦合协调度

达到耦合发展阶段系统会通过功能结构和运行机制的有效运作，形成更加科学的结构，新的结构不仅改善了原结构中系统间的矛盾与冲突，还能够衍生出原系统所不具备的更为高级的功能或实现超越原系统所能达到的效益，这就是耦合协调。虽然耦合具有"正反馈"和"负反馈"效应，但"协调"更加强调整体性与协作性，即为了完成系统的目标，统一协调子系统间正负反馈作用，每个子系统都可能面对妥协所导致的状态改变，类似于通过对子系统的控制与约束，实现局部利益服从系统利益的目标。不同于耦合的含义，耦合协调更突出通过系统的计划与控制从而达到整体优化与演进。耦合度与耦合协调度用来量化系统间的耦合协调情况。耦合度衡量的是系统内子系统或要素之间相互影响与相互作用的强弱程度，反映序参量之间由无序走向有序的作用力；耦合协调度更加强调从有序走向统一的程度，即子系统之间和谐一致的能力，不仅体现了内部系统与要素间协同共生的良性关系，还体现了和谐共进的发展趋势，是建立在耦合度基础上所能达到整体性的程度，是子系统与要素保持健康稳健发展以及系统整体协调合作的量化指标。

二　耦合理论

系统间的耦合关系在机械工程中应用广泛，目前已经逐步扩大应用领域，尤其在社会经济领域中，在推进国民经济快速发展的研究主题下，探讨经济系统与其他子系统相互作用、相互影响、相互依赖、相互协调的动态关联关系时，常常遵循耦合理论所体现的规律与内涵。

能够达到耦合状态的子系统具有相互联系和相互作用的特征，例如用一根弹簧将两个单摆连接起来，其中一个单摆发生震动时，另一个单摆也会随之发生震动，而且受到影响的单摆也会通过自身的运动规律对前者产生反馈作用，从而会影响震动发生者的运动状态。系统整体所处的状态取决于两个子系统彼此间相互作用的方式以及耦合强度。作用的方式取决于子系统的功能属性，耦合强度主要依赖各个模块之间的接口复杂程度、调用模块的方式以及通过接口的信息种类与数量。基于以上因素可将耦合强度从弱到强分为非直接耦合、数据耦合、标记耦合、控制耦合、公共耦合和内容耦合等类型。非直接耦合是指两个模块之间没有直接关系，它们之间的联系完全是通过主模块的控制和调用来实现的，因此耦合度最弱，模块独立性最强；数据耦合是指调用模块和被调用模块之间只传递简单的数据项参数，相当于编程语言中的值传递；标记耦合是指调用模块与被调用模块之间传递数据结构而不是简单数据，也称特征耦合；控制耦合是指一个模块控制了另一个模块的功能，双方之间传递的不是数据信息，而是例如开关量、标志、名字等控制信息，从控制耦合开始，模块数据就放在内部，不同模块之间通过接口相互调用；若一组模块访问同一个公共数据环境，则称为公共耦合。公共的数据环境可以是全局数据结构、共享的通信区等；如果一个模块与另一个模块的内部属性相关，不经调用直接使用另一个模块的内部数据，则这两个模块之间就存在内容耦合。这种耦合会导致当一个模块的内部数据出错将引起另一个模块出现问题，对模块的修改、维护造成极大的困难。

从单摆耦合示例中可以总结出系统间处于耦合状态应具备的特征：第一，互动性。耦合系统各子元素之间具有相互关联的特性，即任意系统状态的改变将会直接或者间接作用于其他系统，从而产生改变原始状态的驱动力。第二，回馈性。当外部因素发生改变而作用于耦合系统后，所产生的扩散效应是双向的，个体系统不仅是影响力的施加者，也由于其他关联成员的反馈作用而成为接受者。这种此起彼伏的动态关联推进耦合系统演进。第三，普遍性。耦合关系不仅可以用来描述物理现象，在社会科学领域中多个系统间存在的相互影响、相互协调关系，也体现了耦合理论内涵。例如，经济系统与生态系统的耦合，是在"绿水青山就是金山银山"理论指导下经济社会发展所要追求的目标，也符合可持续发展战略的客观要求。因此，对于如何应用耦合理论来实现社会科学领域中系统间的和谐与稳定，是当下值得关注的问题。其中，探讨的主要领域在于对存在耦合关系的系统进行引导、规制，使其耦合关系处于良性的、积极的相互促进状态，避免出现脱节、失衡从而导致系统联系中断等恶性循环。系统耦合过程通常会出现两种相对均衡状态，一是系统之间增进了联系，原始相对独立的系统关系被基于统一发展方向的系统间协同配合关系取代，多个系统耦合成为有机整体；二是耦合作用推进了系统间组织结构和运行方式的改变，对相同要素资源所支撑的具有相似功能的体系结构加以整合，使资源在统一调度下的分配更加合理、功能结构更加体现优势互补，从而达到较为高级的耦合形态。通过耦合形成的新系统弥补了原系统存在的缺陷，也能够有效化解系统间的矛盾与冲突，最终实现有机整体协调发展。

三 耦合系统协调

耦合可被视为系统彼此作用以及相互影响的过程，而协调则是耦合过程要实现的目标。比如产业变迁、协同创新、技术进步三种因素都会对生态系统运行效率产生影响，如果系统中各种因素相互促进、一致变化、互为支撑，则耦合过程向协调状态演进。协调的系统关系并不是简单的静态分析，而是在内外部因素共同作用下的各要素经历动态磨合后达到的相对和谐的系统结构。基于一致性的发展目标，系统内部逐渐形成控制与反馈机制，约束子系统目标要与系统总目标保持一致，如果子系统或者子要素偏离了协调发展则相关机制对其进行纠正，从而最大限度地保证总体目标的实现。除内部要素形成耦合关系外，系统作为处于外部环境中的独立单元，需要对外部因素的变化及时作出反应，进而调整系统进化方向与外界因素变化趋势相一致，实现整体系统与外部环境的耦合。

耦合系统协调可从三个维度上进行理解。结构性协调是指系统所包含的子系统、子要素处于一种合理的比例构成状态，随着系统高级化演进，失去主导地位的子系统相应的重要程度降低，而处于核心地位的子系统将占据更大的资源配额，这种动态的调整正是结构性协调的具体表现，展示了系统各组成要素间的相关程度。功能性协调是系统实现总体发展目标所应具备的完整的、互补性的能力。功能性协调也是推进系统耦合的主要方面，各项功能衔接紧密、相互促进、协同配合，才能使整个系统达到耦合状态。组织管理协调是指系统管理体制协同一致，即着眼于系统耦合全过程进行协调与管理，为具有差异化运作机制的子系统制定统一的管理制度、实施具有针对性的管理方法，以管理的手段确保目标协调的实现。

要实现系统耦合协调目标需要满足一定的内部条件和外部条

件。就外部条件而言，多元耦合系统会以物质、信息、能量等方面交换的形式与外界环境产生联系，可以利用熵值来度量系统受到内外部环境影响后所产生的无序状态，假定系统总熵值为内部条件所引起的熵值变化与外部条件所引起的熵值变化之和，当外部熵值变化为负值，且大于内部熵值的正向变化，则总体熵值减少，通过协调作用使系统向更为有序的方向演变；反之，如果内外部条件作用的结果是促使系统熵值向较大方向发展，则表明系统间差异程度逐渐增加，导致向无序化方向演变，不利于系统耦合协调发展。外部条件错综复杂，通常会打破系统现存有序状态；内部条件是当构成整体的子系统间具有协调作用时，才能使系统向有利于内部熵值减小的方向发展。这种协调作用不仅体现在子系统间，也应该存在于各个功能要素之间，在协同效应的作用下，不仅子系统间关联程度得到加强，而且行动方向更加趋近于总体发展目标，从而达到耦合协调状态。此种发展阶段能够实现系统内各组成部分的整体效益大于个体效益之和，有利于实现多方共赢，加强合作在系统间竞合关系的主导地位，有助于进一步提升耦合协调度，实现多主体协同发展模式的良性循环。

第二节　耦合系统协同发展的内涵

一　耦合系统结构与功能

各子系统间实现了功能耦合并不意味着形成了耦合系统，所谓系统，即若干部分相互联系、相互作用，形成的具有某些功能的整体，因此子系统功能的耦合是构建耦合系统的必要而非充分条件。除发挥特定功能外，还应该从结构上对各子系统清晰定位，承担具有互补性差异化任务，另外彼此间按照相对稳定的、合理的机制相互作用。从内部看，要素布局井然有序、运作规范流畅；从外部看，行动统一、步调一致。合理的系统结构和协同的功能体系是构建耦合系统的核心内容。

　　耦合系统结构是构成系统的要素或者子系统间相互联系、相互作用的方式和秩序，相对于要素和子系统，系统结构层次更高也更为复杂，要素的联系形式、联结数量的多少、联系的网络结构都体现在系统结构中，联系就是要素之间相互作用的媒介，是演化为系统的驱动力。本书所关注的产业变迁—协同创新—科技进步—生态效率耦合系统是生态经济系统的组成部分，包含推进生态经济发展、实现经济增长与环境友好双重目标的关键因素，明确"四元系统"的耦合结构对引领耦合系统正确的演进方向具有重要意义。产业变迁包含产业结构升级与产业集群发展两层含义，产业变迁是推进耦合系统演进的内在动力。基于配第—克拉克产业结构理论，生产要素呈现从劳动生产率低部门向劳动生产率高部门转移的必然趋势，导致国民经济农业、工业以及服务业比重的变化，出现了产业结构主导产业的转移。另外，产业集群引发产业结构和产品结构的变化，是产品深加工和产业链的延伸，产业在一定区域内的集聚也促使了产业组织形态的改变。产业变迁必然引发与关联子系统联系形式的改变，是驱动子系统适应外部条件变化从而实现系统耦合的重要力量。协同创新是推进耦合系统演进的外在动力。当耦合系统处于相对稳定的发展阶段时，由于受到市场因素或者外界环境变化的影响而需要改变现有资源组合和运作方式，便产生了创新行为，如果触发了基于不同领域主体大跨度整合的创新模式，充分发挥各自能力优势并实现优势互补，则出现了协同创新过程。协同创新突破了创新主体间的壁垒，使耦合系统要素联结的数量显著增加，联系的形式出现了更多的选择，使耦合系统创新能力得到了提升。科技进步是实现系统耦合的重要手段。科学技术进步提高了劳动生产率，加快了产业变迁进程，依托先进科学技术，产业结构主导产业能够快速过渡到服务业，产业集群通过科学技术的辅助深化产业分工，使资源优势互补的配置效率得到提升。另外，科学技术本身就是协同创新的主要内容，先进的科学技术将融入更多的学科分支，应用于更为广泛的产业领域，能够促进更多的创新主体参与协同创新过程。生态效率是发展生态经济所追求的最终目标，同时也引导了产业变迁、协同创新、科技进步的发展方向。产业变迁、协同创新、科技进步、生态效率"四元系统"的耦合机理可阐述为：以追求生态效率最大化为目标，借助先进科学技术，推进产业结构高级化、产业集群高效化演进，同时促进全产业经济性与绿色化协同创新深入发展，最终达到环境友好与经济发展和谐统一的目的。

耦合系统的主要优势在于能够发挥比各组成子系统单独运作时更高的绩效，这里的绩效包括经济产出、生态绩效、资源能源使用效率、要素配置效率等。在生态经济系统中，推进系统耦合的主要目的在于实现经济产出最大化与环境影响最小化的可持续发展模式，围绕这个主题本书将产业变迁—协同创新—科技进步—生态效率耦合系统的功能定义为优化要素配置、提升技术效率、激发协同创新、推动信息协同、加强制度保障五个方面。第一，优化要素配置功能。耦合系统内部要素分为生产要素、服务要素和环境要素三类，传统自发性的生产过程由于要素配置的随机性而难以充分发挥要素的协同效应。耦合系统强调各子系统加强关联性与互动性，其中要素的系统间共享与交换便是加强关联性的具体体现，生产要素向代表产业高级化的信息服务业和高新技术产业聚集、技术创新服务兼顾生产效率与生态效率都代表了系统耦合后对要素配置优化的作用。第二，提升技术效率功能。耦合系统科学技术的前进方向不再是片面的、仅关注个别系统目标的实现，而是将系统所追求的整体目标作为科学研发与技术应用的方向。能够促进整体目标实现的科学技术才是高效率的，而关注单一目标的技术进步由于忽视了子系统间的关联可能导致无效的研发投入，甚至是造成子系统间秩序混乱，因此是低效率的。"四元系统"的科技进步要求与产业变迁、协同创新、生态效率提升的发展方向一致，具有提高技术效率的功能。第三，激发协同创新功能。协同创新模式的核心理念在于"协同"，包括社会经济系统中的企业、政府、行业机构、科研院所等创新主体在内的共同创新活动。多成员间基于核心能力优势构建的互补性资源联合体意味着多方主体要频繁沟通、增进理解、加强互动合作、紧密联系，这本身与耦合系统的运行原则是一致的。随着耦合系统成熟化与高阶化发展，必然推动多方子系统间建立更加稳定的协同运营机制，将更大程度地激发群体协同创新功能发挥功效。第四，推动信息协同功能。耦合系统内部各子系统蕴含着大量信息，通过物质、能量、价值转换来提取、储存、加工、传递从而实现耦合系统的信息流动。信息流是耦合系统实施结构定位以及功能整合的桥梁，是对系统实施干预、控制、调节的基本手段，在系统内部及系统之间相互作用以实现耦合的过程中，信息的传递起到关键作用；当系统实现耦合后，基于自然系统的自组织力和人工系统的他组织力将进一步推进信息传递向更高层次发展，即信息协同，通过互补性与联动性的信息协同将衍生出知识和规律，促使耦合系统更高级化演进。第五，加强制度保障功能。除自组织性和他组织性影响系统耦合发展之外，系统内部以及系统之间相互作用、相互关联的运作方式应具有更加稳定、规范的保障力，以避免系统内部随机性行为的风险，同时抵御外部因素对耦合系统的干扰。因此，耦合系统应具备制度保障功能，通过制定经济法规、行业法规、合约契约等正式约束条文，以及引导系统间交往的文化、意识等非正式约束形式，保障耦合系统演化与协同发展。

二 耦合系统协同特征

1. 目标一致性

多元系统在耦合演化进程中，通过物质、能量、信息等要素的互动逐渐建立起较为稳固的共生关系，出现基于追逐局部利益的功能耦合或结构耦合现象，但距离耦合系统的协同相差甚远。协同强调整体性，即具有逻辑联系的功能子系统之间、空间子系统之间以及功能子系统与空间子系统之间的协调，如果出现若干子系统或子功能脱离总体发展目标而争取局部利益的情况，导致的区域功能紊乱或子系统的对立就会限制和约束整个系统耦合协同发展。只有通过系统内部控制与反馈机制而实现子系统目标与总体目标相一致，及时纠正或消除不利于总体协同的子目标，才能最大限度地实现耦合系统协同发展。

2. 自组织与自适应性

由于所处外部环境的不断改变，耦合系统的体系结构及内部关联方式会出现难以满足未来系统发展需求的问题，尤其是基于物质、资源、信息的联系被外力所阻断时，系统自发的感知危机并重新构建新型结构体系，包括功能结构、关联结构、运行模式等。系统自组织演进的动力源自系统内部及其多种要素间复杂的非线性作用，正是这种作用促进了系统从原有结构向新的有序结构转变。

3. 被组织性

协同发展要求系统及其内部要素间彼此适应、互相协作，而非强调单个系统的作用与地位。任意子系统无论功能如何完备，也无法单独、自发地实现总系统的协同发展。这就必然要求多个子系统遵循一定的协同规则，形成一个具有耗散结构、自组织特征的整体架构，子系统发展的同时受到被组织力的控制与推动，限制目标的制定和行动的实施达到统一，系统的管理体制对整体协同起到组织管理的作用，其贯穿子系统耦合协同的全过程，各项管理制度、方法和措施必须与总体目标协调一致。从作用机理来看，组织管理协同分为自组织协同和被组织协同，其中被组织协同效果取决于人的能动性和目的性，由于人对全局的认识与知识的局限性，会导致自组织和被组织并不总是同向复合，但正向复合的协调作用推动了系统正向进化。

4. 序参量的决定性

构成系统的各组成要素处于不同层级地位，对整个系统体系发展的重要程度也有所差异，耦合系统协同一方面要从功能性角度合理地构建运行模式，另一方面要解决系统从无序到有序的动态过程所面临的资源优化分配的问题。哈肯通过研究各类系统相变性质后，定义序参量为系统宏观模式或宏观有序度的描述，包括有序结构、运行模式等。鉴于序参量在系统有序演化过程中一方面决定其他控制参量的变化；另一方面决定系统相变的性质和特点，其在整个系统内、外部起到决定性作用，这类具有较大影响作用的参量的变化规律可以透视其他参量的发展特点，处于主导地位。由此，哈肯提出了序参量支配原理，少数序参量通过支配子系统中其他控制参量来约束微观子系统的结构功能，并决定整个系统的行为方式，促进系统有规则、有组织地演化。除序参量的决定性作用外，其还受到控制参量的反作用，当系统内特定条件或系统外某种环境改变后，原本处于从属地位的控制参量可以转化为序参量，取代或者与原有序参量共同决定整个系统秩序。

三 耦合系统协同运行模式

结构耦合模式。任意系统能否正常运转以及能够释放效能的决定因素之一是系统结构。对于复合系统而言，子系统内部要素的结构化特征以及子系统之间的关联网络及互动机制都能够影响整个系统运作方式。耦合系统的结构应具有互通性、动态性、联动性、层次性的特征。互通性是指子系统之间能够通过统一的模块接口彼此联通，从而形成具备某种局部功能的聚合系统，通过与其他具有互补性功能的系统再次聚合，不断完善自身功能体系，推进有机整体结构不断向高级阶段演化，由此可见，系统的结构耦合模式具有动态性。当外部环境发生改变或者新物种融入原系统导致旧式系统结构出现不稳固或不合理的情况下，结构体系将出现局部的调整甚至是颠覆式的重构。正是由于系统结构耦合的联动性，往往较小范围的结构重建最终演变成为全局性的结构升级。层次性能够反映系统中各要素与整体之间的联系情况，物质、能量、信息遵循系统结构的层次进行有序输入与输出，不同层次之间有不同的级别与功能，低层次要素通过影响高层次要素进而对系统整体产生影响。结构耦合模式的主要特征是系统在结构上的有机结合，为系统实现耦合协同奠定结构基础。

功能协同模式。耦合系统是将多维度、多种类的系统以及系统内部资源进行互通、联结，并不是资源的简单叠加，而是按照系统发展规律以及运行规则进行整体规划、有机组合，从这个角度来看，耦合系统具备组织间功能协同的特点，其最大优势体现在系统运行绩效方面，即关联配置后的系统功能总体绩效将大于各个子系统单独运行产生的绩效总和。功能协同模式通过建立信息共享、资源互通、利益共享、风险共担等机制，推动系统产生约束子系统发展方式的"自组织力"，再辅以管理协调手段动态优化功能协同效果，使系统内各组成部分依赖共生、协同发展。生态经济系统本质上是生态环境—经济社会的耦合系统，既涵盖了影响资源投入、能源消耗、污染物排放的环境因素，又包含了原材料供应、商品消费、投资建设等影响经济社会发展的子系统，耦合系统发展的总体目标是经济发展与环境保护同步实现，这需要协同两个系统内部的相关功能以达到整体效应，也就是说，经济社会发展不能脱离生态环境保护的约束。生态环境保护也不能成为束缚经济社会进步的桎梏，功能协同模式就是在遵循这种发展目标的前提下寻求经济要素与环境要素的最优化组合。产业变迁、协同创新、科技进步是生态经济系统中极具活力的子系统，其不仅能够促进区域经济发展，而且对资源节约、减少污染物排放也有积极作用，加强三种子系统功能与生态经济系统的协同效应，是实现生态经济系统健康运行的有效举措。

效应耦合模式。耦合系统中各子系统虽然彼此关联、协同合作，但由于主体功能以及针对核心资源需求的差异性，导致各子系统所处地位有高低之分，能够引导系统向更高层次进化，或者符合外部发展环境对系统做出调整的子系统或子功能，拥有优先获得创新发展资源的机会，可以率先通过资源的有效分配带动结构重组与功能创造，打破耦合系统原有相对稳定的发展状态而形成正向反馈。但耦合系统的负向反馈会逐渐积累，从而抵消正向反馈所导致的极端偏离，使耦合系统重新回归相对稳定状态。具体表现为占据优势资源的子系统难以脱离关联系统而独自完成耦合系统的全局调整任务，必须依靠生产要素、货币资本、知识与人才等关键要素的统一调度与全局分配，形成针对调整目标的一致行动策略与计划安排，从而实现系统发展效应耦合。以协同创新系统和科技进步系统为例，提升科技实力固然是我国经济发展提质增效的有力手段，但仅凭增加科技研发投入、加强科技人才培育等科技进步系统内部手段并不能较为有效地提升全社会科技进步水平。高新技术产业集群能够通过资本和人才的集聚效应、辐射效应、溢出效应和激励效应加快创新研发进度、提升资金利用效率、突破高精尖研发领域，对科技进步产生巨大的推动作用。因此，子系统间的效应耦合能够汇聚发展力量、形成发展合力、优化发展方式，加速了耦合系统高级化演进。

系统整合模式。功能的协同是指在不改变现有组织结构或者功能框架的前提下，对具体要素重新安排，从而达到合理配置的目的，以更高的投入产出比实现既定目标。相对而言，系统整合模式采用的是更为根本的优化方式，即从系统结构框架或运营逻辑的层面对要素资源进行重组，以达到对现有体系功能的再造。系统整合模式要求子系统具有更大程度的开放性，放松对技术、资本及劳动力资源的所有权约束，可以参与系统"自组织力"驱动的资源重组。另外，要求子系统的功能结构具有更高程度的柔性，通常可以实现具有相对独立的功能系统模块化封装，通过重新编排功能模块序列，或者将相关功能模块合并融合，实现功能结构的重构。生态环境与经济社会系统的耦合更加需要采用系统整合模式以推进两个系统一体化运行，即经济社会发展的职能融入了环境保护功能要素，资源的利用率提升和新型可再生能源的产业化普及也将降低生产成本、提升经济产出作为主要目标。系统整合模式强化了子系统间的依赖与融合，其推进系统进化的方式并非盲目扩充资源规模，而是以更为高效的方式将现有资源有机组合、合理匹配、协同创新，充分激发要素的流动性与创造力，从而实现子系统间更高层次的耦合。整合模式既要能够充分挖掘内部各子系统的价值与优势，更要对子系统间动态变化的制衡关系具有清晰的认识，特别是要降低系统各组成部分间"效益背反"效应对整体发展的负面影响。产业变迁、协同创新、科技进步、生态效率是推进生态经济系统发展的主要组成部分，具有不同的任务分工，体现对经济增长与环境保护方面不同的价值。如果任意子系统忽略与其他系统的联系而自我发展，则整个系统难以实现耦合的目标。系统整合模式主导产业结构升级不仅注重促进经济"质"与"量"的提升，还要通过创建新能源、清洁技术等新兴产业部门提升国民经济绿色服务能力，同时协同创新、科技进步也融入了新能源利用技术研发、可循环生产方式创新等功能要素，在提升经济系统产出增长的同时促进了生态效率的提升，而对生态效率提升的需求也会反馈于产业结构、协同创新与科技进步系统，从而推进子系统耦合发展进程，有利于促进经济系统与生态环境协调发展。

利益联盟模式。促成系统间耦合关系形成的主要驱动力之一是对共同利益的追逐。产业变迁是生产要素追求价值创造最大化的必然结果，协同创新与科技进步也是通过引入新的生产要素来提高劳动生产率，实现更高水平的经济产出，生态效率是在考虑环境影响下的经济产出效率的指标，蕴含着环境成本最小化与经济效益最大化的双重目标。由此可见，追求经济利益是产业变迁—协同创新—科技进步—生态效率系统耦合的驱动力，各子系统之所以结成相互合作的关系，是因为单个系统独立运行无法实现提升价值创造能力的目标，例如，如果没有信息技术、互联网技术的创新与普及，产业结构实现向第三产业升级的进程将难以顺利完成，转变经济增长方式、提升经济"质"的增长的经济发展目标将会受阻；科技进步更加需要协同创新为其提供未来技术的发展方向与技术研发方式的突破；而产业结构升级、协同创新与科技进步共同支持生态效率的提升。正是由于不同的系统功能或者生产要素相互联合、优势互补，才使耦合后的系统发挥出远胜于子系统单独运行的价值创造能力，使各方所追求的经济利益、社会利益、生态效益同时得到满足，更加促进利益联盟模式稳定发展。

四　耦合系统协同发展

协同是任何系统内部各子系统以及各构成要素之间所呈现出的联动、同步、互补的状态，既是系统发展的目标，也是手段。耦合系统强调的是通过某种模式或者机制以改善子系统的联系方式与互动方式，在整体性、一致性、合作性与和谐性的原则下驱动系统达到一种结构相对完善、组成比例相对合理的状态，这也是协同发展的内涵。从耦合系统实际运作过程来看，协同应包括目标协同、功能协同、成员协同、环境协同、管理协同以及制度协同等方面。①目标协同是以协调总体目标与个体目标关系为主要内容，总体目标是子系统制定发展目标的原则和重要参考，与总体目标相一致的子目标才能够得到耦合系统的接纳，子系统可以参与到正常的资源分配与共享秩序中，而不利于总体目标的子系统将受到耦合系统的排斥直至将其排除在耦合系统之外。目标协同促进总目标与子目标的统一，确保耦合系统整体性发展。②功能协同是耦合系统协同的具体体现，子系统彼此之间功能各异、能力不同，但并不能因为子系统发挥次要功能而忽视其作用，也不能由于子系统的核心地位而独立运行，耦合系统功能的同步化与统一性是实现协同的主要方面，最终实现整体功能最优化。③成员协同是耦合系统协同对内部构成对象提出的要求，无论是子系统还是要素资源，都隶属某一组织成员，要素的自由流动除受到耦合系统的驱动外，也受制于组织框架与制度的限制。耦合系统协同化发展必然清除组织机构的障碍从而促使成员间协同化发展。④环境协同体现的是耦合系统对外部环境因素变化的适应能力，由于环境变化是复杂多样的、不可控的，耦合系统就要提高内部发展匹配外部环境的能力，顺势而为地利用外部环境的有利作用达到内外协同，促进耦合系统持续演进。⑤管理协同是保障系统整体协同的重要手段，既然系统运行方式之间存在较大差异，为了实现耦合系统协同，就更加需要高效的管理策略、管理技术、管理理念赋能多系统、多场景、多维度下的系统协调与控制，以降低系统耦合风险。⑥制度协同与管理协同一脉相承，共同服务于耦合系统整体目标的实现。制度是管理过程的具体化，管理是制度实施的过程，二者相辅相成，耦合系统在协同化发展进程中，需要相关的制度来约束不同成员的个性化行为、规范系统资源组合的方式，使系统以平稳的、有秩序的方式协同化演进。

耦合系统协同发展的优越性体现在以下四个方面。首先，协同发展是以有利于内部各子系统共同生存发展为前提，系统演进所带来的动态性调整是"建设性破坏"过程，不仅改善了系统所依赖的生态、环境与资源利用方式，更为重要的是推进了系统组织结构化升级，内外部条件更加稳定、健康与和谐，促进了耦合系统持续发展。其次，协调性是任意系统或组织良性运转的保证，对于耦合系统而言，子系统之间线性与非线性的关联必然会出现子系统个体与多种因素存在利益冲突的情况，而协同发展中包含的协调功能正是处理系统间目标不一致问题的有效途径。协同发展保障系统诸项功能、结构与目标之间构建起统一、融合关系。再次，系统间协同关系的建立本身就是发展模式的升级与进化，子系统间由原来局部的、竞争性的短期获利行为转变为共生的、融合的、多方共赢的合作行为，体现了发展理念与发展模式的创新。另外，系统协同发展意味着处于弱势地位的控制参量有必要随时与序参量保持同步，以减小被边缘化甚至被淘汰的风险。由此引发的传导机制带动整个系统不断向前演进。最后，协同是系统中各主体获得经济效益或社会效益的主要途径，任何主体如果脱离整体系统都将无法独立实现盈利目标。协同状态下各子系统及要素之间同向匹配，减少诸如资源重复投入、主体恶性竞争等非协同行为所产生的负面效应，充分调动人的积极性，提升自然资源与货币资本利用效率，创新跨地域、跨行业系统组织方式与运营模式，子系统彼此之间基于共同利益的融合强度越来越高，分工体系更加完善，达到了单独主体无法实现的效果，且整体效应大大超过了个体效应的线性求和，确保了子系统效益增长，同时对生态效益、社会效益也有积极的促进作用。

第三节 产业变迁、协同创新、科技进步与 生态效率耦合发展的互动关系

一 相关理论

1. 系统论

系统论的基本思想是由奥地利生物学家 Bertalanffy 提出的，即人们需要运用整体性和系统的思维去处理由于外在环境复杂化而导致的难题。1987 年冯·贝塔朗菲认为系统是内部构成部分相互联系以及与周围环境不断发生关系的个体的集合。此后学者不断丰富系统的内涵，系统不是僵化的结构组织，而是组织间进行动态联系的

有机整体，而这个有机整体又从属于一个更大的系统。从系统内涵的理论阐述中可以发现系统的几点特征：第一，系统具有整体性。系统内部个体之间的关联性表明只有正确处理好各个组成部分相互影响、相互促进的关系，才能充分发挥系统整体的优越性。如果只是形式上的成员集合或者功能的简单叠加，则必然导致运作过程中杂乱无章的局面，各自为政地追求个体利益破坏了整体功能的发挥，不能被认为是系统。第二，系统存在内外部的关联性。协调一致的系统运转的根本驱动力在于内部成员的关联性，这种联系并非简单的堆砌，而是"交错钩稽、盘根错节"，形成一种个体间相互融合的关系，从而能够引发步调一致、共同进退的行为模式，保障了系统的整体性。另外，系统自身与所处外部环境的有机关联也是保持系统生命力的重要方面。第三，系统具有动态性。任何事物都具有自身发展规律，体现为萌芽、发展、成熟、衰退的周期性循环。系统的动态性表现为演进和开放两方面：一方面，随着时间的推移和内外部环境的变化，使系统内部组成结构与联系方式逐渐发生改变，推动系统高级化演进；另一方面，系统的自组织性会引导资源匹配方式向更高效的方向发展，从而引发低效的子系统与要素被排除在系统之外，而新兴的、具有活力的要素在开放式的环境中被系统接纳，从而形成新的系统结构。此外，动态性还体现在系统与外部环境之间不断发生物质、能量、信息的交换，从而获得有利于系统自身发展的机会。第四，系统的发展具有目的性。目的性决定了系统未来发展的方向，内外部共同作用推进系统整体朝着一个方向演进，而非"随机游走"。驱动力来自经济性、社会性、政治性和文化性等方面。其中追求利益最大化的经济目标占据引导系统发展的较大权重，技术进步及模式创新都服务于经济性目标。而有关生态环境保护的社会意识也会规范系统正确处理经济与环境关系。此外系统所处的政治环境与文化习惯也会通过影响经济行为来限制或促进系统目标的达成。

2. 协调论

协调论正式成为一门独立的科学被人们所熟知是在 20 世纪 70 年代，德国物理学家 Haken 把整个自然界看作一个复杂庞大的系统，其中所包含的子系统遵循相互关联、彼此依赖与制约的规律而发展，任何子系统无法脱离整体而独立生存，也不能超越整体而单级发展，只有当彼此所需要的发展条件共同得到满足时，系统方能处于良性循环的相对稳定状态。否则系统将处于剧变的动荡状态直至子系统的联系重新建立起来引导系统回归均衡状态。从这个层面来说，协调论是系统从无序状态变化为有序状态的规则，其中包括对于事物特殊变化规律以及事物之间相互关联的内在机理等内容的揭示，更重要的是如何因势利导、扬长避短地对不合理的系统结构与关系进行调整，在尊重和利用事物的发展规律的前提下对子系统协同的策略进行理论化阐述。协调论的价值在于排除影响子系统协同的制约和干扰因素，促进整体系统从失衡状态向均衡状态转变。为此需要吸收系统论、信息论、控制论等先进的研究成果，来解决复杂环境下、多维系统主体下、多样关联模式下的系统协调问题。

协调论有如下特征：第一，自组织性。我国学者钱学森认为系统拥有从无序向有序变化的特殊属性，也就是自组织性。不同于接收到系统外部指令而产生某种形式的行为回馈，自组织性是系统与生俱来的自发行为，正如人体机能的自我修复性，子系统凭借某种形式的感知产生了应对自身与环境变化的动机，通过与外部系统进行信息、能量与物质的交流来促使自身状态的改变，使原来散漫无序的状态演变成整合有序的状态。第二，非线性。有机整体的组成部分并非处于地位相同、角色对等的状态，而是依据各自独特的属性所形成的一种非线性、非均衡、非对称关系。彼此之间的联系呈现出"一对一、多对多"的网状结构，作用大小与地位高低不以体量和地位决定，而是通过系统运作方式进行合理的配置。正是这种"错落有致"的系统布局，才能充分激发不同主体各自优势能力的发挥，最终实现整体系统目标。第三，循环波动性。当对所研究系统的某一宏观物理量进行测量时，每次测得的实际数值必然会表现出相对于它的统计平均值的偏差，这种偏离物理量一般表现的现象被称为随机波动。正向波动是指系统参量向高于平均水平变化的趋势，会推动系统向更高层次的平衡状态演化；负向波动意味着系统向低层次无序状态退化。虽然这种波动的发生是随机的，但规律是循环出现的。而且正是由于随机涨落的存在，协调性才不断发挥作用，将系统从无序失衡状态拉回到有序均衡状态。

3. 新供给理论

生产是经济的基础，社会的供给行为能够创造需求从而激发经济活力，这与马克思主义政治经济学观点相符，也是新供给主义经济学得以发展的基础。

新供给主义经济学吸收了传统供给学派的反垄断、解除供给端管制等建议，提出了新供给创造新需求、放松三大供给约束的系统理论、解除五大供给抑制的长期改革主张，三种增长模式理论等，形成了一个包括经济均衡、经济增长、结构调整、公平分配的系统理论体系。其中核心观点包括：新供给创造新需求，引导资源向新供给业态转移才能发挥经济结构升级效用；放松高行政成本约束、高融资成本约束和高税收成本约束，给予供给端资源分配与有效利用更广阔的空间，从供给侧驱动经济系统发展引擎；减少土地和资源、人口和劳动、管理和制度、创新和技术、金融和资本的供给抑制，提高要素供给效率，降低企业成本。

当前我国经济正处在供给侧改革的发展阶段，新供给理论所倡导的放松三大供给约束、解除五大供给抑制为资源与要素的互通、交换与协同提供了自由无束缚的环境，加速了产业结构升级进程、推动了产业集群化模式深度发展、提升了协同创新与技术研发效率，使经济系统获得了持续增长的动力，同时低成本、高效率的理念对于实现生态效率最大化也具有积极作用。由此可见，一方面，新供给主义经济学为实现产业变迁、协同创新、科技进步、生态效率的系统耦合提供了理论驱动力；另一方面，"四元"耦合系统是新供给理论的具体实践形式，也是实现供给侧结构性改革目标的重要措施之一。

4. 经济—环境系统理论

经济—环境系统包含的基本要素体现在自然资源、劳动力、资本和技术水平四个方面。①自然资源是经济—环境系统构建的基础，是触发经济系统运转的起点。更高效地进行自然资源的开发、利用是提升技术水平的目的之一，也是降低经济成本、提高经济发展质量的有效途径，更能够达到节能减排、保护环境的目标，最终促进经济—环境系统良性循环发展。②劳动力既是经济—环境系统实现物质与能量转化的推进者，也是系统优化资源配置过程中最活跃的要素对象，劳动力通过参与生产经营活动促成其他要素的结合，其行为方式也决定和改变着其他要素组合方式及发展方向。另外，劳动力作为最为活跃的生产要素具有自动逐利性，从而对经济—环境系统结构的演变产生影响。③资本主要包含在经济子系统中，分为物质资本、金融资本和社会资本等。物质资本是经济社会发挥生产与生活基本功能的基础，具体以生产与生活资料的形式存在；金融资本是经济子系统与环境子系统之间价值交换的基本介质，金融资本的使用规模与方向能够影响经济子系统与环境子系统是处于协调发展还是失衡发展；社会资本通常体现在产业地位、影响能力以及社会声誉、责任感等方面，对于社会资本的合理利用能够促进经济—环境系统和谐发展。④技术水平体现着人类改变自然界及社会界的能力，发达的自然资源开采、转化技术以及清洁新能源的利用技术不仅有利于减少资源投入成本，还能够降低自然资源使用强度、减少污染物排放，促进经济—环境系统协同发展。

经济—环境系统的功能包括物质转移、能量转换与信息转化等。物质在相互关联的经济部门之间的转移是保障生产制造领域和生活消费领域实现良性循环的基础，是促使经济子系统与环境子系统产生关联及向协同方向演进的重要控制变量，物质转移必然伴随着能量的转换，包括生产制造环节的能源投入、物流运输环节的能源消耗以及维持生产、流通与消费的必要基础设施的能源消耗，通过能量的转换来配合物质转移从而完善循环功能。另外，能量转换也是经济子系统与环境子系统相互作用的纽带，提高能量转换效率符合经济—环境系统协同发展目标；信息转化功能在经济—环境系统演进过程中发挥越来越重要的作用。信息的缺失或者不对称将影响经济—环境系统正常运行，严重时会导致经济子系统与环境子系统耦合关系破裂，出现单极发展的局面。信息的传导和转化是物质、能量实现良性循环的指挥中心，充分发挥信息转化功能有利于理顺经济与环境系统发展的各种关系，促使两个子系统功能耦合的实现。

5. 经济—资源系统理论

作为社会系统中两个不可缺少的子系统，经济子系统与资源子系统紧密联系、相互依赖、相辅相成而又相互制约。经济子系统注重经济效益，需要同资源子系统进行物质、能量的传递和交换来发挥自身经济属性；资源子系统一方面向经济子系统提供资源；另一方面反作用于经济子系统，从而限制经济行为的广度与深度。资源子系统作为物质资料的提供者而具有社会属性。因此，类似于经济—环境系统的关系，经济—资源系统和谐、有序的发展其实就是要处理好经济属性与社会属性出现的矛盾与冲突，实现经济增长高级化与资源利用可持续性的双重目标。从结构与功能角度来看，资源子系统是树木、矿产、石油等自然资源的提供者，对经济子系统的形成和演进发挥物质基础的作用；经济子系统通过获取、加工改造以及消耗自然资源，来满足人们生产和生活的基本需要。经济—资源系统的主要功能体现在三个方面：生产活动中的物质循环与价值增值、生活活动中的能源转换和流动、生产活动和生活活动物质与能量的相互转化。经济—资源系统协同的机理就是通过高效利用各种自然资源来实现人类利益最大化，同时要注重资源系统自身规律；通过改变经济子系统的运行方式来减少对资源子系统的过度消耗。

经济—资源系统虽然相互依赖、密不可分，但系统内部存在的稳定机制会引发二者之间的矛盾，阻碍经济—资源系统耦合协调发展。基于资源环境经济学相关理论，资源系统与经济系统都存在较为高级的稳定机制，当物质转换和能量积累超过临界点时，会自动触发对系统的反向反馈，如资源的边际成本上升以及经济要素的边际报酬递减。也就是说，系统内部的物质与能量的变化速度在没有达到最大值时会加速增长。当增速已经达到最大值时，物质与能量的增加速度会持续减慢，甚至出现负增长。经济子系统发展过程中会加速带动物质与能量的投入速度，当人口规模和经济总量的增加所引发的资源需求增速未达到最大值时，经济子系统和资源子系统能够和谐发展；但是当引发的资源增速超过最大值而出现效用递减，出现了稳定机制的负向反馈时，经济子系统和资源子系统就会爆发矛盾，表现为经济子系统的供给与需求出现失衡，严重时将会引起环境污染以及资源耗竭的不可逆后果。由此可见，应该正确认识经济—资源系统的矛盾及负面作用，将追求经济效益行为控制在资源系统可以承受的范围之内，将资源对经济增长的贡献率保持在递增状态，通过转变经济增长方式以及加大新能源的开发与利用使经济—资源系统动态协同发展。

6. 可持续发展系统理论

可持续发展系统理论是建立在可持续发展理论基础上的系统构成与组织方式。20 世纪 60 年代，人们开始承受经济增长、城市化、人口增长、资源枯竭所形成的环境压力，展开了对人类社会未来发展方式的讨论。1987 年，联合国世界与环境发展委员会发表了题为《我们共同的未来》的报告，正式提出可持续发展概念，1992 年联合国环境与发展大会上可持续发展得到了与会者的共识。可持续发展理论涉及了经济、生态和社会三方面的协调统一，要求人类发展保持经济效益、生态环境和社会公平的和谐共生，最终推进整个社会的全面进步。在经济可持续发展方面，并不能以经济停滞为代价来换取生态环境的改善，而是在不断追求经济增长数量的基础上，注重经济发展质量的提升。通过将"高投入、高能耗、高污染"的生产模式转变为"提效率、减排放、重开发"的清洁生产和文明消费，来实现经济—环境系统的和谐。在生态可持续发展方面，要求经济建设和社会发展与自然承载能力相协调，过度的自然资源消耗以及粗放的生产要素投入会增加生态系统的脆弱性，超越地球承载能力之外的发展方式最终必然导致经济效益的下降以及社会发展的倒退。在社会可持续发展方面，保障社会公平是实现社会和谐稳定、持续进步的前提，也指出了人类社会发展的本质即为改善人类生活质量、提高人类健康水平，创造一个保障人们平等、自由、教育、人权和免受暴力的社会环境。由此可见，经济可持续性、生态可持续性的最终目的是社会可持续性发展，构建以人为本的自然—经济—社会复合系统应当成为全人类共同的目标。

可持续发展内涵包括以下几个方面。①共同发展。从全球来看，每个经济体及经济体内部构成都是相互关联并发生作用的系统，系统的最根本特征是整体性，即某个子系统的突变会直接或间接影响其他系统紊乱，甚至中断整个系统有序运转。可持续发展追求的是系统整体的共同发展。②协调发展。可持续发展的本质是协调发展，经济、社会、环境三大系统的整体协调才能推进人类社会和谐发展。同时子系统内部的资源、技术、人力等生产要素的协调也是保证系统有序性、和谐性和进化性的必要条件。③高效发展。追求系统效率的提升固然有利于附加价值的创造，但忽略了公平性则会导致持久发展难以为继。可持续发展注重兼顾公平和效率，除增加经济学意义的效率外，还要考虑自然资源与生态环境的直接或间接成本损益。可持续发展的高效性是经济、社会、资源、环境等协调下的高效发展。④多维发展。不同国家与地区体现的差异性是多方面的，经济、政治、文化、体制、地理环境等方面的不同使国家间构建起的复杂系统要考虑到不同地域实体的可接受性，另外生产要素的不断创新催生出多样化新生系统，引发对原有系统结构功能以及关联方式的变革。因此，可持续发展要求系统具有多样性、多模式的柔性特征，以应对多维度的发展需求。

7. 区域经济发展理论

区域经济发展理论主要包括均衡发展理论和非均衡发展理论。均衡发展理论强调产业间和区域间的关联互补性，主张生产力的均衡部署，以实现区域经济协调发展。该理论的局限在于忽略了区域和产业发展基础与环境的差异性，均衡的投资不仅无法保证优势产业投资需求，也难以通过关联性带动弱势产业发展。相对而言，非均衡发展理论在面对多元发展主体以及差异化发展条件时更具有指导意义。核心观点是通过优先发展重点地区或重点产业来带动整体经济发展。主要理论包括：①增长极理论。该理论由佩鲁提出，把增长极定义为少数区位条件好的地区和发展条件好的产业，在创新能力、经济规模和高素质人才方面具备较好的外部环境，能够带动区域其他产业发展，最终促进地区经济增长。该理论的主要缺陷在于极化时间漫长、过度极化导致对周边区域的消极影响等。②累积因果理论。该理论由缪尔达尔提出，揭示了社会经济各种生产要素之间存在循环累积的因果关系。当经济发展产生地区差异性时，一部分相对富裕或低层次的生产要素从发达地区向落后地区扩散积累；另一部分生产要素由于区域或产业间的收益差异由落后地区向发达地区回流，造成了区域差距拉大。随着回流效应循环积累，最终导致发达地区更加繁荣、落后地区更加衰退的"马太效应"。因此，避免区域间差异的扩大是促进区域协调发展的根本途径。③梯度转移理论。该理论核心观点认为受到内外部发展条件的限制，经济发展存在经济技术梯度，创新活动起始于高梯度地区，并逐渐向低梯度地区转移。梯度转移理论主张优先发展经济发达地区，引导优势生产要素向欠发达地区转移，以推动整体经济发展。④"中心—外围"理论。该理论由弗里德曼提出，认为经济系统的空间结构可以分为中心区与外围区，中心区是优势经济要素和资源的集聚区，是推动经济增长的核心地区；外围区依附中心区且缺乏经济发展动力，经济活动较大程度上受到中心区的影响。这种二元空间结构会随着经济的增长而不断变化，市场规模的扩张以及城市化进程的加快使中心区和外围区的边界逐渐消退，在政府政策的干预下向一体化方向发展。

二 产业变迁、协同创新、科技进步、生态效率耦合形式

1. 结构耦合

产业变迁、协同创新、科技进步、生态效率系统（以下称为"四元系统"）是由分属于不同领域具有不同属性的若干子系统耦合而成的，子系统内部要素以及子系统相互之间按照某种相互关联、相互影响的方式进行有序排列，从而形成了某种物理形态或者逻辑关系即耦合系统结构。"四元系统"结构耦合是实现功能耦合和效应耦合的基础，是支撑耦合系统按照预定目标方向演进的"基本架构"，决定了各种要素的活动范围和关联对象。例如，在层次型结构特征中，可以将产业变迁作为耦合系统实现整体目标的动力源，其在整个系统结构中处于基础层，对系统整体功能的发挥起到根本作用；科技进步受到产业结构升级力量的影响而获得了更加宽松的发展空间和相对富裕的发展资源，同时经济增长红利为科技进步储备了必要的研发资本，推进了先进科学技术产出进程。科技进步反作用于经济增长从而进一步提升产业结构高级化程度，对于整个系统来说是关键发展要素，属于核心资源层；协同创新包括先进

技术推进的生产与销售等技术水平的提升，同时产业组织方式、商业运营模式等方面的变革也包含其中，是科技进步在具体经济场景中的体现。协同创新更强调发挥成员间优势互补、资源互通的作用，在子系统内部构建追求达到耦合状态的创新发展模式。这与"四元系统"所遵循的协同发展在逻辑上是相通的。由于协同创新直接作用于经济社会系统，对微观与宏观视角下的经济产出具有明显促进作用，可将其归为主导策略层；"四元系统"的要素间相互关联、相互依赖的驱动力在于最大化经济产出，同时兼顾资源与能源有效利用，达到经济发展与生态环境的和谐统一。因此生态效率引领了耦合系统的发展方向，是衡量多系统耦合方式合理与否的标尺。生态效率位于耦合结构的最高目标决策层。

结构耦合作用的发挥不在于子系统是否被赋予了一定职能，而在于由从系统结构上是否形成了有机结合进而产生耦合协同能力。"四元系统"结构具有明显的层次性与综合性，层次性约束了子系统产生互动的方向与秩序，综合性则包含了子系统相互影响的方式及由此产生的扩散效应。如产业结构优化在促进科技进步的同时，也具有鼓励企业协同从而产生要素创新，另外服务业在国民经济比例的提升直接推进了生态经济建设进程。从反馈效应来看，子系统的影响机制具有双向性，即在作用机制路径上的某个子系统既可能是影响力的施加者，同时也可能是承受者。因此，耦合系统结构的综合性决定了实现结构耦合并非易事。实施"四元系统"系统结构耦合需要在充分理解子系统特点及子系统间相互作用机制的基础上，发挥系统"自组织力"和"他组织力"的综合作用，构建起子系统间合理的逻辑关系，并通过对耦合结构的动态调整以寻求最优化的要素组合状态，从而实现"四元系统"协同健康发展。

2. 功能耦合

基于系统理论观点，由若干要素以一定结构形式联结构成的具有某种功能的有机整体可称为系统。其中突出体现了系统的功能性。耦合系统不仅具备要素的有机构成的特征，更多地侧重于一种非自然的、基于某种目的性的要素组合以激发特定功能效用的发挥。子系统通过配置内部要素构成了实现局部或者单一环节目标的能力，是耦合系统中的子功能。多种存在于耦合系统中的子功能不断发生合作、竞争、联结、排斥、融合等作用，便是功能耦合的过程，此过程中伴随着淘汰机制、竞争机制、合作机制、整合机制同时发生。当要素组合方式已经不利于物质与能量的产生与交换时，该子功能无法维持子系统的现存价值，则要素将被打乱而进行重新组合，传统的系统功能将被更具有价值创造能力的新功能所淘汰；当系统内部出现了多种价值转换能力相当、作用相近的功能时，围绕是否具有资源优先分配权的子系统将通过竞争机制来重新定位，具有强势功能的子系统占据主导地位，而处于相对劣势的子系统通过功能调整或者创新来发挥辅助功能；具有互补性功能的子系统自发的相互吸引、相互关联，在"自组织力"的驱动下相互合作以形成更为完善的系统功能；虽然合作机制提升了系统功能的完整性与协作性，但未必能够发挥系统功能的最大效率。整合机制将促使子系统内外部要素统一协调，将涉及两个领域或两种属性的功能聚合成一个整体，各功能的实施听从统一号令，行动步调更加一致，随着整合范围的逐步扩大，系统将演变成协同的功能综合体。

产业变迁、协同创新、科技进步、生态效率耦合系统由四个子系统构成，每个子系统都在各自要素配置下发挥不同的功能。彼此之间联系的纽带是物质、能量、信息和价值的流动转化。"四元系统"功能耦合是在以整体功能为目标的前提下对子系统功能的调整、创新与重构，所遵循的原则是充分实现系统内部各要素之间互补作用，将落后的或存在劣势的功能淘汰，以更加高效的方式将优势要素资源组合与整合，局部功能的稳定与高效将对整体功能起到至关重要的作用，而整体功能的实现将为局部功能优化发展提供更多的系统资源与更宽松的发展机会。实现复合系统的功能性耦合，关键问题在于如何做到各子系统间相互协调及子系统功能的有效契合。

3. 效应耦合

耦合系统通过结构上的有机组成和功能上的互补协同形成了资源与要素有序排列、高效流动的态势，促使系统在多个方面衍生出有利于局部及整体发展的影响力，具体表现为体现某种特征或者发挥特殊作用的效用。具有高耦合度的系统将产生出多个领域的正向效应，而耦合度低的系统往往因子系统功能、耦合模式、联系方式等方面的不协调，难以产生出"额外的"附加价值。由此可见，子系统间相互联系所创造出的效应可作为衡量整体耦合程度的标准之一。正如产业变迁、协同创新、科技进步、生态效率等子系统在耦合过程中，通过生产资料流动、资本流动、知识流动、人才流动等多种方式使子系统相互关联、相互依赖，产业变迁能够引发劳动力要素向具有更高劳动报酬的产业部门流动聚集，同时也吸引更多资本注入高附加值创造部门，进而带来了科技进步与协同创新的迫切需求，在此基础上才具备了实现经济增长与环境友好双重目标的内外部条件。可见，系统间耦合过程需要各参与主体同步发展、循序渐进，无法因为追求单级发展目标而跨越子系统相互磨合、互通的演进阶段，因此协同效应是系统间产生耦合关系最突出的特点，协同效应要求系统通过"自组织力"和"他组织力"的影响对内部要素不断进行调整以确保协同互利，避免出现资源人为的、非均衡式的聚集而造成部分子系统的过度发展或发展不足，从这个角度来看，耦合系统具有规范资源配置的约束效应。一方面，产业结构高级化发展以及产业集群高效运作不仅促进了科技研发与协同创新效率的提升，更加快了资本、技术、人才等要素的流动与转移频率，扩大了影响范围；不仅对周边地区科技创新活动产生正向影响，具备更优质的、差异化属性的要素也被吸引进子系统中，从而有利于创造出更具生产力的知识与能力，这正是通过耦合系统的辐射效应激发出溢出效应的作用机理。产业变迁、协同创新、科技进步是经济增长、生态效率的提升决定因素，三个系统在协同效应、辐射效应和溢出效应的共同作用下使经济生态社会良性发展。另一方面，经济增长会增强辐射效应的范围，从而形成更大地理范围的资本、人才聚集，经济系统利用区位与集聚因素促进了产业变迁、协同创新、科技进步高层次耦合，从而加速了溢出效应与激励效应的产生。综上所述，"四元系统"通过协同效应、约束效应、辐射效应、溢出效应、激励效应不断优化生产要素与创新资源配置，实现"四元系统"联动发展，进而促进生态经济和谐发展。

三　产业变迁、协同创新、科技进步、生态效率耦合协调机制

系统各组成部分合理布局以及良性运转离不开内外部发展条件的影响，也就是说，影响因素的客观发展规律是系统耦合发展过程中应当遵循的原则，进行产业变迁、协同创新、科技进步与生态效率耦合协调机制研究的主要目的在于掌控影响因素的发展逻辑，清除"四元系统"相互融合发展的阻力，使产业变迁、协同创新、科技进步、生态效率子系统在外力的拉扯下依然保持协同发展状态。

1. 市场机制

供给与需求的匹配是市场机制积极作用的具体体现，市场自发地通过生产要素及物质资源的调整来实现需求的满足，同时创造经济价值。市场机制对物质、能源、人才、信息等要素的指挥与控制同样影响到产业变迁、协同创新、科技进步和生态效率系统的发展与协同。产业变迁的内部驱动力是劳动力与资本对更高价值能力追求的本能，而外部促进因素则是对具有更高附加价值、更完善的服务产品的强烈需求，价格在要素配置过程中扮演了中介者的角色，

资本、劳动力、技术将在更高价格的驱使下朝着高级产业部门转移并集聚，从而助推产业结构升级以及高新产业集群化发展。科技的不断进步除满足人们不断征服自然界的进取心之外，更重要的是基于独特能力构建市场竞争优势的最佳途径。拥有高科技赋能的制造企业在生产工艺、管理方式方面的创新能在与同业竞争对手的竞争中形成竞争优势，从而通过市场份额的不断扩大来获取优质的要素资源，支持其科技创新活动的深度和广度，进而形成系统内部良性循环。市场机制对于优质资源向能实现更高效率的系统支配的行为促进了科技不断进步。以供求关系与竞争机制为特征的市场机制不仅体现在商品市场，还体现在生产要素市场。能够提供互补性属性或者能力的要素主体在具备独特的素质的前提下可能成为要素市场的稀缺资源，"物以稀为贵"的市场规则促使这种稀缺资源或者以更高的价格提供差异化能力，即合作模式，或者兼并收购将要素主体归为己有，即融合模式。而那些不能提供优质差异化能力的要素主体将逐渐失去要素的控制权而面临淘汰的境地。市场机制引导要素主体集中优势资本深入发展自身核心能力以获得市场生存空间的行为，必导致对非核心能力的舍弃进而推动社会分工不断深化，这也就意味着协作将是未来要素主体存在的主要形式，协作联盟同样面临着"优胜劣汰"的市场规则，维护市场地位的唯一途径便是创新，而基于协作联盟的创新便是协同创新的一种主要表现形式，协同创新能够形成较高的知识壁垒，难以被轻易复制与模仿，满足了生产要素持续处在最大化价值创造状态。生态效率本身定义的就是生产要素与资源的使用效率，最大化生态效率就是在复杂多变的经济生产、环境影响两方面的要素组合中寻求最优化的过程，这个过程更加需要依靠市场机制的作用来实现。经济产出效率高的主体在市场机制作用下将会吸引更多优质资源加入，进一步提高经济产出；而环境绩效的提升也需要政府通过市场机制来实现，征收环境税、污染物排放超标处罚、新能源研发资金技术倾斜等手段引导资本与资源向有利于环境保护的生产方式、流通模式集中，引领经济社会向生态型发展方式转变。

2. 约束管控机制

系统耦合过程伴随着阶段性无序冲突状态与有序平衡状态相互转换，虽然系统内部可以依靠自组织力进行局部的行为规范，但涉及系统整体发展方向与结构布局问题时，需要更强有力的手段规制不同组织成员错综复杂的交互行为，政府则扮演了产业变迁、协同创新、科技进步、生态效率"四元系统"规则的监控管理者的角色。政府通过财政资金支持、税费减免优惠、固定资产投资等方式加速国民经济产业结构高级化演进进程，为资本、技术、人才向高新技术等更具先进性与主导型的先进产业转移提供了优厚的外部条件，大力投资兴建产业园区引导集群式产业模式全面发展，一方面加强了地域性产业资源整合与集中；另一方面充分发挥了产业集群的技术、管理溢出效应，从而提升了协同创新效率。尤其在"绿水青山就是金山银山"理论的指导下，生态环境保护作为与经济发展同等重要的发展任务，往往难以通过市场机制进行保障，政府部门却能够通过行政指令以及政策引导等手段弥补市场失灵，持续监督、调整区域经济系统与生态系统相互关系以达到和谐发展的目的。综上所述，政府部门充分行使引导、规划、监管与激励职能，弥补市场机制的失灵与缺陷，不断完善法律法规与信用体系建设，是"四元系统"实现耦合发展的重要保障。

政府既要充分挖掘市场机制在资源和要素有效配置方面的优势，给予行政、经济、法律等方面的必要支持，也要对市场行为加以约束与管理。此外，政府部门更要发挥具有激励、引领能力的协调者作用，为促进生产要素流动以及激发创新要素活力搭建平台。"四元系统"中包含组织类别各异，有产业部门、科研机构、高新技术企业、金融机构、高等院校、行业服务机构等，政府凭借其公信力与行政权力召集各类社会组织构建"政、产、学、研"一体化的发展联盟，发挥聚合、引导、规划、监管等作用，使多个系统内部要素趋向于联动与协调，更有利于系统内部实现耦合。另外，由于存在政府层级间的隶属关系，及区域间政府职能重叠与指令不一，会出现地方保护主义、一区多令等不利于资源要素流动的问题。因此形成区域间协调、层级间统一的区域行政管理体系，是有效发挥政府约束管控机制、促进系统耦合协调的重要方面。

3. 产业机制

"四元系统"从中观层面来看就是产业部门间的协同，耦合程度的提升意味着产业部门间关联结构的改变和关联方式的创新。产业变迁所体现的产业结构升级意味着服务业在国民经济中的比重不断提升，传统制造业部门从以往低服务需求向基于数据化的现代制造业方向转变，与服务业的产业关联日趋增强；知识经济时代所催生的数据服务、IT 管理技术创新、企业信息化咨询等新型产业部门，逐渐融入现代国民经济服务产业体系中，创造出新的产业关联。产业集群化演进同样要遵循产业关联机制才能保障集群的健康发展。产业关联的改变与创新促进了协同创新、科技进步与产业结构的融合，例如，现代物流业更加注重信息化运营与管理，信息产业与传统物流业关联越发紧密促使针对物流业科学技术的应用与研发逐步加强；物流园区聚集了区域闲散的物流资源，产业集群促成了更为广泛的企业关联，从而不断激发协同创新潜力。另外，经济社会生态化发展推动了新能源利用、新材料研发、绿色技术创新等众多绿色产业部门兴起，逐渐构建起环保型供应、生产、流通供应链体系，在产业关联机制的作用下，实现了经济与环境协调发展。因此，产业关联机制是协调产业关系、提升产业结构应遵循的基本原则，是产业变迁、协同创新、科技进步、生态效率实现耦合发展在产业层面应遵循的规范，同时"四元系统"也能够改变产业关联模式。

此外，产业结构演进规律也会影响"四元系统"的耦合发展。一方面，产业结构的改变究其本质是要素配置在产业部门间的变化。生产要素为了获取最高价值而发生转移的本能形成了要素在产业部门间普遍的流通规律，再辅以政府的宏观引导与激励，要素配置的效率不断提高。一个主要的表现便是优质资本、高水平人才以及掌握先进科学技术的研发企业逐渐聚集于高新技术产业，为产业技术提升、产出水平增长、产业绿色化发展提供给了强大动力。另一方面，市场需求的高品质、生态化、高附加值导向更加促使生产要素向具有更高价值创造能力的产业集中。在市场资源配置与供求关系的双重作用下，主导产业开始从以工业为主的第二产业向以服务业为主的第三产业转移，科技进步与协同创新系统获得了更为优质的要素资源，通过重组与整合、研发与创新的过程激发出生产要素更大的价值增值潜力，为区域经济增长提供了动力，也为生态效率的提升开辟了新的渠道。可见产业结构升级、协同创新、科技进步、生态效率四个子系统关联紧密、相互影响显著，要实现耦合协调就要遵循产业演进机制及要素流动规律，辅以有效的调节手段以达到同步发展的目标。

4. 空间关联机制

Tobler（1970）曾指出"地理学第一定律：任何东西与别的东西之间都是相关的，但近处的东西比远处的东西相关性更强"。从而引发了基于空间关联性的经济现象研究。"四元系统"存在于不同维度的地理空间范围内，可以是区域及国家范围的协同发展问题，由于地理环境、资源禀赋、市场条件及教育水平等诸多因素在不同的地理区位会有所不同，必然会出现要素资源地理空间分布的差异性。例如，我国东南部沿海地区凭借其开放的市场条件、发达的物流网络和便利的港口条件已经成为国内最为富饶的经济区域，优越的经济环境会对全国范围内要素资源产生吸附效应，资金、人才、技术的区域性集聚产生更多价值创造空间，产业结构升级速度与产业集群化发展模式都要优于经济欠发达区域，由此引发更高层次的协同创新，科技进步水平也会提升显著，不仅反向促进经济增长，其兼顾生态环境的发展目标也更容易达成。由此可见，地理区位差异是影响"四元系统"是否能够实现耦合发展以及耦合程度的重要因素。

地域维度的差异性正是形成空间关联性的主要原因。基于新古典经济增长理论，区域之间劳动力、资本等要素的自由流动和商品交易活动带来的知识溢出，必然会产生经济增长的空间溢出效应。正是由于区域差异性的存在，才会形成劳动力、资本的区域间流动，当要素资源高聚集区与周边邻近区域从事经济活动时，会通过技术扩散、产业资本转移、创新资源流动等方式带动相邻地区经济发展。这也就是空间外溢性的具体体现，是空间关联性形成的原理。以中国为例，研究表明东部沿海地区向中部地区具有明显溢出效应，中部地区向西部地区同样呈现溢出效应。除溢出效应外，区域间产业结构具有互补性也是形成空间关联性的原因。根据"中心—外围模式"理论，如果经济发达区域与外围地区的产业结构具有优势互补关系，就会提升区域间生产要素流动强度，推动两个地区产业结构、企业功能结构优化调整，进而形成一体化经济模式，表现为较强的空间关联性。

产业变迁、协同创新、科技进步、生态效率协调发展能够提升区域价值创造能力，增强对优质要素资源吸引力，是培育区域竞争优势、实现经济可持续发展的有力依托。要素及发展环境较为活跃的区域通过加强本地区内部以及区域间联合互动，促进资源在地域内及邻近区域间最优化组合，不仅有利于提升自身耦合协调度，更能够通过区域间知识外溢带动邻近地区耦合度的提升，从而使耦合效应向更大地域扩散。为此，区域经济主体应正视地理区位、自然环境、市场条件等先天性条件的差异，一方面通过发挥政府机制的调节、激励职能稳固现有优势资源；另一方面构建合理的区域间协同合作机制，积极参与周边地区经济合作项目，充分利用溢出效应来提升自身耦合协调水平。发挥空间关联机制积极作用的关键在于打破区域间要素资源流通的障碍，引导构建区域间优势互补、合作共赢的经济体联盟，使系统耦合所产生的溢出效应在规模更大的群体范围内共享，鼓励以科研人员交流、跨区域投资、产业异地转移等合作形式的经济活动有效开展，同时注重构建有序分工、利益分配、合作共赢的发展机制，以创造公平合理的区域经济发展环境，鼓励经济欠发达地区参与合作的积极性。通过空间关联机制的作用，依托空间溢出效应，实现"四元系统"高耦合区域带动低耦合区域协调发展。

四 产业变迁、协同创新、科技进步、生态效率耦合内在机理

根据前文耦合系统理论，各成员及要素在一定的外部环境下相互联系、彼此依赖、相互影响是耦合的主要特征，而耦合内在机理是指形成这种相对稳定的复合系统的内在机制和原理。在产业结构上，注重协调三次产业关系，进一步优化产业结构，大力推进数字化、信息化与工业化融合，大力推动高新技术产业发展，实现产业结构向信息化、科技化、服务化方向升级；在要素投入上，促进经济增长由依靠增加物质资源消耗为主向依靠科技进步、劳动者素质提高、管理创新转变。一方面要调整产业结构，引导清洁生产、高附加值低能耗、网络经济和文化产业成为主导产业，发展循环经济；另一方面要在节能减排方面实现重大突破，加强清洁能源技术研发创新力度，重新构建环境友好的绿色生态化经济发展模式。由此可见，产业变迁、协同创新、科技进步、生态效率子系统是实现我国经济发展方式转变的关键因素，"四元系统"的耦合协调发展决定了未来经济与社会发展的成败。因此，探讨"四元系统"耦合

协调的内在因素有哪些，其内在机理是如何发生的，具有较为实际的意义。

首先，产业变迁、协同创新、科技进步、生态效率子系统间具有内在的逻辑关联，彼此以非线性的连接方式实现信息、技术、发展理念的互通。产业子系统不断寻求高级化与合理化方式以实现产业结构优化升级，在主导产业由工业向服务业转变的趋势下，产业信息化转型、互联网赋能产业升级已成为推动经济发展转型的重要力量。产业子系统对先进科学技术的重视程度与依赖性日趋增强，一方面增加企业 R&D 投入，加强自主研发能力；另一方面整合社会层面的研发创新要素，通过产学研协同模式加强了企业、研发机构与高等学校的联系，为协同创新子系统提供了"正反馈"输入，推进了基于产业发展需求的研发体系的不断完善，形成了产业子系统与协同创新子系统基于科学技术的产业化需求与技术支持提供的良性循环。

其次，科技进步与创新驱动在我国现代化建设全局中处于核心地位，量子信息、光子与微纳电子、生物医药、现代能源系统等重大技术研发与创新领域势必创造出新兴产业部门，从而引发主导产业更替、产业间经济技术联系改变、产业体系组织结构与网络布局重建等变革，引领国家及区域产业结构向高级化演进。要实现高新技术的突破，一方面应加强原创性科技攻关投入；另一方面注重整合优化科技资源配置，聚集科研院所、高等院校及企业的科研人员、技术专家等高级技术人才，组建国家实验室、产学研技术创新中心等科研力量，形成主体多元化、运行机制市场化、管理制度现代化的协同创新系统。由此可见，科技进步既推进了产业结构优化升级，也促进了协同创新的深入发展；协同创新既是实施技术研发与创新的重要方式与途径，也作为纽带连接科技进步子系统与产业子系统；产业子系统既是协同创新与科技进步的主要参与者，也是科技创新驱动经济发展的作用渠道与媒介，三者之间相互影响、相互依赖，具有一致的发展目标与共同利益，任何一方的失衡与不协调都将影响创新驱动经济发展战略的有效推进。

最后，生态环境子系统是产业子系统、协同创新子系统与科技进步子系统循环发展的外部环境，生态环境子系统为经济、社会发展提供物质与能量，以维持生产资料的供应与生活资料的消费；另外，随着经济发展水平的不断增长与社会文明程度的不断提升，经济活动与生态环境的关联方式也在逐渐发生改变。"十四五"规划纲要指出，坚持生态优先、绿色发展，推进资源总量管理、科学配置、全面节约、循环利用，协同推进经济高质量发展和生态环境高水平保护。经济发展方式的绿色转型对产业子系统的发展方向提出新的要求，也赋予协同创新、科技进步子系统绿色技术研发、资源循环利用体系构建的使命。以高新技术产业为主导产业的结构升级策略与可持续发展的经济绿色转型具有正向促进关系，人工智能、生物医药技术、新材料技术、新能源技术都是具有前瞻性的绿色科学技术，在摆脱对传统能源依赖、降低经济活动能源消耗、提升经济产出的附加价值、减少劳动力冗余等方面具有显著作用，辅以产学研协同化的创新方式能够极大缩短新技术、新产品研发周期，提高创新活动的产业化实施效果，更加推进产业结构高级化演进。

综上所述，产业变迁、协同创新、科技进步、生态效率具备耦合发展的现实条件，且是未来我国提升经济社会发展质量的必然要求，其中科技进步是动力，协同创新是手段，产业结构是作用渠道，经济提质与生态环境和谐发展是最终目标。正确处理"四元系统"协调关系，合理规避矛盾与冲突，充分利用各种协调机制以加强子系统之间的耦合强度，对实现创新驱动发展、推动绿色发展、加快现代产业体系建设等"十四五"规划纲要发展目标具有重要意义。

第五章　中国产业变迁、协同创新、科技进步、生态效率发展水平综合评价

　　建设"资源节约型、环境友好型"经济社会已经成为当下中国发展之路的重要风向标，究其根本则是不断提升经济系统与生态环境协同发展的程度，最终形成耦合关系。一方面，产业变迁、协同创新、科技进步是推动经济增长、实现经济高质量发展的关键系统，它们之间存在相互影响、相互依赖关系，其协同联动实现耦合发展是区域经济改变发展方式、提质增效的有力手段；另一方面，此三者与生态系统的耦合程度体现了经济与环境融合共生的发展现状，对区域主体制定经济发展政策、合理规划资源与要素投入具有更为重要的现实意义。本章基于前文的理论基础，分别构建产业变迁、协同创新、科技进步、生态效率的综合评价模型，以客观数据为依据测算各子系统的发展现状，以此来衡量我国省域"四元系统"发展程度的综合水平，以便对发展现状及区域差异进行深入分析，也为后续"四元系统"耦合程度的测算提供基础数据。

第一节　指标体系构建与数据说明

一　指标体系构建原则

　　选取能够反映"四元系统"各自发展特征的量化指标是进行综

合发展水平分析以及耦合性评价的关键工作。在面对众多可选指标之中，一方面首选具有代表性的典型变量，另一方面要服从于耦合性分析这个核心问题，尽可能体现出某个系统特征的变化对与其相关系统的影响，以最大限度地反映相互影响与相互作用关系。基于以上两点，在构建产业变迁、协同创新、科技进步、生态效率综合评价指标体系时应遵循的原则体现在以下几个方面。

1. 可行性

一方面，从理论意义出发选取符合系统某方面特征的变量虽然可以作为构建指标体系的准则之一，但某些变量本身是模糊或难以量化的，需要寻找与其理论意义相似的可以进行数量表征的变量加以替代；另一方面，由于数据公布机构对某些年份、某些地域存在数据缺失的情况，对其中存在严重缺失的变量也不宜选择。根据实际情况便于收集与整理的度量指标能够提高定量分析的可靠性，也减轻了数据收集工作的压力。

2. 系统性

由于单一变量所表征的属性具有局部性或片面性，为能较为全面地反映系统发展现状，应注重直接影响与间接影响相结合、正面反映与侧面影响兼顾的思想，使指标体系变现的系统特征更为全面完整，最大限度地对可利用信息进行覆盖，确保测算结果能够体现经济系统内涵。

3. 动态性

"四元系统"耦合关系并不是在某个时间点上突然形成的，相互关联与相互影响是子系统在较长一段时期内不断磨合、相互作用的结果，而且即便已经形成了的耦合关系也不是一成不变的，是处在不断变化与持续运动状态中的。基于此，应增加从时间维度上具有连续性的量化指标数量，以求对耦合关系形成过程及发展趋势进行动态分析。

二　产业变迁评价指标体系

合理化与高级化是产业结构升级的两个重要方面。产业结构合理化强调的是根据科学技术水平、消费需求结构等外部条件变化，对原有不合理的产业结构进行调整，使各产业间协调发展。包括产业间要素、相对低位、关联方式、供需在数量和结构上的协调。产业结构高级化是经济发展方式高度化的具体表现，有以下三个方面内容：产业发展重心由第一产业向第二产业和第三产业逐次转移，劳动密集型产业占优势比重逐级向资金密集型、技术知识密集型占优势比重演进，产业结构由初级产品为主向中间产品、最终产品为主的方向转变。产业结构合理化与高级化主要是从产业间的比例关系及主导产业来刻画产业结构演进。随着社会专业化分工程度的加强，企业组织结构出现扁平化趋势，产业供应链的出现强化了企业间的联系，更创新了产业组织方式与空间布局。产业集群将核心企业、专业化供应商、服务供应商、研发机构等相关主体聚集在某特定地域，企业通过纵向一体化降低了交易成本，增强了生产和销售的稳定性，在产品生产、原材料供应、终端销售方面形成了一定的竞争优势，提升了产业供应链整体盈利性。由此可见，产业地域性迁徙所产生的组织形态的变化，与合理化、高级化的产业间相对比重的变化，是反映经济发展水平与社会进步层次的两个重要方面，因此将产业变迁赋予产业结构升级与产业集群演变两个方面的内涵，在构建评价指标体系时需要从这两个方面进行指标选取。

根据配第—克拉克定理，产业结构升级分为两个阶段，即劳动力从第一产业向第二产业转移，体现为第一产业产值占比下降而第二产业产值占比上升；第二产业劳动力为了追求更高的边际报酬而出现向第三产业转移的趋势，体现为第三产业产值占比上升，逐渐取代第二产业成为国民经济主导产业。我国目前正处在第二阶段，第三产业产值占比呈逐渐上升态势。因此借鉴吴义根等（2019）的研究，以第二、第三产业产值占比的加权平均数衡量产业结构升级水平，具体公式为

$$\text{ISC} = 0.4 \times \text{IR}_2 + 0.6 \times \text{IR}_3 \tag{5-1}$$

式中：ISC 表示产业结构升级水平；IR_2、IR_3 分别表示第二、第三产业产值占 GDP 比重。

衡量产业集群演变特征的指标应体现两个方面内容，一是某产业在区域内产出规模变化的程度，以产值占比进行测量；二是空间集中程度的度量，体现出某项经济活动在地域空间上的集中程度，相对于产出规模变化，空间集聚更注重从地理范围上对产业集群的量化表达。定义 ISAI 为产业规模集聚指数，参考区位熵指数原理，将第三产业作为指标测算的标的对象，原因在于两个方面：一方面产业结构升级的发展趋势必然是第三产业产值增长，第三产业产出规模的显著变化更易于从测算结果上加以区分；另一方面产业集群的演变方向是以区域内建立比较完善的服务体系为高级形态，也就是说产业集聚更多地体现在第三产业的集群化发展。因此从省级行政单位的维度，以某省第三产业产值占比除以全国第三产业产值占比来测算，其计算公式为

$$\text{ISAI}_t = \frac{V_{ij}(t) \big/ \sum_j V_{ij}(t)}{\sum_i V_{ij}(t) \big/ \sum_i \sum_j V_{ij}(t)} \tag{5-2}$$

式中：ISAI_t 为产业规模集聚指数，$V_{ij}(t)$ 为 t 时期 i 省份第三产业产值；$\sum_j V_{ij}(t)$ 为 t 时期 i 省份 GDP；$\sum_i V_{ij}(t)$ 表示 t 时期全部省份第三产业产值；$\sum_i \sum_j V_{ij}(t)$ 为 t 时期国内生产总值。当 ISAI 大于 1 时，表明该省份第三产业集聚程度较高；当 ISAI 小于 1 时，表明集聚化程度较低。该指数越大，表明区域第三产业集聚水平越高。

地理空间集聚指数用 GSAI 来代表，借鉴空间基尼系数原理，参考李田等（2018）的研究，依然选取第三产业为测算对象，具体

公式为

$$\text{GSAI}_t = \sum_{i=1}^{n} \left(\frac{V_{ij}(t)}{\sum_i V_{ij}(t)} - \frac{\sum_j V_{ij}(t)}{\sum_i \sum_j V_{ij}(t)} \right)^2 \qquad (5-3)$$

式中：GSAI 为地理空间集聚指数，取值区间为［0，1］。测算结果越接近于 1，说明产业集中度越高。

三 协同创新评价指标体系

协同创新是一项复杂的创新组织方式，创新的核心要素是高等院校和企业科研院所，通过政府、金融机构、中介组织、创新平台等机构的辅助与协调，所形成的多元主体协同互动的网络创新模式。在区域创新系统内，创新要素在创新主体之间有序流通与合理分配，从而产生出优于单个主体创新活动产出的效果。具体而言，区域创新主体包括直接创新主体与间接创新主体。其中，企业、高校、科研机构等直接参与 R&D 活动，或者能够通过 R&D 活动直接受益；政府和金融机构等并不直接参与 R&D 活动，但对于创新主体研发活动起到支持和促进作用，是创新的间接主体。协同创新是直接主体与间接主体充分利用创新要素的优势互补与共享扩散效应，达到围绕创新活动相互协作的状态，从而促进创新生产绩效的提升。

具体指标选取参考白俊红和蒋伏心（2015）的研究，分为直接主体之间的协同以及间接主体与直接主体之间的协同。高校与科研机构具有专业化知识与技术，集中了全社会具有专业技能的高级人才，配备完善的进行科学实验的仪器设备，是一国或区域创新要素的聚集地，而创新活动要与市场需求发展趋势相一致才能提升企业绩效，企业通过传递市场信息、提供研发资金支持、签订产品与技术研发委托协议等方式参与创新主体研发活动，形成了基于共同目标的协同化创新模式。在间接主体与直接主体协同方面，政府从行政指令、政策引导、资金扶持、基础设施规划等方面为协同创新活动打造良好的外部环境，有利于清除创新要素流动壁垒、降低挖掘更多合作机会的时间成本、引导研发活动方向。金融机构的主要作用体现在为直接创新主体提供融资支持，也能够在创新项目评估、投资风险审核等方面提供专业化辅助。

无论是直接主体之间还是直接主体与间接主体之间的协同，均涉及资金的往来，虽然信息、知识、人才的交流也发生于协同创新活动中，但考虑到量化指标的可得性，则以资金在不同主体间的转移作为协同性的表征。具体指标体系参见表 5 – 1。

表 5 – 1　　　　　　　　　　协同创新评价指标体系

	指标	说明
间接主体与直接主体之间	地区研发资金中政府资金比重	各地区科研机构研发经费来自政府的比重
	地区研发资金中金融机构资金比重	各地区科研机构研发经费来自金融机构的比重
直接主体之间	高校研发资金中企业资金比重	各地区高校研发经费内部支出来自企业的比重
	科研机构研发资金中企业资金比重	各地区科研机构研发经费内部支出来自企业的比重

1. 间接主体与直接主体之间的资金往来

主要体现在间接主体对直接主体的资助，包括政府和金融机构对区域研发活动的资金投入，分别用地区研发资金中政府资金比重和金融机构资金比重来表示。数据取自历年的《中国科技统计年鉴》，其中各地区科研机构研发经费按资金来源分别列出了来源于政府、企业、国外和其他（2007 年之前有金融机构资金数据），由于地区研发资金主要来自政府、企业、国外和金融机构，可将来源于其他近似认为主要是金融机构，依次方法可计算地区研发资金中政府资金比重、地区研发资金中金融机构资金比重等数据。

2. 直接主体之间的资金往来

地区研究与开发主体的互动包括高校与企业、高校与科研机构及企业与科研机构之间的合作与协同。通常企业与高校、科研机构之间通过资金支持的形式进行联结，而高校与科研机构往往是基于项目的共同开发而进行知识、人才、技术的交流，难以进行量化的表达，相关第三方数据平台也缺乏对此类协同活动的量化指标统计，因此暂且不考虑这一联结类别，着重考察企业与高校、企业与科研机构之间的主体联系。选取高校研发资金中企业资金来源比重和科研机构研发资金中企业资金来源比重来量化直接主体之间的协同行为。2009年后的《中国科技统计年鉴》不再公布各地区高校科技活动经费筹集数据，统一调整为各地区高校研发经费内部支出，为保持数据含义的一致性，选取各地区高校研发经费内部支出来自企业的比重反映高校研发资金中企业资金来源比重，用各地区科研机构研发经费内部支出来自企业的比重，反映科研机构研发资金中企业资金来源比重。

四　科技进步评价指标体系

区域科技进步体现在诸多方面，就生产环节而言，制造企业信息化水平、产品设计与研发人员数量以及经费投入、新产品利润率提升等方面均可作为产业科技进步的表征；从区域经济社会发展的角度来看，科技进步能够促进产业结构升级、提升区域研究与开发资金投入、提高经济领域中外合作机会、延伸区域经济合作与协同创新范围等。基于第四章理论分析的结论，科技进步对产业变迁、协同创新以及生态效率在影响方式、影响路径方面均存在不同程度的作用，能够有效提升区域"四元系统"的耦合水平，因此考虑到科技进步对其他三个子系统较为直接的影响作用，参考陈新华等（2017）的做法，选取各省人力资本积累、研究与开发投入、国际技术吸收和产业结构调整来衡量区域科技进步水平，也便于后续系统耦合程度分析。指标体系详见表5-2。

表5-2　　　　　　　　　科技进步评价指标体系

指标	变量
人力资本积累	从业人员平均受教育年限
研究与开发投入	研发经费支出
国际技术吸收	利用外资额
产业结构调整	第二、第三产业产值占总产值比重 高技术产业营业收入占地区生产总值比重

1. 人力资本积累

一方面，人力资本价值体现为劳动力创造附加值的能力，科技进步对人力资本创造价值的能力具有正向影响，包括从业人员技能水平提升、就业结构高级化演变、全社会人员接受高等教育比例的提升等。另一方面，人力资本高级化能够反向推动科学技术进步。"十四五"规划纲要提出，激发人才创新活力，深化人才发展体制机制改革，充分发挥人才第一资源的作用。不仅在人才培养方面加强创新型、应用型、技能型人才培养力度，还通过完善人才评价和激励机制、创新要素价值的收益分配机制给予科研创新活动体制机制保障。可见，人力资本素质的高低对科技创新活动具有重要影响。鉴于数据的可得性，选取从业人员平均受教育年限来量化人力资本积累程度，同时作为从人力资本方面反映科技进步的代理变量。数据来自历年《中国劳动统计年鉴》，其中2015年之前计算方法为：小学×6＋初中×9＋高中×12＋大专及以上×16；2015年及以后均为小学×6＋初中×9＋（高中＋中等职业教育）×12＋

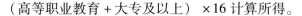

（高等职业教育＋大专及以上）×16计算所得。

2. 研究与开发投入

地区研发活动与科技进步相互关联、相互促进，研发创新活动是科技进步的直接动力，科技进步也会反向促进研发活动向更深层次、更广阔领域延伸。研发活动能够应用现有知识，为新产品与材料研发、生产工艺创新、生产系统及服务创新提供技术与经验知识，也能够对相应工作进行实质性改进。研发经费能够体现某地区对科技创新的支持力度，确保基础研究、应用研究和试验发展的顺利推进。为量化研究与试验发展投入情况，选取研发经费支出来反映区域研究与开发投入情况。指标代表的内容可解读为统计年度内全社会实际用于基础研究、应用研究和试验发展的经费支出。包括实际用于研发活动的人员劳务费、原材料费、固定资产购建费、管理费及其他费用支出。2012年数据来自财政部，其余数据公报均来自国家统计局。

3. 国际技术吸收

技术依赖与技术吸收是缺乏科学技术发展优势的个体通常采用的快速提升自身技术水平的两种策略。技术依赖是针对没有自主研发能力或研发水平较为落后的主体，在全球经济一体化的驱动下，只能通过较强的制造能力加入全球贸易体系，承担劳动密集型的生产制造活动，在产品技术和生产技术方面只能依赖他人，处于全球产业链低端位置。技术吸收是指通过引进技术并对其所包含的原理和知识进行消化吸收，从而加强自身技术基础。进一步通过大力开展科技创新活动实现对本源技术的模仿和超越，从而逐步培育自主创新能力。我国注重自主创新能力的培养，20世纪80年代所奉行的技术依赖策略已经转变为对国外先进技术吸收基础上的研发与创新策略，并且地区经济外向型转变趋势明显。经济外向型发展模式有利于促进科技水平显著提升，一方面外资企业先进的技术及行业应用经验能够为国内企业科技研发引领方向；另一方面有利于国内企业通过效仿与学习实现对先进技术知识的快速吸收，缩短基础性研发创新活动周期，加快产业科技水平提升速度。为量化不同地区对外来技术吸收利用的差异，选取区域利用外资额作为国际技术吸收的代理变量，由于各省份统计年鉴中该数据以美元为单位，故依据各期期末平均汇率转换为人民币单位。

4. 产业结构调整

科技进步引发了传统主导产业高级化发展，在产业基础能力建设方面，通过加强基础零部件、基础材料、基础工艺、重大技术装备及核心技术攻关力度，为产业向"高精尖"的结构升级提供基础支撑；科学技术赋能制造业智能化、绿色化，推动集成电路、航空航天、智能机器人、高端数控机床、医药及医疗设备等产业创新发展，促进石化、钢铁、建材等原材料产业布局优化和结构调整，构建智能制造示范工厂引导全产业智慧化升级改造；随着新一代信息技术、生物技术、新能源、高端装备、航空航天及海洋装备等战略性新兴产业的兴起，加速了新型主导产业对传统落后产能的替代速度，构建以功能创新、特色鲜明、优势互补、结构协调为特征的产业新格局；技术创新的全面产业化带动了生产性服务业融合化发展，推动了以研发设计、工业设计、商务咨询、检验检测认证等为代表的服务专业化和高端化发展，增强现代物流、采购分销、生产控制、运营管理等服务的发展水平，衍生出深化业务关联、延伸链条价值、支持智能制造系统解决方案、流程再造等新型专业化服务机构。因此，产业结构的演进一定程度上反映了科学技术的发展水平与应用现状。

第三产业比重的提升是产业结构升级的代表性特征，就发达国家而言，如美国第一产业占 GDP 比重仅为1%，制造业与建筑业占 GDP 比重为20%，而服务业占 GDP 比重高达75%以上，因此第三产业占 GDP 比重可以直接表征其产业结构水平。近年来，我国第三产业虽然获得了长足发展，但距离服务业作为国民经济主导产业的高级产业结构还有一定差距，因此选取各地区第二、第三产业产值占总产值比重来反映产业结构水平，另外高技术产业规模扩大既是产业结构高级化的标志之一，也能够直接反映科技进步在产业层面的发展程度，故将高技术产业营业收入占地区生产总值比重也选为衡量产业结构调整的指标之一。数据选自历年高技术产业统计年鉴，依据工业生产者出厂价格指数以 2003 年为基年对各省份高技术产业营业收入折算后计算所得。

五　生态效率评价指标体系

可持续发展理论阐述了区域经济与生态环境相融共生、互相促进的耦合发展理念，既不能走以往"盲目扩张、规模推动"的粗放型经济发展的老路，也不能过度限制生产资料的投入而束缚产业追求利润最大化的基础条件。2005 年 3 月中央的人口资源环境工作座谈会提出"建设资源节约型、环境友好型社会"，2005 年 8 月 15 日，在浙江安吉余村，时任浙江省委书记的习近平同志创造性地提出"绿水青山就是金山银山"的重要理念。2021 年 10 月 12 日，习近平主席在《生物多样性公约》第十五次缔约方大会领导人峰会视频讲话中指出，良好生态环境既是自然财富，也是经济财富，关系经济社会发展潜力和后劲，要加快形成绿色发展方式，促进经济发展和环境保护双赢，构建经济与环境协同共进的地球家园。在党的二十大报告中，习近平总书记再次强调，坚持人与自然和谐共生，必须树立和践行"绿水青山就是金山银山"的理念，坚持节约资源和保护环境的基本国策。由此可见，转变经济发展方式、改善产业结构与消费方式以推动生态文明建设便成为经济社会发展关注的焦点。一方面要全面提高资源利用效率，构建资源循环利用体系，推动 5G、大数据中心等新兴领域能效提升，实施能量系统优化、节能技术改造等重点工程，深入推进园区循环化改造，补齐和延伸产业链，推进能源资源梯级利用、废物循环利用和污染物集中处理；另一方面要大力发展绿色经济，壮大节能环保、清洁生产、清洁能源、绿色服务等产业，推广合同能源管理、合同节水管理、环境污染第三方治理等服务模式，完善绿色发展政策体系建设。我国学者围绕此主题产生了较多研究成果，其中构建生态效率评价的指标体系是主要研究领域之一，合理选择代理变量为评价结果的科学性以及影响因素的分析提供了保障。鉴于评价指标体系的重要性，对已有相关内容的研究成果进行梳理，参见表5-3。

表5-3 　　　　　　　　生态效率评价指标体系概览

作者	产出	投入	
汪艳涛 （2020）	GDP	环境影响	化学需氧量、氨氮、SO_2、粉尘及废水排放量
		资源消耗	能源消耗、用水量、耕地面积、审批建设用地及森林蓄积量
		固定资本	资本存量
		人力资本	三个产业就业人数总量
杨坤 （2020）	GDP	环境影响	"三废"排放量
		资源消耗	能源消耗
		环保投入	环境治理投资总额占GDP比重
邱立新 （2020）	期望：GDP、绿化面积 非期望：CO_2、PM2.5浓度	资源消耗	全社会用电量、建成区面积
		固定资本	全社会固定资产投资
		人力资本	全社会从业人员
		环保投入	地方环保财政支出
庞庆华 （2020）	GDP、建城区绿化面积	环境影响	SO_2、工业烟尘、工业废水排放量
		资源消耗	用水量、全社会用电量
		人力资本	就业人数
任小静 （2020）	GDP	环境影响	"三废"排放量
		资源消耗	能源、水、土地消耗（建设用地面积）
易杏花 （2020）	GDP	环境影响	"三废"排放量
		资源消耗	能源、水、土地消耗（城市建设用地面积）
		人力资本	劳动力

续表

作者	产出	投入	
韩增林 (2019)	GDP	环境影响	"三废"排放量
		资源消耗	能源、水资源、土地资源消耗
邓霞 (2019)	GDP	环境影响	"三废"排放量
		资源消耗	能源消耗、建筑用地面积、用水总量
王晓玲 (2017)	GDP	环境影响	工业"三废"
		资源消耗	物质资本、土地资源、能源、水资源消耗
		人力资本	劳动力
韩洁平 (2017)	工业增加值	环境影响	"三废"排放量
		资源消耗	能源、水、电能、土地资源、人力消耗
陈真玲 (2016)	人均GDP、 人均绿地面积	环境影响	单位GDP"三废"
		资源消耗	单位GDP能源、水资源消耗,建成区面积
邓波 (2011)	GDP	环境影响	"三废"排放量
		资源消耗	能源消耗总量
		固定资本	资本存量
		人力资本	就业人员数
刘丙泉 (2011)	GDP	环境影响	"三废"排放量
		资源消耗	能源、水资源、土地消耗
王波 (2010)	GDP	环境影响	"三废"排放量
		资源消耗	土地、能源、水资源消耗量
		人力资本	劳动力
杨俊 (2010)	GDP	环境影响	SO_2、粉尘、烟尘、废水、固废
		固定资本	固定资本存量
		人力资本	就业人员数
杨斌 (2009)	GDP	环境影响	"三废"排放量
		资源消耗	土地、能源、水资源消耗量
陈傲 (2008)	GDP	环境影响	"三废"排放量
		资源消耗	地区生产总能耗、电耗
邱寿丰 (2007)	GDP	环境影响	"三废"排放量
		资源消耗	土地、能源、水、原材料

通过对已有指标体系归类总结，发现大部分学者对于期望经济

产出类指标选择较为一致，均选取了国内生产总值及其衍生指标，非期望经济产出类指标一般选择为废水排放量、废气排放量和固体废物排放量。投入指标体系在原有固定资本与劳动力等生产要素基础上，增加了以能源、土地、用水量等为代表的反映生态资源消耗量的指标，使效率评价结果具有经济绩效与环境绩效的双重含义。生态效率衡量的是经济产出与资源环境的相对关系，从生态保护角度而言，理解为区域经济增长所付出的环境资源代价；从推动区域经济增长角度而言，理解为资源环境对经济生产活动的贡献率。基于相关理论认知，借鉴已有研究成果，从经济绩效、资源投入和环境影响三个方面构建评价指标体系。同时考虑代理变量数据可得性，故具体的指标体系如表5-4所示。

表5-4 区域生态效率评价指标体系

指标类型	指标类别	具体指标
产出指标	经济绩效类	AO—区域人均GDP（万元/人）
投入指标	资源投入类	RI_1—亿元GDP能耗（万吨标准煤/亿元）
		RI_2—全社会用水量（亿立方米）
		RI_3—建成区面积（平方千米）
		RI_4—全社会固定资产投资（亿元）
		RI_5—全社会从业人数（万人）
	环境影响类	EI_1—工业废水排放量（万吨）
		EI_2—CO_2排放量（百万吨）
		EI_3—工业固体废物产生量（万吨）

1. 经济绩效指标

该指标主要用于体现地区经济体生产活动产出的商品及提供服务的经济价值，目前已有的文献大多选取地区国民经济生产总值（GDP）来代表产出水平。为消除价格因素影响，历年GDP均调整为2009年不变价。另外，各省份人口规模基数不同导致GDP可

比性较弱，因此选取区域人均 GDP 来解决此问题，更能满足测算
生态效率对于指标应具有可比性的要求。数据取自历年《中国统
计年鉴》。

2. 能源消耗类

选取单位 GDP 所需能源投入来反映不同省份能源消耗情况，
通常以亿元 GDP 能耗来体现。该指标反映能源消耗相对水平，用
分地区能源消耗总量除以各地区 GDP 计算得到。能源消耗总量指
一定地域内国民经济各行业和居民家庭在一定时期消耗的各种能源
的总和，可分为三个部分：终端能源消费量、能源加工转换损失量
和能源损失量。终端能源消费量是指一定时期内某区域各行业和居
民生活消费的各种能源在扣除了用于加工转换二次能源消费量和损
失量以后的数量；能源加工转换损失量指投入加工转换的各种能源
数量之和与产出各种能源产品之和的差额；能源损失量指能源在输
送、分配、储存过程中发生的损失和由客观原因造成的各种损失
量，不包括各种气体能源放空、放散量。具体的能源种类包括煤
炭、焦炭、石油、原油、汽油、煤油、柴油、燃料油、液化石油
气、天然气、电力等，统一转换为万吨标准煤加以计量，各种能源
折标煤参考系数参见附表 1。数据来源于历年的《中国能源统计年
鉴》和《中国统计年鉴》。

3. 土地、水资源消耗类

土地消耗和水资源消耗是两种具有代表性的资源投入，是衡量
社会经济发展对典型生态资源耗费的量。土地资源消耗选取建成区
面积作为代理变量，所谓建成区，是指区域行政范围内经过征收土
地和实际建设发展起来的具有基本完善的市政公用设施的城市建设
用地区域；水资源消耗用全社会用水量来表示，包括农业用水量、
工业用水量、生活用水量和生态用水量，其中生态用水仅包括部分
河、湖、湿地人工补水和城市环境用水。此部分数据来源于历年的
《中国城市建设年鉴》和《中国统计年鉴》。

4. 物质与人力资本消耗类

全社会固定资产投资是以货币形式表现的建造和购置固定资产活动的工作量，固定资产投资是社会固定资产再生产的主要手段，通过建造和购置固定资产活动，国民经济不断采用先进技术装备、建立新兴部门，是推动经济社会发展的物质基础，选取全社会固定资产投资作为物质资本消耗的代理变量；人力资本也是保持地方经济持续发展的必要资源，选取全社会从业人数来代表人力资本投入。各省份全社会固定资产投资数据来源于历年的《中国统计年鉴》中分地区全社会固定资产投资部分，2017 年以后便不再公布此项指标数据。《中国统计年鉴（2019）》公布了各地区全部投资比上年增长百分比（2018 年比 2017 年增长百分比）的数据，据此可计算 2018 年各省份全社会固定资产投入额，借鉴张军等（2004）处理方法，以 2000 年为基期对历年固定资本投资进行平减，转换成以 2000 年不变价的固定资本存量数据。人力资本用各省全社会从业人数来代表，数据来源于历年的各省统计年鉴，2018 年河北从业人数是对三次产业就业人数求和获得，新疆 2018 年只有三次产业就业比重数据，缺少具体人数，故采用三期移动平均估算求得。

5. 非期望产出

相对于期望产出对经济社会发展的积极作用，非期望产出则是对环境造成负面影响的生产活动的"副产品"，通常用污染物排放量来反映。国内学者普遍选取工业废水、废气、固体废物排放量作为代理变量，然而《中国统计年鉴》《中国环境统计年鉴》等官方机构 2015 年后则不再公布 SO_2、烟（粉）尘排放量等数据，为达到历年数据口径一致的目的，选用 CO_2 排放量来反映各地区废气产出情况，CO_2 排放量选自中国碳排放数据库（CEARs）。另外，2017 年以后工业废水排放量、工业固体废物产生量数据，《中国统计年鉴》《中国环境统计年鉴》也不再公布，故 2018 年相关数据取自各省统计年鉴及环境公报，对于部分省份缺失的工业废水排放量（吉林、海南、青海、新疆），以及工业固体废物产生量（海南、青海、新疆）等数据均进行线性趋势法加以补充。

六 研究区域与时期说明

由于西藏自治区数据缺失严重，另外台湾省、香港特别行政区、澳门特别行政区由于数据难以获得，暂不列入研究对象范围。因此选取我国 30 个省份作为研究对象，综合历史、民族、地域等多种维度，遵循相关的区划原则将我国 30 个省份划分为七大区域：(1) 华北地区，包括北京市、天津市、河北省、山西省、内蒙古自治区；(2) 东北地区，包括黑龙江省、吉林省、辽宁省；(3) 华东地区，包括上海市、江苏省、浙江省、安徽省、江西省、山东省、福建省；(4) 华中地区，包括河南省、湖北省、湖南省；(5) 华南地区，包括广东省、广西壮族自治区、海南省；(6) 西南地区，包括重庆市、四川省、贵州省、云南省；(7) 西北地区，包括陕西省、甘肃省、青海省、宁夏回族自治区、新疆维吾尔自治区。

2005 年 3 月中央人口资源环境工作座谈会提出了"建设资源节约型、环境友好型社会"发展目标，随后各省市纷纷响应号召，开启了经济系统与生态系统和谐发展新模式。故研究时期本意选取 2006—2018 年，但受到协同创新等指标统计口径在 2009 年前后不一致的影响，故舍去 2006—2008 年，最终确定研究时期为 2009—2018 年。

第二节 指标权重确定方法与综合指标测算

基于评价指标体系由多个指标组成，在实证分析中难以对整体发展情况进行把握，另外在后续耦合协同度分析中也需要对多指标做降维处理。目前，常用的降维方法包括主成分分析法、因子分析法、层次分析法和熵值赋权法等。主成分分析法主要是通过旋转坐标轴的方式将原始变量特征进行重新组合，实现新变量尽可能携带更多原始信息，删除携带较少信息量的特征。然而此种方法仍然无法避免选取较多主成分变量的可能。因子分析法的主要目的在于从异质性变量中提取具有共同特征的共性因子，不适用于具有明确分类的变量情况。层次分析法需要将总体目标分解为子目标、准则以及方案等层次，每个层次权重的设定具有较大的主观性，可能存在评价结果不一致的情况。熵值赋权法构建在信息论基础上，将"熵"定义为对不确定性的一种度量。基于"差异驱动"原理，信息量越大，意味着事物发展的不确定性就越低，则信息无序程度越低，信息熵就越小；反之，信息量越小，意味着信息无序程度越高，表明事物变异性越大，则信息熵就越大。根据熵的特性，可以通过计算熵值来判断事物的随机性及无序程度，也就是判断某个指标的离散程度，可以依据指标数据的无序程度来计算相应的评价效用值，即权重。指标的离散程度越大，对综合评价的影响越大，所赋予的权重越高。由于权重取自实际数据客观存在的差异性，避免了人为主观因素的影响，具有较高的可信度。因此，应用熵值赋权法为各个指标赋予权重，进而利用熵值权重计算综合指标值，以获得更为科学合理的评价结果。

熵权赋值法对以下数学表达式进行如下定义。

定义多属性决策矩阵 $M = \begin{bmatrix} x_{11} & x_{12} & \cdots & x_{1n} \\ x_{21} & x_{22} & \cdots & x_{2n} \\ \vdots & \vdots & \vdots & \vdots \\ x_{m1} & x_{m2} & \cdots & x_{mn} \end{bmatrix}$，其中 x_{ij} 表示样

本 i 的第 j 个属性数值（$i = 1, 2, \cdots, m$；$j = 1, 2, \cdots, n$），用 $P_{ij} = \dfrac{x_{ij}}{\sum\limits_{i=1}^{m} x_{ij}}$ 表示第 j 个属性下第 i 个方案 A_i 的贡献度，则所有方案对第 j 个

属性贡献总量为 $E_j = -K \sum\limits_{i=1}^{m} P_{ij} \ln (P_{ij})$，其中 $K = \dfrac{1}{\ln (m)}$，能确保 $0 \leqslant E_j \leqslant 1$，$E_j$ 即信息熵，当第 j 个属性下每个备选方案的贡献度趋于一致时，代表信息差异度小，无序程度高，则 E_j 的取值趋于1，尤其是贡献度都相等时，说明每个备选方案在第 j 个属性方面的表现没有差异，则不必考虑该属性对最终决策的影响，其信息效用为0，即权重为0。由此可见，属性值对应所有备选方案方差大小决定了其熵值大小，代表了该属性对最终决策方案的影响能力。

定义 $d_j = 1 - E_j$，则各属性权重 $W_j = \dfrac{d_j}{\sum\limits_{j=1}^{n} d_j}$，当 $d_j = 0$ 时，第 j 个属性权重为0，不会影响最终决策方案的选择。

基于以上定义，熵值赋权法确定各指标权重的步骤如下。

第一步，确定指标熵值权重。设某经济系统包括 m 个评价对象，n 个评价指标，则多属性决策矩阵表示为 $\boldsymbol{M} = \begin{bmatrix} x_{11} & x_{12} & \cdots & x_{1n} \\ x_{21} & x_{22} & \cdots & x_{2n} \\ \vdots & \vdots & \vdots & \vdots \\ x_{m1} & x_{m2} & \cdots & x_{mn} \end{bmatrix}_{m \times n}$，

分别计算 P_{ij}（第 j 个指标下第 i 个决策单元的比重）、E_j（第 j 个指标的熵值）和 W_j（第 j 个指标的熵值权重）。

第二步，由于多维指标在量纲上、表现形式、数据基量等方面存在差异，不能直接进行比较，因此需要进行无量纲化处理。选取美国学者 Zadeh 提出的模糊隶属度函数方法对指标进行无量纲处理，直线型模糊隶属度函数有三种表现形式。

1. 正向指标函数形式

$$x_{ij}' = \begin{cases} 0, & x_{ij} \leqslant x_{\min} \\ \dfrac{x_{ij} - x_{\min}}{x_{\max} - x_{\min}}, & x_{\min} \leqslant x_{ij} \leqslant x_{\max} \\ 1, & x_{ij} \geqslant x_{\max} \end{cases} \qquad (5-4)$$

式中：x'_{ij} 为无量纲处理后的指标值，$0 \leqslant x'_{ij} \leqslant 1$；$x_{ij}$ 为变量实际数值；x_{min} 为第 j 个指标的最小值；x_{max} 为第 j 个指标的最大值。

2. 逆向指标函数形式

$$x'_{ij} = \begin{cases} 1, & x_{ij} \leqslant x_{min} \\ \dfrac{x_{max} - x_{ij}}{x_{max} - x_{min}}, & x_{min} \leqslant x_{ij} \leqslant x_{max} \\ 0, & x_{ij} \geqslant x_{max} \end{cases} \quad (5-5)$$

其中，各符号含义同上。

3. 适中指标函数形式

$$x'_{ij} = \begin{cases} 0, & x_{ij} \leqslant x_{min} \\ \dfrac{x_{ij} - x_{min}}{x_{01} - x_{min}}, & x_{min} \leqslant x_{ij} \leqslant x_{01} \\ 1, & x_{01} \leqslant x_{ij} \leqslant x_{02} \\ \dfrac{x_{max} - x_{ij}}{x_{max} - x_{02}}, & x_{02} \leqslant x_{ij} \leqslant x_{max} \\ 0, & x_{ij} \geqslant x_{max} \end{cases} \quad (5-6)$$

其中，各符号含义同上，$[x_{01}, x_{02}]$ 为适度区间。

第三步，计算综合评价结果。由熵值法确定的各属性指标的权重与标准化后的变量值结合，可以生成综合指标，如评价"经济发展""社会发展"等方面的综合情况，进而计算综合评价结果。计算模型为

$$EI_i = \sum_{j=1}^{n} W_j \cdot x'_{ij} \quad (5-7)$$

式中：EI_i 为第 i 个决策单元综合指标值；W_j 为第 j 个指标变量的熵值权重；x'_{ij} 为无量纲处理后的指标值。

基于以上方法，以指标变量对应子系统内不同属性值，以我国 30 个省份对应不同备选方案，可以测算出研究期内各子系统所包含的代理变量权重。以 2018 年数据为例，应用熵值赋权法测算各指

标权重如表 5 - 5 所示。

表 5 - 5 产业变迁、协同创新、科技进步、生态效率
指标权重（2018 年）

指标		代理变量	表示符号	权重
产业变迁	产业结构升级（ISC）	第二、第三产业产值占比的加权平均	ID_1	0.0032
	产业规模集聚（ISAI）	第三产业产值区位熵	ID_2	0.0177
	地理空间集聚（GSAI）	第三产业空间基尼系数	ID_3	0.9791
协同创新	科研机构与政府协同	科研机构研发经费来自政府比重	CI_1	0.0076
	科研机构与金融机构协同	科研机构研发经费来自金融机构比重	CI_2	0.3194
	高等学校与企业协同	高校研发经费内部支出来自企业比重	CI_3	0.1262
	科研机构与企业协同	科研机构研发经费内部支出来自企业比重	CI_4	0.5468
科技进步	人力资本积累	从业人员平均受教育年限	SP_1	0.0049
	研究与开发投入	研发经费支出	SP_2	0.5273
	国际技术吸收	利用外资额	SP_3	0.4598
	产业结构调整	第二、第三产业产值占比与高技术产业营业收入占比的算术平均数	SP_4	0.0079
生态效率	资源投入类	亿元 GDP 能耗	EC_1	0.0802
		全社会用水量	EC_2	0.1233
		建成区面积	EC_3	0.1029
		全社会固定资产投资	EC_4	0.1277
		全社会从业人数	EC_5	0.1035
	环境影响类	工业废水排放量	EC_6	0.2107
		CO_2 排放量	EC_7	0.0930
		工业固体废物排放量	EC_8	0.1587

资料来源：依据第五章第二节计算方法测算所得。

第三节　产业变迁发展水平及时空演变

一　总体变化趋势

根据本章第一节产业变迁指标体系，分别从产业结构升级水平、产业规模集聚水平和地理空间集聚水平三个方面对产业变迁总体趋势进行分析。依据第二节步骤计算得到了我国 2009—2018 年分省层面的产业变迁综合评价结果，同时也得到了产业结构升级、产业规模集聚和地理空间集聚三个方面的各项分数值，不仅可以从时间序列角度把握研究期内我国产业变迁的时间演变规律，也能够了解各项分指标对产业变迁综合评价指数的影响程度。2009—2018 年我国产业变迁发展水平及各项分指标的时序变化如图 5－1 所示。

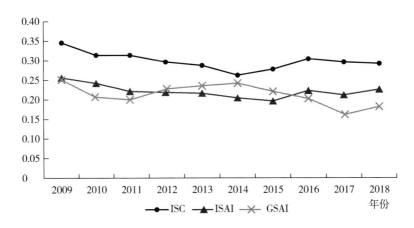

图 5－1　2009—2018 年我国产业变迁发展水平分指数时序变化

对产业变迁各项指标 30 个省份具体数值进行简单平均以分析历年 ISC、ISAI、GSAI 的总体变化趋势。产业结构升级水平出现了先降后增的变化特征，以 2014 年为拐点，2014—2018 年虽然产业结构升级水平有所提升，但并没有回到期初水平。产业规模集聚水平从 2009 年开始呈现持续下降趋势，说明从平均水平来看各省份第三产业专业化程度在减弱，相对于全国层面其产业集聚水平在弱化发展。2015 年后产业规模集聚水平有所回升，在"互联网＋产业"模式深入发展的背景下，全社会对服务业的需求呈上升态势，推动了地方经济第三产业生产总值持续增长，产业规模集聚水平有所提升；地理空间集聚水平在研究期内经历了短期下降—稳步提升—快速下降—小幅回升的发展过程，表明各省份内部地级市维度的第三产业在地理空间上的集聚程度具有较大波动性，其数值从 2009 年的 0.2509 下降到 2018 年的 0.1819，下降了 27.50%，说明我国省际第三产业还未形成较为稳定的发展格局，基于空间集聚的发展水平不高。从构成产业变迁发展的各项指标权重来看，历年呈现出较为一致的特征，即地理空间集聚在产业变迁发展系统中所占比重最大，其次为产业规模集聚水平，权重占比最小的是产业结构升级水平。也就是说，第三产业地理空间集聚水平和产业规模集聚水平在省际维度具有较高的差异性，在构成产业变迁综合指标时能够提供有价值的信息，因此对不同决策单元产业变迁的评价具有较高影响度。

二　区域变化趋势

对于全国总体趋势而言，我国各区域产业变迁的演进特征更有利于从不同地域层面探求影响总体产业变迁的原因。基于本章第一节中 30 个省份的区域划分原则，分别计算华北地区、东北地区、华东地区、华中地区、华南地区、西南地区和西北地区的产业变迁综合评价结果，并与全国综合评价结果进行对比分析。具体指数变化趋势如图 5 - 2 所示。

从历年全国产业变迁综合指数发展趋势来看，研究期内呈现较为规律的周期性变化特征，均值稳定在 0.21，2011 年之前产业变

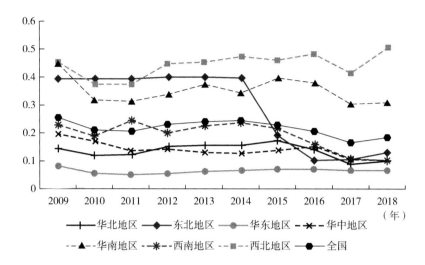

图 5 - 2　2009—2018 年我国区域产业变迁综合发展水平时序变化

迁综合指数逐年下降，之后恢复增长趋势并持续到 2014 年，此后再次下降并持续到研究期末，2018 年全国均值为 0.18，比期初下降了 28%。与此变化趋势相似的区域有华南地区、西南地区、华中地区和华北地区，其中华南地区产业变迁综合指数值处于相对较高水平，历年均值达到 0.35 明显高于全国历年均值 0.21，说明此区域产业变迁发展程度较高，从分指数的测算结果寻求原因，发现广东省 ISC 与 ISAI 水平较高，但 GSAI 处于较低水平，其第三产业在省内空间布局并未达到均衡，是 GSAI 指数较低的原因。而海南省虽然 ISC 较低，但其 ISAI 与 GSAI 均处于较高水平，表明海南省第三产业在产业规模和空间布局方面形成了相对较高集聚状态。其中 GSAI 明显高于同时期其他地区，也是华南地区综合值较高的主要原因。其余三个区域产业变迁综合值按从大到小排序分别是西南地区、华中地区和华北地区，其中西南地区与全国均值接近，华中地区与华北地区处于较低水平。华中地区的主导因素在于第二、第三产业结构化水平不高，而华北地区 GSAI 较低，其区域内部第三产业空间布局的集聚程度不高。从总体时序变化趋势来看，此四个区域产业变迁发展水平均呈现显著下降趋势，其中华北与华中地区综合值低为 0.13，出现了产业结构高级化以及集群化发展进程中的倒退现象。综观七个区域产业变迁综合指数的特征，西北地区平均发展水平最高，且呈现增长态势，体现在期末综合值达到 0.5，主要原因在于陕西、青海、新疆等省份第三产业空间集聚水平与其他省份相比处于较高水平，而且 GSAI 在测算产业变迁综合指数时所占的权重又是最高的，由此对西北地区产业变迁综合发展水平产生拉动作用。但这并不能等同于这些地区第三产业处于较高产业结构的认识，相反新疆、甘肃等省份第二、第三产业产值所占 GDP 比重在全国层面属于较低水平，只是由于权重过小而没有将这种弱势体现在综合指数中。至于华东地区虽然是我国经济发展最为活跃的区域，但与预想相悖的是，华东地区产业变迁综合指数在全部七个区域中排名最末，10 年平均水平只有 0.063，而且基本处于稳定发展状态，没有明显的增长与下降趋势，对照 ISC、ISAI、GSAI 发现，上海、江苏、浙江、福建等省 ISC 较高，说明这些地区第二、第三产业已经成为带动地区经济发展的主导产业，产业结构高级化演进取得了一定的进展，但在全国层面并未凸显出明显的优势，从 ISAI 与 GSAI 两项指标测算结果可以看出，除上海第三产业 ISAI 较高以外，其他省份较低，至于 GSAI 更是落后于全国其他省份，说明华东地区第三产业规模与空间集聚程度不高。变化趋势最为特别的区域是东北地区，2014 年之前产业变迁处于高位发展水平，而且鲜有波动，主要得益于黑龙江省 GSAI 位居全国之首，可以认为黑龙江省地级市第三产业分布极为不均衡，产业集聚程度较强。2014 年之后黑龙江省 GSAI 出现了明显下降趋势，地级市第三产业全面发展导致分布更为均衡，空间维度内的集聚程度有所下降。综上所述，我国 30 个省份产业变迁综合水平较低且呈现下降趋势，主要原因并非产业发展规模问题，而是产业集聚化发展程度较低。

第四节　协同创新发展水平及时空演变

一　总体变化趋势

基于第一节所构建的协同创新指标体系，将从间接主体对直接主体 R&D 资助和主体间的资金往来两个方面来评价区域协同创新水平。其中包含的四个代理变量分别为科研机构研发经费来自政府比重（CI_1）、科研机构研发经费来自金融机构比重（CI_2）、高校研发经费内部支出来自企业比重（CI_3）、科研机构研发经费内部支出来自企业比重（CI_4）的数据性质相同，量化结果具有可比性，因此以研究期内29个省份代理变量（由于宁夏在企业对科研机构投资数据上多年缺失，故暂且将其排除在研究对象之外）平均水平构成时间序列以考察全国整体变化情况，同时与协同创新综合评价结果进行对比分析。2009—2018 年我国协同创新发展水平分指数时序变化如图 5-3 所示。

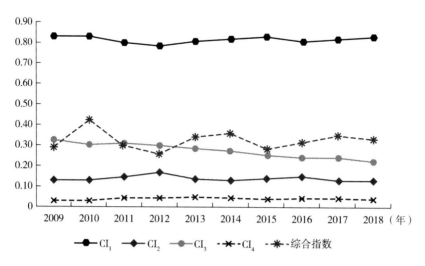

图 5-3　2009—2018 年我国协同创新发展水平分指数时序变化

从发展趋势来看，研究期内我国区域协同创新综合水平发展平稳，未出现大幅度涨落，2010 年综合指数达到 0.42 的最高值，此后略有下降，相比期初 0.29 协同创新水平，期末略有上升，但整体发展水平不高。各省域协同创新能力也存在较为显著的差异，2009 年数据显示，山西、辽宁、江苏、贵州四省处于第一梯队，其中山西、江苏、辽宁在 CI_3 和 CI_4 两项指标上得分较高，表明企业与高校、科研机构保持较为紧密的科研经费关联，协同创新的合作关系较为密切，而贵州在 CI_2 上得分最高，在高校与企业、科研机构与企业协同创新方面表现平平，表明贵州省在依赖创新主体"校企研"开展科技研发活动的程度并不高，而作为间接创新主体的金融机构是科研机构 R&D 经费的主要来源，是推动贵州省协同创新发展的主要力量。2010 年全国各省协同创新综合水平全面提升，得分排名靠前的省份在企业对高等学校 R&D 经费投入、对科研机构 R&D 经费投入方面均出现了明显增长，呈现了"产学研"协同创新的良好发展局面。相对而言，吉林、黑龙江、江西、陕西、青海、新疆、海南等省份协同创新相对落后，除政府对科研机构保持了稳定的 R&D 经费投入外，这些地区创新主体间未形成有效的协同。随后年份中大部分地区协同创新指数均有所下降，这与全国综合指数下降趋势相吻合。逐渐形成了区域性多极化分布格局，如京津冀城市群、东北区域的辽宁、长江三角洲及徽闽区域、中原腹地的湖南、华南的两广地区、西南的重庆与贵州，这些区域在研究期内保持了相对较高的协同创新综合水平，是带动地区科技研发水平提升的主导力量。

从分指标演进情况来看，CI_2、CI_3、CI_4 都处于平稳变化态势，其中 CI_4 的发展水平最低，也就是说从全国 29 个省份来看，企业对科研机构的研发投资较为有限，平均所占比重仅为 4%，也是导致全国层面协同创新综合指数偏低的主要原因，说明作为协同创新主体的企业与科研机构并没有形成显著的联动效应。但从个别省份来看，企业对科研机构 R&D 经费支持出现增强趋势，其中较为明显的有湖南，从 2012 年开始直至 2018 年，湖南 CI_4 在全国各省份中排名第一，科研机构与企业之间体现出较为紧密的科技创新合作关系，同时企业对高等学校的 R&D 经费投入处于全国中游水平。湖南加快优化科技创新生态，加强与"大院大所大企"合作，开展"千校万企"协同创新伙伴等行动，推动千所高校支撑服务 1 万家以上企业高质量发展，开创了协同创新新局面。此外，重庆、贵州、云南等西南区域科技创新后发地区，在"产学研"协同创新方面呈现出良好势头，尤其是贵州，在 2014 年 CI_4 达到较高发展水平后，经历了三年的下降，2018 年回涨至 5%。科技的力量正在让贵州越来越多的企业发生着可喜的蜕变，贵州研发投入中有 76% 来自企业，企业创新热情高涨。近年来面对大院大所支撑力不足的现状，贵州提出"近学深圳、远学苏州"的发展思路，构建了企业为主的创新体系，逐步形成了创新型领军企业"顶天立地"、科技型中小企业"铺天盖地"的发展格局。由此可见，西北、西南等经济欠发达地区正在寻求依托科技创新的差异化发展之路。从 CI_2 的发展趋势来看，研究期内稳定在 0.14 水平，即金融机构资金占科研机构 R&D 经费来源的 14%。相对而言，企业对高等学校的 R&D 经费的支持力度强于对科研机构，表明基于校企联合的产品创新与技术研发已经成为推动产业技术水平提升的主要形式，但其演变趋势出现了递减的情况。分指标数值最高的是 CI_1，10 年平均值达到 82%，也就是说，在协同创新直接主体之间的合作与互动强度明显弱于间接主体与直接主体之间的合作与互动强度，尤其是地方政府以资金形式对地区研发机构的投入就达到 80% 以上，政策法规、税费优惠等方面的扶持为地区技术创新提供了坚实的保障，但同时也可能存在过度的非市场行为所引发的协同创新效率问题。

二　区域变化趋势

通过我国协同创新综合指数的时序变化分析可以概览全国层面及重点省域历年协同创新发展的总体趋势，然而难以体现出区域间发展的同质性与差异性。本节着眼于区域层面问题的分析，分别计算历年七大区域协同创新综合评价结果的均值，并将全国平均发展水平加入其中进行对比分析，作出我国区域协同创新发展水平时序变化曲线，如图5－4所示。

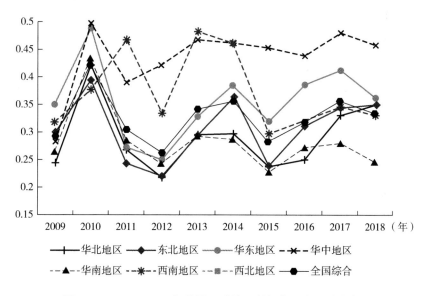

图5－4　2009—2018年我国区域协同创新发展水平时序变化

从图5－4中可以看出，七大区域协同创新基本呈现较为相似的变化规律，2010年达到了局部峰值后出现了较大幅度的下降，随着2012年《中共中央、国务院关于深化科技体制改革　加快国家创新体系建设的意见》的提出，科研机构、高等学校及企业基于服务社会经济发展的创新能力得到提高，出现了2013年、2014年两年协同创新综合指数的短期上升，随后又经历了小幅震荡。与2009

年年初相比，多数地区的协同创新发展水平均有所提升，其中华中地区与华北地区增长率分别达到 63.56% 和 43.26% 而排名第一、第二位，西南地区和华东地区增长幅度不大，仅为 4%。华南地区和西北地区出现了协同创新综合指数下降的情况，华南地区主要原因在于广西、海南两地的 CI_2 和 CI_3 下降，西北地区甘肃的 CI_2 和 CI_3 同时下降导致了协同创新综合指数的降低。区域协同创新发展水平横向比较来看，华中地区、西南地区、华东地区高于全国平均水平，尤其是华中地区，协同创新综合指数达到 0.43，创新主体间体现了较好的互动效应。其次是西南地区，其平均水平达到 0.37，但波动明显，2018 年的均值仅比 2009 年年初提升了 4.6%。另一个波动幅度较大的是华东地区，研究期内出现了综合值下降至全国平均水平以下，而又恢复上升趋势变化至全国平均水平以上，历年平均水平达到 0.35。综合来看，全国协同创新综合指数为 0.326，各区域存在一定程度的差异性，大部分地区协同创新程度不高，另外多数地区在 2009—2018 年协同创新综合水平没有出现显著增长态势。党的十八大报告提出实施创新驱动发展战略，提高原始创新、集成创新和引进消化吸收再创造能力，更加注重协同创新，经过多年的发展，政府在转方式、调结构、推进技术创新方面起到了积极的促进作用，但企业与科研机构、金融机构与科研机构之间的技术创新联动效果不佳，尤其是企业并没有充分开拓与科研机构合作的机会，存在明显的产业与科学研究脱节的情况，这也是造成我国协同创新发展缓慢的根本原因。

三　空间演化特征

通过协同创新总体发展趋势和区域演进特征的分析，可以在时间维度上和区域维度上全面把握我国协同创新发展情况，分别选取 2010 年、2012 年、2015 年和 2017 年进行分析，四个时期我国协同创新空间分布呈现出一定的相似性，以江苏、浙江、福建为代表的东部沿海地区协同创新水平基本处于极高区，区域集中效应明显，并向广东、湖南、湖北等省份扩散。但华东区域并非协同创新唯一的高水平发展地区，东北地区的辽宁，华北地区的山西、河南以及中部地区的湖北和湖南等省份均处于协同创新综合水平极高区或较高区，另外云南、甘肃、重庆和四川等省份也在不同时期出现了协同创新高水平发展情况。综合来看，我国协同创新发展水平呈现多级分布特征，在相对分散的区域都出现了协同创新水平较高省份，而不仅仅局限于经济发展水平较高的东南沿海省份，可以看出党的十八大以后中央倡导的转变增长方式、提高自主创新能力的内涵式发展方针在多省份得到了贯彻落实。从变化趋势来看，不同区域呈现出差异的变化特征。2010 年全国协同创新综合水平达到峰值，出现了华北与华东、华南与西南协同创新空间集聚特征，湖北与湖南虽然未达到协同创新较高水平，但中等发展水平实现了向北连接了华北区域，向南连接了华南与西南区域，形成了我国大片区域协同创新空间集聚发展。相对而言，西北地区、东北地区协同创新发展水平较低。2012 年虽然协同创新整体发展水平降到最低点，但空间分布的基本格局未发生显著改变。2015 年协同创新空间集聚特征发生局部改变，由多级分散格局演化为"华东—华南—华中"协同创新高水平空间集聚，同时四川与贵州协同创新水平提升明显，而北部、西部和西南外围省份协同创新依旧处于极低区或最低区，这种空间格局延续至 2017 年。总体而言，研究期内省级层面协同创新发展水平空间分布特点为以东南沿海与中部腹地所构成的省际圈状区域为协同创新高水平区域，离此中心区域地理位置越远的省份其协同发展水平越低，如内蒙古、新疆、青海等，我国协同创新发展水平呈现由沿海内陆核心区向西部北部边缘地区递减的分布特征。

第五节　科技进步发展水平及时空演变

一　总体变化趋势

科技进步是从人力资本积累、研究与开发、国际技术扩散和产业结构系数四个方面体现。由于四个指标的代理变量在计量单位上有所不同，而且其数量基数差距较大，不具备可比性，故对从业人员平均受教育年限（SP_1）、研发经费支出（SP_2）、利用外资额（SP_3）和第二、第三产业产值占比与高技术产业营业收入占比的算数平均数（SP_4）进行标准化处理，得到历年 30 个省份四项指标数值表现的时间序列，为探究科技进步总体变化趋势，求得历年省域各项指标数值的算术平均数，将其变化以曲线图形式呈现（见图 5－5），同时添加科技进步综合指标均值时间序列以便做出变化趋势的总体判断。

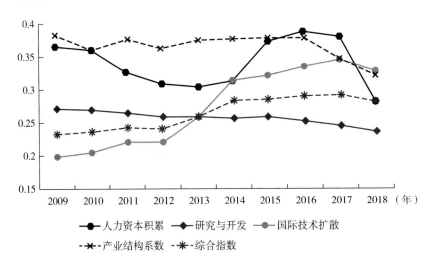

图 5－5　2009—2018 年我国科技进步发展水平分指数时序变化

　　如图 5-5 所示，研究期内我国科技进步发展水平呈现上升趋势，综合指数从 0.2336 上升到 0.2794，2009—2018 年经历了两个趋势拐点，分别是 2012 年和 2014 年，回顾我国科技创新发展历程，为加快推进创新型国家建设，全面落实《国家中长期科学和技术发展规划纲要（2006—2020）》，中央在 2012 年 9 月 23 日出台了"关于深化科技体制改革加快国家创新体系建设的意见"，确定了"深化体制改革、加快国家创新体系建设"的指导思想，改革科技管理体制，为科技创新提供有力保障，因此在随后的 2013 年、2014 年科技水平提速增长，但 2014 年后增长速度再次放缓，并在 2018 年出现科技进步水平小幅下降。虽然全国科技进步整体变动幅度不大，但省域间出现了不同的变化特征。首先，科技进步高水平地区出现了多极化特征。2009 年省域科技进步综合水平测算结果显示，北京、辽宁、江苏、浙江、上海、山东和广东等省份科学技术实力高于全国平均水平，是我国技术研发基础条件与外部环境较为优越的区域。随着党中央科技强国战略的持续推进，我国省域科技进步水平普遍增长，2011 年京津冀城市群、西南地区成渝双城经济圈及以山东为代表的环渤海经济圈科技进步水平开启增长模式，随后几年这些区域科技进步综合指数虽然有所波动，但依旧保持了地区性科技水平领先地位。随着 2017 年、2018 年皖闽赣以及豫鄂湘区域科技实力的显著增长，我国已经形成了华北、华中、华东、华南四大区域科技发展齐头并进的局面，这也是推动全国科技进步综合发展水平提升的主要原因。再者，地区间科技发展水平仍然存在两极分化的问题，北部及东北地区的内蒙古、吉林、黑龙江，以及西北地区的甘肃、青海、宁夏和新疆等省份，科技进步综合指数在研究期内并未出现明显的增长，以 2018 年江苏与青海比较为例，江苏科技进步综合指数是青海的 2161 倍，巨大的差距表明我国科技进步存在较为严重的两极分化问题，也说明在激发欠发达省份提升科技实力的科研资源分配与政策措施落实方面，存在不协调与无效果的问题，最终限制了我国科技进步整体水平的提升。

分解科技进步综合指数可以探析科技进步发展的内部原因。在四个分指数中，唯一呈现持续增长的指数是国际技术扩散，表明国际技术扩散对我国科技进步发展具有明显带动作用，综合指数在2012年加速增长、2014年增速回落的变化特征正与外资利用额的变化特征相吻合。省域间利用外资额比较来看，华北区域的北京、东北区域的辽宁、华东区域的山东及江浙沪、华南区域的广东是吸引外资、利用外资的主要地区，位于国际技术扩散较为活跃的第一梯队。中部及中东部地区在研究期末国际技术扩散显著提升，带动了全国科技进步发展水平增长。人力资本积累在2014—2017年实现了较大幅度的提升，也为此阶段科技进步发展水平提升提供了推动力，但2018年从业人员平均受教育年限出现了明显下降趋势并低于期初水平，也是综合水平下降的主要原因。相对而言，研究期内人力资本整体变动幅度不大，而且区域间差异较小，以北京、天津、上海地区人力资本素质最高，为区域经济发展提供了较为富裕的人才储备；贵州、云南多数年份人力资本排名垫底，体现出地区高素质人才的严重缺乏。其余省域人力资本积累相差不大，其中陕西人力资本积累水平呈现了较为明显的提升。研究与开发投入和产业结构系数的变化趋势基本一致，研究期内变化平稳并均呈现小幅下降趋势。其中研究与开发投入方面，只有北京、江苏、浙江、上海、山东、广东等区域保持了较高的研发经费支出，其余多数省域处于较低水平，是影响科技进步综合指数处于低水平的直接原因；而产业结构调整在四个指数中发展水平最高，说明各省份注重产业结构调整并取得了一定成效，北京、江苏、广东三省份是为数不多的研发经费支出与产业结构升级均保持较高水平的省份，是带动我国科技实力提升的主导力量。其余大部分省份第二、第三产业产值比重均有所提升，特别强化了高技术产业在国民经济中的地位，对科技进步发展水平的提升具有持续的促进作用。

二　区域变化趋势

通过总体趋势的分析，研究期内我国科技进步发展水平呈现增长态势，10年间平均增长率达到19.64%。但各区域科技进步发展特征不尽相同。本节依然延续前述区域划分标准，将我国30个省份划分为七大区域，在计算得到科技进步综合评价结果的基础上，测算历年区域综合指数的算数平均数，以此体现区域科技进步的发展水平。七大区域及全国科技进步发展水平的时序变化曲线如图5－6所示，不同区域科技进步发展水平的高低与时序变化趋势均有所不同。从科技进步发展程度来看，排在首位的是华东地区，其10年间的综合指数均值达到0.4835，比排在第二位的华南地区高出49.64%，主要原因在于华东地区的上海、江苏和浙江三个省份在研发经费支出、产业结构高级化程度方面领先全国，为推动技术研发提供了强势的资金支持与高级化的产业结构匹配，同时三个省份在人力资本积累与国际技术扩散方面也居于全国中上水平，特别是江苏省在利用外资额方面排名全国前列，因此该区域具有推动科技进步的人力资本、产业结构基础，同时具备实施技术研发与创新的雄厚资金，还能够通过宽松的投资环境吸引外资注入，从而充分利用科学技术的外溢性而提升本地区科技创新能力，是我国科技进步发展水平最高的区域。华南地区科技进步综合指数均值达到0.3231，仅次于华东地区。该区域中的广东拥有全国范围内最为活跃的科技创新要素，在研发经费支出、利用外资额和产业结构高级化方面均排在全国前列，人力资源积累能力相对较弱，注重人才的培养和引进是未来需要加强的方面。而该区域内广西、海南两个省份科技进步发展水平较低，除具备一定的人力资本积累外，研发经费支出、利用外资额和产业结构升级方面均需要大力提升。华中、华北和东北三个区域科技进步发展水平相当，基本处在0.2—0.3，对影响全国科技进步发展水平具有较大权重。华中三省份在四项指标方面表现比较均衡，在研究与开发和国际技术扩散方面相对较弱；华北地区的北京、天津区域科技进步能力优于其他地区，河北、山西、内蒙古在研究与开发和国际技术扩散方面明显弱于北京、天津；东北地区的辽宁具备较强的科技进步实力，其利用外资额方面表现出强于部分东部沿海开放型省份，吉林与黑龙江两省因研究与开发和国际技术扩散能力不足而落后于全国大部分省份。科技进步发展水平最低的两个区域是西南与西北，人才储备能力不足、研发投入欠缺、难以引进外资制约了科技进步能力的提升。从时序变化趋势来看，多数区域科技进步发展水平呈增长趋势，华中区域增长幅度达100%，西南与西北地区增长趋势显著，分别为55.29%和28.81%，其发展水平基数小也是增幅较高的原因之一。华东地区不仅实现了高位发展，其增长速度也达到了21.51%。华南与华北地区以7%—8%的速度平稳增长。唯一出现科技进步负增长的区域是东北地区，10年间的下降幅度达到50%，主要原因是辽宁省在2014年后利用外资额呈断崖式下降。

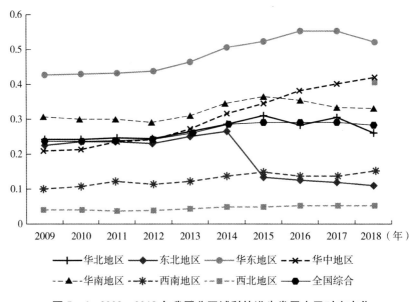

图5-6　2009—2018年我国分区域科技进步发展水平时序变化

三　空间演化特征

基于综合指标测算结果，我国各省科技进步发展的空间布局在2012年呈现多极化分布特征，这一特征与协同创新类似，在全国不同区域出现了多个科技进步发展水平较高的省份，如东部及东南沿海的山东、江苏和浙江，华南地区的广东，东北地区的辽宁和西南地区的四川，2012年中央、国务院及各部委相继出台了推进经济发展方式转变、推动行业创新发展、促进创新体制机制改革的意见与发展方针，因此从全国层面来看，2012年是各省份开启创新式发展之路的起点，科技进步发展水平进入了稳步提升阶段。这种多极化科技进步发展格局在2014年发生了改变，四川省作为西南地区科技发达省份，在2014年其科技进步发展水平出现下降，而与东南沿海省份邻近的河南、安徽等省份科技实力有所提升，在我国中东部地区形成多个科技发达省份区域性聚集的态势。2015年这种态势愈加明显，作为东北地区处于科技进步发展水平极高区唯一的省份——辽宁省，由于其国际技术扩散指数大幅度下降，使科技创新进程出现了倒退，取而代之的是北京、天津，北京的技术创新能力显著提升，使我国技术进步发达区域再次向中东部地区靠拢，到2018年这种空间格局基本形成，华北、华东、华南和中部地区科技进步高水平发展，呈现明显的科学技术空间外溢效应，可以推断我国省域间科技进步发展存在比较明显的空间关联性，科技进步高水平区域将通过溢出效应对周边地区产生促进作用，有利于形成空间维度的科技创新集群式发展模式。相对而言，西北及北部地区科技进步发展水平较低，是应加大科技投入、人才积累、引进外资力度的重点区域。总体而言，我国区域科技进步发展的空间格局特征较为突出，即科技实力由北向南、由西向东递增式聚拢，构成以中东部地区为集聚核心的"由中心向周边辐射"的空间分布结构。

第六节 生态效率水平测算及时空演变

一 生态效率测算方法

1. Super-SBM 模型

DEA 方法被学者广泛应用于评价多个决策单元相对效率的研究，然而这种方法建立在径向度量理论基础上，忽视了松弛投入与松弛产出对效率评价结构的影响，造成了测度误差，导致无法区分弱 DEA 有效与完全 DEA 有效情况。另外，评价结果中往往出现若干个 DEA 有效决策单元，限制了这种方法的应用价值。Tone（2001）对 DEA 模型加以改进，将松弛变量也作为影响效率的因素考虑在计算过程中，从而更加准确地区分了决策单元的相对有效性。其规划思想如下：

$$\min \rho = \frac{1 - \frac{1}{m}\sum_{i=1}^{m} S_i^- / x_{i0}}{1 + \frac{1}{s}\sum_{r=1}^{s} S_r^+ / y_{r0}}$$

$$\text{s. t. } x_0 = \sum_{j=1}^{n} x_{ij}\lambda + s^- \quad (i = 1, 2, \cdots, m) \qquad (5-8)$$

$$y_0 = \sum_{j=1}^{n} y_{rj}\lambda - s^+ \quad (r = 1, 2, \cdots, s)$$

$$\lambda \geq 0, \ s^- \geq 0, \ s^+ \geq 0$$

式中：(x_0, y_0) 为某一决策单元；s^- 和 s^+ 分别为投入过剩和产出不足；m 和 s 分别为投入要素和产出种类；ρ 为效率值。基于该方法的模型成为 SBM 模型，如果决策单元 SBM 有效，则要求 $s^- = 0$ 和 $s^+ = 0$，$\rho = 1$，即最优解中不存在投入过剩与产出不足的情况，从而达到完全 SBM 有效。

当面对评价结果中存在多个效率值为 1 的决策单元时，需要进一步区分和排序，学者提出了超效率（super-efficiency）方法，取消了最高效率水平为 1 的限制，即有效决策单元效率值可以获得大于 1 的测算结果，从而实现对同时达到效率前沿面的决策单元进行排序的目的。超效率的评价方法有两类：一是 AP 超效率模型，由于其是径向测度方法，不能很好地处理要素松弛的问题；二是 SBM 超效率模型，其兼顾了松弛变量问题和放松有效单元效率为 1 的限制，应用较为广泛。超效率 SBM 模型（Super-SBM）的基本思想如下所示。

Tone 等（2001）假设了一个不包含点 (x_0, y_0) 的生产可能集合：

$$P \setminus (x_0, y_0) = \left\{ (\bar{x}, \bar{y}) \left| \bar{x} \geq \sum_{j=1, j \neq 0}^{n} \lambda_j x_j, \bar{y} \leq \sum_{j=1, j \neq 0}^{n} \lambda_j y_j, \bar{y} \geq 0, \lambda \geq 0 \right. \right\}$$

$$(5-9)$$

进而定义 $P \setminus (x_0, y_0)$ 的子集 $\overline{P} \setminus (x_0, y_0) = P \setminus (x_0, y_0) \cap \{\bar{x} \geq x_0 \text{ and } \bar{y} \leq y_0\}$，则点 (x_0, y_0) 与 $(\bar{x}, \bar{y}) \in \overline{P} \setminus (x_0, y_0)$ 的距离可用指数 δ 来表示：

$$\delta = \frac{\dfrac{1}{m} \displaystyle\sum_{i=1}^{m} \bar{x}_i / x_{i0}}{\dfrac{1}{s} \displaystyle\sum_{i=1}^{s} \bar{y}_r / y_{r0}}$$

$$(5-10)$$

式中：分子为 x_0 到 $\bar{x}$（$\geq x_0$）的加权距离；分母为 y_0 到 $\bar{y}$（$\leq y_0$）的加权距离。基于此，定义点 (x_0, y_0) 的超效率 SBM 最优 δ^* 值的规划问题如下：

$$\delta^* = \min \delta = \frac{\dfrac{1}{m} \displaystyle\sum_{i=1}^{m} \bar{x}_i / x_{i0}}{\dfrac{1}{s} \displaystyle\sum_{i=1}^{s} \bar{y}_r / y_{r0}}$$

$$\text{subject to} \quad \bar{x} \geq \sum_{j=1, j \neq 0}^{n} \lambda_j x_j \qquad (5-11)$$

$$\bar{y} \geq \sum_{j=1, j \neq 0}^{n} \lambda_j y_j$$

$$\bar{x} \geq x_0, \ \bar{y} \leq y_0, \ \bar{y} \geq 0, \ \lambda \geq 0$$

超效率 SBM 模型测算 δ^* 无量纲，其效率值大于等于 SBM 效率值，解决了具有完全效率 SBM 决策单元区分排序的问题。

生态效率通常要考虑污染物排放的因素，它属于在经济发展中利用资源所产生的非期望产出，测算生态效率时通常将其作为投入变量处理，为避免不合理性，需对超效率 SBM 方法做出相应改进（易杏花等，2020），包含非期望产出的规划模型如下：

$$\min\rho = \frac{1 + \frac{1}{m}\sum_{i=1}^{m} S_i^- / x_{i0}}{1 - \frac{1}{s_1 + s_2}\left(\sum_{r=1}^{s_1} S_r^+ / y_{r0} + \sum_{t=1}^{s_2} S_t^{b-} / b_{t0}\right)}$$

$$\text{s. t.} \quad \sum_{j=1, j\neq 0}^{n} x_{ij}\lambda_j - S_i^- \leqslant x_{i0} \quad (i = 1, 2, \cdots, m) \quad (5-12)$$

$$\sum_{j=1, j\neq 0}^{n} y_{rj}\lambda_j + S_r^+ \geqslant y_{r0} \quad (r = 1, 2, \cdots, s_1)$$

$$\sum_{j=1, j\neq 0}^{n} b_{tj}\lambda_j - S_t^{b-} \leqslant b_{t0} \quad (t = 1, 2, \cdots, s_2)$$

$$\lambda \geqslant 0, \ S^- \geqslant 0, \ S^+ \geqslant 0$$

2. DEA-Malmquist 全要素生产率指数

应用 Super-SBM 模型虽然能够对截面数据决策单元相对效率进行测算，而面对基于时间序列分析效率水平时序变化的研究目的时，不能输出连续时期内效率水平的有效对比结果。面对分析效率变化的研究主题时可借助生产效率分析技术，较为常用的是全要素生产率（TFP）分析方法。其中 DEA-Malmquist 指数是较为典型的非参数模型，相较于前沿生产函数模型（SFA）具有无须估计前沿生产函数参数的优势，能够有效避免由前沿生产函数设定错误或参数估计结果不准确导致的测算效率水平偏差。

Malmquist 指数是由瑞典经济学家 Sten Malmquist 在 20 世纪 50 年代提出的，最初应用于消费分析，后来应用于测算生产率水平。利用 DEA 技术来求解 Malmquist 生产率变动指数，进而将其分解为技术效率、技术进步变化因素，从而为分析生产效率的变化提供更详尽的依据。

Caves、Christensen 和 Diewert 分别构造了产出角度和投入角度的 DEA-Malmquist 指数，用 (x^s, q^s) 和 (x^t, q^t) 分别表示时期 s 和 t 的投入产出向量，定义产出距离函数 $d_o(x, q) = \min\{\delta: (q/\delta) \in P(x)\}$，$\delta$ 表示 Farrell 定义的产出导向技术效率值，$d_o^s(q_s, x_s)$ 表示以 s 时期的技术为参照的 s 时期投入产出向量的产出距离函数，同理 $d_o^s(q_t, x_t)$ 表示以 s 时期的技术为参照的 t 时期投入产出向量的产出距离函数。在时期 s 的技术条件下，产出导向的 Malmquist 生产率指数表示为

$$m_o^s(q_s, x_s, q_t, x_t) = \frac{d_o^s(q_t, x_t)}{d_o^s(q_s, x_s)} \qquad (5-13)$$

用 T^s、T^t 分别表示 s 时期与 t 时期生产技术下的生产可能集，如果 t 时期发生了技术 $m_o(q_s, x_s, q_t, x_t) = \text{TE} \cdot \text{TP} = \text{PE} \cdot \text{SC} \cdot \text{TP}$ 进步，则有 T^t 包含 T^s，由于 (x^s, q^s) 是 T^s 技术下的生产可能点，则 $d_o^s(q_s, x_s) \leq 1$；而 (x^t, q^t) 是 T^t 技术下的生产可能点，因此在 s 时期技术水平下的 $d_o^s(q_t, x_t) > 1$，进而当 s 时期到 t 时期发生技术进步时，$m_o^s(q_s, x_s, q_t, x_t) > 1$。

同理以 t 时期为技术参照的 Malmquist 生产率指数表示为

$$m_o^t(q_s, x_s, q_t, x_t) = \frac{d_o^t(q_t, x_t)}{d_o^t(q_s, x_s)} \qquad (5-14)$$

由于以 s 时期和 t 时期为技术参照所测算的效率值存在差异，为了避免由时期不同导致的结果偏差，参考 Fare 等的处理方法，取两个生产率指数的几何平均数作为衡量两个时期全要素生产效率变化的 Malmquist 指数，表示为

$$m_o(q_s, x_s, q_t, x_t) = \left[\frac{d_o^s(q_t, x_t)}{d_o^s(q_s, x_s)} \cdot \frac{d_o^t(q_t, x_t)}{d_o^t(q_s, x_s)}\right]^{1/2}$$

$$(5-15)$$

依据数学性质可对式（5-15）进行变化，可将其分解为规模报酬不变且要素自由处置条件下的技术进步指数 TP 和技术效率指

数 TE，其中技术效率指数又可分解为纯技术效率指数 PTE 和规模效率指数 SE，即 Malmquist 全要素生产率指数可写成技术进步指数、纯技术效率指数和规模效率指数三者的乘积。

$$m_o(q_s, x_s, q_t, x_t) = \text{TE} \cdot \text{TP} = \text{PTE} \cdot \text{SE} \cdot \text{TP} \qquad (5-16)$$

式中，某一指数大于 1，表明其对全要素生产率的提升具有促进作用，反之则是导致生产效率降低的原因。

3. 基于 Super-SBM 的 Malmquist 生产率指数

将前文的非径向、非角度的 SBM 超效率模型（Super-SBM）与 DEA-Malmquist 全要素生产率指数方法相结合，可以用来测算目标决策单元的技术效率变化、技术进步以及全要素生产率。具体操作步骤是：首先应用 Super-SBM 模型求解 $d_o^s(q_s, x_s)$、$d_o^s(q_t, x_t)$、$d_o^t(q_s, x_s)$、$d_o^t(q_t, x_t)$ 四个距离函数；其次依据式（5-15）测算 Malmquist 全要素生产率；最后应用式（5-16）对 Malmquist 生产率进行分解，得到技术效率指数、技术进步指数。

二　Super-SBM 模型下生态效率实证分析

1. 总体变化趋势

运用 SuperSBM-NonOriented 模型，测算出规模报酬可变情况下我国 30 个省份 2009—2018 年生态效率值，测算结果见表 5-6（由于篇幅所限，未列出研究期内全部年份测算结果）。

表 5-6　　2009—2018 年（部分年份）我国 30 个省份生态效率测算结果

省域	2009 年	2011 年	2012 年	2014 年	2016 年	2018 年	10 年均值
北京	1.406	1.374	1.318	1.378	1.585	1.788	1.464
天津	1.192	1.256	1.317	1.297	1.142	1.089	1.221
河北	0.104	0.110	0.098	0.097	0.090	0.086	0.097
山西	0.163	0.172	0.145	0.129	0.137	0.196	0.159

续表

省域	2009 年	2011 年	2012 年	2014 年	2016 年	2018 年	10 年均值
内蒙古	0.287	0.292	0.274	0.259	0.268	0.237	0.267
辽宁	0.162	0.181	0.171	0.182	0.183	0.179	0.179
吉林	0.217	0.243	0.236	0.246	0.232	0.207	0.231
黑龙江	0.150	0.163	0.148	0.151	0.135	0.132	0.146
上海	1.031	1.032	1.027	1.041	1.065	1.016	1.043
江苏	0.170	0.185	0.179	0.179	0.174	0.175	0.178
浙江	0.235	0.252	0.235	0.227	0.213	0.201	0.228
安徽	0.092	0.109	0.104	0.104	0.101	0.100	0.102
福建	0.269	0.276	0.260	0.264	0.253	0.243	0.261
江西	0.146	0.167	0.158	0.155	0.139	0.130	0.149
山东	0.114	0.116	0.112	0.115	0.105	0.098	0.111
河南	0.084	0.090	0.086	0.088	0.085	0.085	0.087
湖北	0.125	0.136	0.135	0.146	0.144	0.139	0.139
湖南	0.125	0.130	0.128	0.138	0.132	0.126	0.131
广东	0.164	0.163	0.154	0.150	0.142	0.132	0.151
广西	0.134	0.151	0.139	0.143	0.137	0.112	0.137
海南	1.962	2.325	2.217	1.947	1.930	1.826	2.015
重庆	0.224	0.259	0.262	0.276	0.287	0.255	0.263
四川	0.085	0.099	0.098	0.098	0.092	0.091	0.095
贵州	0.161	0.156	0.141	0.147	0.178	0.165	0.158
云南	0.123	0.128	0.119	0.129	0.121	0.113	0.124
陕西	0.186	0.215	0.201	0.209	0.211	0.211	0.204
甘肃	0.192	0.190	0.178	0.175	0.166	0.192	0.182
青海	1.279	1.274	1.326	1.299	1.291	1.304	1.302
宁夏	0.652	1.064	1.065	1.055	1.062	1.087	1.018
新疆	0.232	0.232	0.207	0.195	0.178	0.179	0.202
均值	0.382	0.418	0.408	0.401	0.399	0.396	0.401

注：表中数据由 DEASolver 软件测算后笔者整理所得。

　　由表 5 - 6 实证结果可以看出，我国 30 个省份生态效率 2009—2018 年平均水平为 0.401，即在生态环境约束下，实际经济产出仅为潜在经济产出的40.1%，说明我国生态效率总体上偏低，也意味着在现有生产要素、资源环境投入情况下，经济产出存在较大的提升空间。从整体上看，我国生态效率较高的地区为北京、天津、上海、海南、青海和宁夏等省份，研究期内生态效率平均水平均高于1。生态效率低的地区为四川、河南、河北三省，生态效率平均水平都在0.1以下。一方面，从冗余变量输出结果来看，生态效率较高地区在多项资源投入与环境非期望产出上冗余值较小甚至为0，例如京津地区全社会用水量、建成区面积、全社会固定资产投资松弛量较小，上海在全社会从业人员以及"三废"排放冗余量上趋近为0，表明这些地区在调整产业结构、实现经济社会绿色环保可持续发展方面取得了良好的效果；另一方面，青海、宁夏等西部省份生态效率较高的原因在于经济活动并未得到深入开展，对生产资源需求规模不大，因此在全社会用水量、全社会固定资产投资方面的冗余量较低。同时落后的经济发展水平客观上减少了工业废水、CO_2、工业固体废物等非期望产出的规模，两个方面因素导致了生态效率相对水平较高。另外，造成四川、河南、河北生态效率较低的原因，一定程度反映在要素资源以及环境影响的松弛量上。相对于其他地区，此三省在全社会固定资产投资、全社会从业人员、工业废水排放量、工业固体废物产生量上的冗余量偏大，而且经济产出冗余也反映出人均GDP与其他DMU相比有更大的提升空间。由此可见，依靠资源投入、经济与环境耦合度低的粗放型发展方式是导致生态效率低的主要原因。

从时序变化趋势来看，研究期内生态效率历年均值显现出先增后降，而后平稳发展并小幅提升的变化特征。其中生态效率最高的年份是2011年，效率值为0.418，此后进入逐年下降阶段，截至2018年全国30个省份生态效率平均水平下降到0.396。总体来看，研究期内我国生态效率总体呈现小幅上升趋势，从2009年0.382增长到2018年的0.396，增幅仅为3.7%。说明10年间多数省份在推进经济增长与生态环境和谐发展过程中采取的相关举措收效甚微。从各地区动态变化可以找到生态效率阶段性发展趋势演进的内在原因。2009—2011 年，我国大部分省份生态效率出现了短期的小幅增长态势，尤其以江苏、浙江、海南、陕西、宁夏等省份的增长幅度最明显，进入 21 世纪，党中央提出建设生态文明的战略部署，并纳入中国特色社会主义事业"五位一体"总体布局，标志着我国生态文明建设、环境保护工作进入新的发展阶段。2007 年党的十七大报告将建设生态文明确定为全面建设小康社会的重要目标，由此引发全国各省份纷纷将提升生产要素投资效率、降低环境污染作为地方经济发展重点内容，一定程度上推进了生态文明建设步伐。但这种增长的短期性被随后的 2012—2015 年变化趋势所印证，此阶段我国生态效率平均水平持续下降，虽然北京、上海、广东等省份延续了生态效率不断改善的良好势头，但小幅增长无法对冲大部分省份效率值下降的颓势。由此可见，在研究期内，我国生态文明建设尚未从根本上解决经济发展与生态环境和谐发展问题，只是通过一些局部的、技术层面的调整策略改善了生态效率，而对于重构生态经济体系、创新循环经济发展模式、推行产业间可持续性协同发展机制等战略层面的实施效果并未显现。

2. 区域变化趋势

我国区域生态效率平均水平存在明显的差异性，从各省份年均生态效率水平来看（见表 5-6 最后一列），最大值为海南省的 2.015，最小值为河南省的 0.087，效率值整体跨度较大，极差达到 1.928，说明 30 个省份之间生态效率离散度较高，存在明显的差异性。其中，北京、天津、上海、青海和宁夏五个省份年均生态效率大于 1，表明其实际经济产出高于潜在经济产出，处于效率前沿面上。五个省份历年效率值均没有出现大幅度上升或下降的变化，具有较高的稳定性。另外，河北、河南和四川三个省份年均生态效率均处在 0.1 以下，表明在同等的资源与生产要素投入下，经济产出与潜在产出能力存在较大差距，是应该改善生态经济发展策略的重点省域。除此以外，其余22个省份生态效率均值都处于0.1—0.3，表明在研究期内我国73%的省级行政区生态效率都处于较低水平，引导清洁化、集约化产业发展方向，以先进科学技术赋能经济与环境绩效同步提升的发展策略并未在全国范围内取得明显成效。

依据我国行政区域划分原则，将30个省份划分为七大区域，计算区域内所包含省域的生态效率平均水平作为该区域生态化发展水平的代表，从而有利于对区域生态效率进行比较分析，具体生态效率见表5-7。

表5-7　　2009—2018年（部分年份）我国七大区域生态效率

区域	2009 年	2011 年	2013 年	2015 年	2017 年	2018 年	均值
华北地区	0.630	0.641	0.627	0.635	0.663	0.679	0.642
东北地区	0.176	0.195	0.191	0.186	0.182	0.173	0.185
华东地区	0.294	0.305	0.295	0.294	0.293	0.280	0.296
华中地区	0.111	0.119	0.121	0.121	0.120	0.117	0.119
华南地区	0.753	0.880	0.796	0.707	0.694	0.690	0.768
西南地区	0.148	0.160	0.159	0.160	0.169	0.156	0.160
西北地区	0.508	0.595	0.584	0.590	0.590	0.595	0.582

注：表中数据由 DEASolver 软件测算后笔者整理所得。

从表5-7可以看出，华北地区、华南地区和西北地区生态效率水平排名前三位，而且效率值均超过0.5，表明三个区域生态经济发展处于相对较高水平。其中华南地区由于海南的生态效率持续处于全国最高水平，从而对区域生态效率水平起到了明显的拉动作用。主要原因在于海南的主导产业是旅游业，在生态文明建设、环境保护方面采取了多项举措，率先开展多个前沿领域的立法实践，取消部分市县 GDP 考核，率先推进生态文明制度集成创新，系统谋划实施"禁塑"、热带雨林国家公园、新能源汽车推广、装配式建筑应用等标志性工程，能源生产消费结构更加绿色低碳，"十三五"时期环境空气质量方面各项指标显著改善，各项污染物均有显著下降，创历史最好水平，引领海南整体生态文明处于全国领先水平。"十四五"时期海南将建设生态环境质量世界一流的自由贸易港作为新的战略定位，努力实现生态环境质量和资源利用率居世界领先水平的发展目标。而广东、广西生态效率水平均处于中等偏低位置，并呈现总体下降趋势，由此可见，地理位置邻近的三个省份的生态效率发展态势并没有呈现一致变化的特征。广东作为经济发达地区，对于资源环境的依赖性更强，而且相对高效的经济增长方式短期内难以改变，导致区域经济发展对能源和环境的"透支"使用。"两广"应加快经济转型速度，构建生态经济发展体系，处理好生态资源与生产要素优化配置问题，从根源上清除阻碍生态效率提升的障碍。

华北地区生态效率平均水平在研究期内一直位于第二，而且整体呈现明显的逐年上升态势，主要原因在于受到北京与天津生态效率的极值拉动影响，其中北京生态效率逐年显著增长，天津等其余四地生态效率小幅下降。在国家社科基金项目"新区域协调发展与政策研究"的研究成果中，首次披露了各省份生态文明发展状况，北京由于人均GDP高居全国第二位，并且生态足迹排名不高而成为生态文明水平最高的省份，经济发展是最资源节约和环境友好的。相对于效率值较高的天津，内蒙古、山西和河北生态效率较低的主要原因是受资源投入与能源消耗冲击较大，使生态足迹大于生态承载力，反映出该区域生态面临巨大压力。

西北地区生态效率平均水平排名第三，生态资源利用率较高的省份是青海与宁夏，可能的解释是西部某些省域生态环境还处于未经大面积开发的经济发展初始阶段，相对落后的经济发展水平并未引发对环境的过度消耗，结合生态效率衡量的是相对水平，较低的资源投入量与较低的经济产出水平同样可以得到较高的生态效率值。因此，要在提升经济产出绝对量的情况下追求资源的有效利用才是可持续发展理念所倡导的发展方向，是该地区未来完善生态文明建设的重点。陕西、甘肃与新疆生态效率水平较低，从投入松弛量的对比中可以看出，这三个地区在全社会固定资产投资、全社会从业人数、工业固体废物排放量指标上冗余量较大，结合经济发展处于中低水平梯队，具有典型的粗放型发展特征。调整经济结构，最大限度摆脱对资源、环境消耗的依赖是西北地区推进经济发展转型、提升生态文明层次的指导方针。

华东、华中、东北和西南地区生态效率均有提升的空间，其中上海在区域乃至全国生态效率排名中均在前列，不仅在资源利用率方面处于较高水平，其污染物排放导致自然环境遭受破坏的程度也较低。浙江与江苏经济和技术水平发达，资源效率较高，但生态效率平均水平处于全国中下游，由此可见，地方GDP高并不意味着生态文明程度就一定好。一定经济产出所导致的生态冲击越低，生态效率越高。江苏与浙江经济高速发展是以资源高投入、污染物高排放为代价，导致了生态效率较低。这再次说明我国经济发达地区对于资源环境具有较强的依赖性，长此以往对环境的压力将超出地方生态负荷能力，从而引发资源环境制约经济发展的恶性循环。东北地区、华中地区与西南地区属于第三梯队，东北三省生态效率差异不大，作为国家的老工业基地，高能耗、高投入的粗放型经济发展方式短时间难以完全转变，提升环境质量，同时追求更高的资源投入产出比是未来的发展方向。华中地区和西南地区生态效率排名最后两位，主要是受区域中河南、四川生态效率在0.1以下所累。中部地区经济发展还是以传统产业为主导，表现出高污染、高排放的现状；另外，可能的原因是，东部地区在产业转移过程中将部分高能耗、高污染产业转移至中部地区，加大了中部地区经济环境治理的难度。区域内大部分省份生态效率均值没有明显差异，基本处于0.1—0.3，另外在研究期内未出现较大幅度的波动。中国省域生态文明水平报告指出，大部分西部省份在环境质量方面表现突出，但由于生态效率较低，单位 GDP 消耗的资源较多，影响了整体生态文明水平。另外，对于河南、湖北、湖南等环境质量制约型省份，应从产业结构调整入手来提升环境质量。

3. 空间演化特征

研究期内全国各省份生态效率的空间分布相对分散，地理位置靠近的局部区域省份的生态效率相似度较高，具有明显的空间关联性。依据指标数值大小可将我国 30 个省份粗略分为生态效率四大空间集群，即东部沿海最高区、西北及北部次高区、华北华南中级区、西南边缘最低区。另外，京津地区生态效率在研究期内稳定处于最高区，与周边相邻省份生态效率较低形成鲜明对比。

具体而言，东部沿海江苏、浙江及福建三省虽然处于生态效率最高区，但其效率值距离区域内的上海有较大差距，主要原因在于三省在工业废水、CO_2、工业固体废物排放量上显著高于上海，虽然在经济产出方面领先全国，但对生态环境过度的消耗造成了其生态效率偏低，属于环境质量制约型省份。西北及北部区域也存在污染物排放多、经济产出相对偏低的问题，以东北三省为例，过度资源投入导致环境污染加重，同时人均 GDP 也仅仅保持在中下游水平，因此我国北部区域多数为生态效率制约型省份。华北与华南连同中部腹地的广泛区域，生态效率基本处于同一水平，其中广东、山东、湖北属于"高投入、高产出、高排放"的代表，虽然经济增长显著，但付出了较为严重的环境质量代价，"节能减排"约束下保持经济稳定增长是其未来需要解决的重点问题，其余省份生态效率低的主要原因在于经济产出效率处于较低水平，保持在现有资源与环境投入下改善产业结构、提升产业价值创造能力将有助于生态效率的提升。西南边缘地区只有重庆生态效率处于较高水平，四川、贵州、云南均由于经济产出乏力限制了生态效率提升。总体而言，我国 30 个省份生态效率总体空间格局可总结为"北部高于南部、东部强于西部"。

4. 区域差异测度

根据生态效率空间演化特征结论分析，发现中国省域生态效率存在较为明显的区域差异性，为了便于讨论，将各省域按照经济带划分为东部沿海地区、中部内陆地区和西部边缘地区，东部沿海地区包括北京、天津、河北、辽宁、上海、江苏、浙江、福建、山东、广东和海南 11 个省份；中部内陆地区包括山西、吉林、黑龙江、安徽、江西、河南、湖北、湖南 8 个省份；西部边缘地区包括重庆、四川、贵州、云南、陕西、甘肃、宁夏、青海、新疆、广西、内蒙古 11 个省份。分析中国三大经济带生态效率差异性特征以及演化规律有助于为低生态效率区提供区域经济与环境协调发展的思路参考，也便于宏观层面区域协调政策的制定。为此，选取变异系数法测度中国三大经济带内部与三大经济带之间生态效率的差异情况和差异演化规律。

变异系数是通过样本数据标准差除以样本均值计算得到的，可理解为同一个标准单位的平均数所对应的标准误差，或者该样本标准误差是自身样本平均数的倍数。当多组数据的测量尺度相差太大或者数据量纲不同时，可用变异系数来比较多组数据离散程度大小。具体到我国省域生态效率数值，某年度全国变异系数越高，说明该年全国省域生态效率差异越大。基于变异系数原理分别计算我国东部、中部、西部三大经济带内部以及东中部、东西部、中西部区域间省域生态效率历年变异系数，结果如表 5-8 所示。由此可以得出以下结论：第一，全国层面生态效率变异系数略大于三大经济带以及东西部、中西部区域变异系数，说明 30 个省份生态效率相对于子区域具有较大差异性，在 2009—2018 年这种差异性略有增大趋势。第二，从中国三大经济带来看，东部地区与西部地区生态效率差异程度较为相似，但变异系数均大于中部地区，主要原因在于，东部地区和西部地区分别涵盖了我国生态效率极高值的省份，而区域内其他省份与生态文明发达省份存在巨大差距，导致这两个地区生态效率变异系数较高。另外，中部地区变异系数最小，结合生态效率测算结果，区域内省份呈现低水平集聚特征，表现为较小的差异性。从时序变化趋势来看，东部地区、西部地区生态效率差异性略有上升，中部地区基本趋稳。第三，从中国三大经济带之间的比较来看，东部地区和中部地区生态效率差异高于全国水平，而且呈现略微增大的趋势；中部地区和西部地区变异系数虽然低于全国水平，但生态效率差异性呈现明显增大的趋势，东中差异是导致全国生态效率差异性的主要力量，中西差异推动了全国生态效率差异性递增式演进。

表 5 – 8　　　　　　2009—2018 年我国区域生态效率差异演化

区域	2009 年	2010 年	2011 年	2012 年	2013 年	2014 年	2015 年	2016 年	2017 年	2018 年
全国	1.26	1.25	1.28	1.29	1.27	1.24	1.25	1.26	1.26	1.29
东部地区	1.06	1.08	1.11	1.11	1.09	1.06	1.05	1.08	1.07	1.10
中部地区	0.31	0.29	0.31	0.31	0.34	0.33	0.31	0.31	0.33	0.30
西部地区	1.09	1.08	1.09	1.15	1.14	1.13	1.17	1.13	1.16	1.17
东中部区域	1.32	1.33	1.36	1.36	1.34	1.30	1.30	1.34	1.32	1.36
东西部区域	1.14	1.13	1.16	1.17	1.15	1.12	1.12	1.14	1.14	1.17
中西部区域	1.14	1.15	1.16	1.23	1.21	1.21	1.25	1.22	1.23	1.25

注：通过 Stata 17.0 软件测算，结果保留小数点后两位。

三　SBM-Malmquist 生产率指数测算及实证分析

1. 全国时序变化总体趋势

依据上文模型，采用基于非径向、非角度 SBM 超效率模型和 Malmquist 生产率指数方法，测算 2009—2018 年我国生态经济 TFP 情况，通过将其分解为纯技术效率指数（PTE）、规模效率指数（SE）和技术进步指数（TP），从内部构成因素来探讨我国生态效率变动的规律。

表 5 – 9 　　 2009—2018 年我国生态经济 TFP 变化率及其组成

时间	TFP	TE	PTE	SE	TP
2010/2009	1.08479	1.08100	1.01982	1.05999	1.02053
2011/2010	1.13065	1.04837	1.03358	1.01431	1.09201
2012/2011	1.05979	0.93310	1.00096	0.93220	1.13620
2013/2012	1.02911	1.00363	1.00337	1.00025	1.02840
2014/2013	1.05085	1.03630	0.99710	1.03931	1.02388
2015/2014	1.02099	1.01551	1.01332	1.00217	1.00809
2016/2015	1.09878	0.99674	0.99398	1.00277	1.10481
2017/2016	1.10099	1.00758	1.00752	1.00006	1.09589
2018/2017	1.07928	0.96902	1.00160	0.96747	1.11453
均值	1.07280	1.01014	1.00792	1.00206	1.06937

　　注：利用 MAXDEA 测算历年 30 个省份 TFP、TE、PTE、SE、TP 结果后，计算各省均值得到表中数据。

　　由表 5 – 9 可以看出，研究期内我国 30 个省份生态经济 TFP 平均变化大于 1，年均增长 7.28%，从分解指标上看，综合技术效率年均增长仅为 1.01%，而技术进步年平均增长 6.937%，纯技术效率年均上升 0.792%，规模效率年均增长 0.21%。由此可见，全要素生产率增长的主要动因在于技术进步的变化，技术效率的促进作用比较有限。另外，由于技术效率没有出现明显的提升，导致纯技术效率与规模效率的增长率都不足 1%。纯技术效率衡量的是决策单元投入转化为产出的能力，在现有投入下的产出能力越高，纯技术效率值越大。研究期内我国纯技术效率年均增长 0.792%，说明在选用现有投入指标的情况下，各省域的经济产出能力增长乏力，投入指标不仅包括生产要素投入类，还增加了反映生态环境的自然资源使用与能源消耗等变量，在兼顾扩大产出与资源节约两方面约束下的生产经营决策具有更大挑战性，如果生产要素投入增长却导致了生态资源消耗加剧，则预期的产出增长效果将在一定程度上会被抵消，限制了纯技术效率的提高。规模效率方面，研究期内我国省域 SE 平均增长了 0.206%，说明该阶段我国的生态经济发展水平还处在初级阶段。规模效率的提升的本质是要通过经济系统规模化、集约化发展来提高资源利用效率、减少无效的投入与消耗。社会基础设施布局合理、开放共享，从业人员行业互通、流动性增强，生产制造由自主分散型转变为规模集中型，实现在能源消耗、用水量、土地使用等方面效率的提升。从目前情况来看，我国生态经济系统并没有充分发挥规模因素对生态经济增长的促进作用，整合社会资源、合理规划产业布局，是实现节约资源、提高生态经济规模效率的应选策略。

如图 5-7 所示，总体而言，TFP 指数呈现正弦波动趋势，没有出现大幅涨落，最高年份在 2010—2011 年，平均达到 1.13，最低年份出现在 2014—2015 年，均值为 1.02。研究期内全要素生产率均呈现增长态势，全国均值基本稳定在 1.07 水平，表明全要素生产率在以年均 7% 增幅发展。通过对图中三条曲线变化趋势比较分析发现，技术进步是全要素生产率变动的主要驱动力，2009—2015 年 TFP 呈现逐年下降的趋势，同期技术进步的增长率也不断下降，2011—2013 年 TFP 增长率比 TP 增长率下降速度更快的原因在于同期技术效率大幅下降，甚至在 2012 年出现了负增长的情况，可见这一时期 TFP 受到 TE 与 TP 双重"减速"作用而出现了 2% 的增速低谷，但随后年份的 TE 增速提升以及 TP 降速减缓，遏制了 TFP 下降势头并保持正向增长。2015—2018 年技术水平呈现显著上升趋势，但综合技术效率则出现了逐年递减的情况，由于技术进步对 TFP 的带动作用大于综合技术效率恶化的遏制作用，这一时期全要素生产率指数呈现出与技术进步的同步增长趋势。综上，研究期内技术进步是生态经济全要素生产率提升的主导因素。

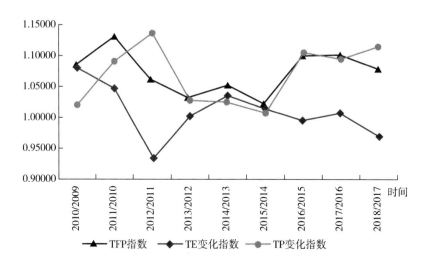

图 5 - 7　2009—2018 年我国生态经济 TFP、TE、TP 变化率演变趋势

　　针对综合技术效率增长乏力的现状，应从提升纯技术效率与规模效率两个方面着手加以改善。生态全要素生产率具有经济性与生态性双重内涵，注重自然资源利用效率的提升对于改善综合技术效率具有关键作用。坚持重点能耗部门节能优先方针，推动 5G、大数据中心、智能产业平台等新兴领域能效提升；建立水资源刚性约束制度；强化工业节水减排和城镇节水降损；加强土地节约集约利用；完善土地复合利用、立体开发支持政策；推动单位 GDP 建设用地使用面积稳步下降。此外，构建规模化资源循环利用体系，全面推行循环经济理念，推进产业园区循环化改造，补齐和延伸产业链，实现全产业链的废物循环利用和污染物集中处置，通过建立线上线下融合的"逆向回收"模式以扩大资源回收体系业务规模。

　　2. 区域变化趋势

　　依据七大区域划分标准，分别计算 2009—2018 年各区域省份 TFP、TE、TP 均值，以此考察我国区域维度的生态效率特征及演变趋势。计算结果如表 5 - 10 至表 5 - 12 所示。

表 5 - 10   2009—2018 年我国分区域生态经济 TFP 变化率

区域	2010/2009	2011/2010	2012/2011	2013/2012	2014/2013	2015/2014	2016/2015	2017/2016	2018/2017
华北地区	1.084	1.166	1.171	1.009	1.012	1.025	1.038	1.148	1.052
东北地区	1.086	1.188	1.041	1.050	1.060	1.023	1.018	1.042	1.068
华东地区	1.103	1.142	1.059	1.046	1.072	1.047	1.143	1.140	1.051
华中地区	1.109	1.136	1.057	1.072	1.068	1.034	1.091	1.073	1.072
华南地区	1.066	0.944	1.041	1.013	1.061	1.016	1.310	1.021	1.029
西南地区	1.089	1.133	1.067	1.041	1.053	1.028	1.062	1.073	1.044
西北地区	1.053	1.152	0.969	0.987	1.036	0.970	1.053	1.121	1.215

注：利用 MAXDEA 测算历年 30 个省份 TFP 结果后，按照区域划分计算各省均值得到表中数据。

表 5 - 11   2009—2018 年我国分区域生态经济 TE 变化率

区域	2010/2009	2011/2010	2012/2011	2013/2012	2014/2013	2015/2014	2016/2015	2017/2016	2018/2017
华北地区	1.026	1.011	0.933	0.973	0.994	1.023	1.003	1.045	0.983
东北地区	1.065	1.057	0.903	1.025	1.068	1.030	0.936	0.978	0.958
华东地区	1.079	1.016	0.941	0.995	1.019	0.999	0.987	1.003	0.955
华中地区	1.082	1.011	0.925	1.042	1.056	1.011	0.987	0.991	0.965
华南地区	1.092	1.006	0.947	1.003	1.064	1.020	1.007	0.983	0.954
西南地区	1.072	1.022	0.935	1.030	1.059	1.052	1.019	1.000	0.944
西北地区	1.130	1.182	0.935	0.983	1.019	0.991	1.017	1.017	1.013

注：利用 MAXDEA 测算历年 30 个省份 TE 结果后，按照区域划分计算各省均值得到表中数据。

表 5 - 12   2009—2018 年我国分区域生态经济 TP 变化率

区域	2010/2009	2011/2010	2012/2011	2013/2012	2014/2013	2015/2014	2016/2015	2017/2016	2018/2017
华北地区	1.057	1.154	1.247	1.038	1.018	1.003	1.035	1.096	1.071
东北地区	1.019	1.124	1.153	1.024	0.993	0.994	1.089	1.066	1.116
华东地区	1.023	1.126	1.126	1.052	1.053	1.049	1.158	1.137	1.101

续表

区域	2010/ 2009	2011/ 2010	2012/ 2011	2013/ 2012	2014/ 2013	2015/ 2014	2016/ 2015	2017/ 2016	2018/ 2017
华中地区	1.024	1.124	1.143	1.029	1.012	1.024	1.105	1.082	1.112
华南地区	0.997	0.953	1.102	1.026	1.058	1.006	1.306	1.060	1.086
西南地区	1.015	1.108	1.141	1.011	0.995	0.978	1.044	1.073	1.107
西北地区	0.998	1.015	1.042	1.004	1.017	0.981	1.037	1.105	1.202

注：利用 MAXDEA 测算历年 30 个省份 TP 结果，后按照区域划分计算各省均值得到表中数据。

在研究期内各区域生态经济 TFP 平均增长率均大于 1，效率值从高到低排序依次是华东、华中、华北、西南、东北、西北和华南。由此可见，生态效率在我国东部沿海及内陆腹地增速较快，而在西部及北部边缘地带增速略低，其中华南地区由于所包含的海南省全要素生产率多年出现负增长，而拉低了整个区域的 TFP 增速。通过七个区域 TFP 增速的横向比较，发现增长率差异不大，表明地域间生态经济增速趋稳。具体到省域间差异，华东区域的安徽、江苏、浙江、上海，华南区域的广东，华北区域的北京，西南区域的四川、重庆以及西北区域的陕西在研究期内 TFP 增速相对较高，北京 2010 年生态经济全要素生产率增长 1.95%，随后逐年提升并在 2017 年达到 33% 峰值；上海也呈现类似的变化特征，在 2016 年增长率达到 45% 后出现小幅度下降。指标分解后数据显示，技术进步是推动全要素效率加速增长的主要力量，而纯技术效率的微势增长以及规模效率的负增长反作用于技术进步效应，阻碍了生态效率加速提升。利用先进 IT 技术推进经济数字化转型、进一步优化生产要素空间布局以完善经济集约化发展模式是提升规模效率的有效手段。广东、江苏、浙江三省全要素生产率的增长速度在研究期内逐渐放缓，到 2018 年增速均跌落至 10% 以下，但技术进步的增速均超过 10%，科技创新与技术产业化对生态效率的正向促进作用较为显著，但纯技术效率在多数年份出现了负增长情况，表明经济系统合理利用与分配现有资源的能力出现了倒退，另外浙江规模效率也呈现明显的退步，表明在追求经济社会技术水平推动的产能绩效提升的同时，也应该注重发挥信息技术、大数据技术、云计算技术的管理效能，推动企业内部、跨产业部门乃至产业供应链资源共享、协调与统筹分配的运营模式创新性升级，从内生性与外生性两个维度共同提升地方生态文明发展水平。陕西、四川、重庆三省市生态经济 TFP 增速也呈现出较为明显的下降趋势，与经济发达地区略有不同的是，该三省份技术进步增速缓慢而且不稳定，个别时期出现了技术倒退的情况，因此应加大地区研发经费投入与人才引进力度，通过承接经济发达省份产业转移或构建基于国家级技术创新项目跨省份联合攻关的模式，迅速提升科技研发实力，落实高技术产业主导的经济结构升级策略，构建有利于生态经济发展的坚实经济社会基础。

从时序变化趋势来看，大部分区域增速均处于下降走势，其中东北、华中、西南、华东四个区域变化轨迹基本相同，华南地区波动振幅最大，2016 年比上年增长速度达到了 31% 的峰值，但在随后的两年又回到平均水平并比期初略有下降。西北地区是七个区域中唯一的生态效率增长的区域，虽然在 2011 年、2012 年 TFP 出现了负增长，但随后年份变化率逐年增长，研究期末 2018 年比 2017 年平均提升了 21.5%。总体而言，研究期内我国生态经济全要素生产率增速缓慢并小幅下降，发展趋势处于平稳状态。将 TFP 分解为 TE 与 TP 可以从综合技术效率和技术进步两个方面分析全要素生产率变化的原因。从表 5－11 可以看出，七大区域的综合技术效率变化率在研究期内都出现了不同程度的下降，另外在若干时点上大部分省份出现了综合技术效率增长率为负的情况，表明我国在资源投入、能源消耗等方面的集约化发展水平在下降，依靠产业布局、行业协同等措施以转变经济增长方式的效果欠佳。相对而言，大部分区域在研究期内均呈现了技术进步变化率提升的趋势，其中西北地区提升效果最为显著，其他地区 TP 增速差异不大，2018 年收尾于 7%—11%。综上分析，我国区域生态经济全要素生产率得益于技术水平的提升而实现了正向增长，但技术效率退步抵消了技术进步的正向促进作用，是 TFP 增速下降的主要原因。

第六章　中国产业变迁、协同创新、科技进步、生态效率耦合关系分析

系统间通过内部序参量之间相互作用、彼此影响而达到协调有序的发展状态，即形成相对稳定的耦合关系。耦合过程是生产要素在系统内部重新分配、系统外部优化重组的过程，在此过程中子系统之间的作用方式和互动关系经历着"破旧立新"的循环往复动态调整，最终达到协调状态。耦合度可以用来量化反映子系统间协调发展水平，以便进一步探究系统内部序参量协同作用的有效性。由此，借助耦合度指标原理将产业变迁、协同创新、科技进步、生态效率系统经耦合产生的相互影响的程度定义为"四元系统耦合度"，以此来对"四元系统"耦合发展程度进行量化分析。本章围绕我国产业变迁、协同创新、科技进步与生态效率耦合关系的主题，首先利用单位根检验及协整检验来分析"四元系统"是否存在长期稳定的均衡关系，其次构建耦合模型对我国29个省份2009—2018年产业变迁、协同创新、科技进步、生态效率耦合度进行实证分析，最后利用收敛性检验分析了不同区域间耦合度的趋同性，为提升我国区域"四元系统耦合度"提供数据支持与实证参考。

第一节　面板数据平稳性及协整检验

一　单位根检验

从历史上看，平稳过程的概念在时间序列分析中一直占有重要

地位。对于经济系统而言，推测未来可能出现的状况是建立经济计量模型的主要目的。而基于随机变量的历史和现状来推测未来趋势是时间序列预测的主要方面。这就要求随机变量的基本特征在未来一个时期内维持不变，否则会导致预测结果的严重偏误。通常情况下，用样本时间序列的均值、方差和协方差来刻画样本时间序列的特征，随机变量基本性态是否能够延续到未来时期可以通过这些统计参数来验证。如果这些参数值在未来仍能保持不变，则时间序列具有平稳性。相反，如果样本时间序列特征只发生在当期，这种独特性不能延续到未来，则认为时间序列是非平稳的。可见，满足时间序列平稳性的基本假定是进行预测的前提。

时间序列平稳性的定义可表述为：如果一组时间序列数据在 t 时期与 $t+k$ 时期之间的协方差与时期 t 无关，只受到两个时期距离 k 的影响，则这个时间序列是平稳的。由于宏观经济变量普遍存在非平稳特性，经济时间序列的平稳性检验和平稳化，以及非平稳时间序列的协整分析已成为非经典计量经济学的重要组成部分。其中，协整分析可以检验非平稳时间序列的线性组合是否具备长期、稳定的均衡关系。单位根检验是时间序列数据平稳性的检验方法。

单位根检验是时间序列分析的一个热点问题。时间序列矩特性的时变行为实际上反映了时间序列的非平稳性质。对非平稳时间序列的处理方法一般是将其转变为平稳序列，这样就可以应用有关平稳时间序列的方法来进行相应的研究。对时间序列单位根的检验就是对时间序列平稳性的检验，非平稳时间序列如果存在单位根，则一般可以通过差分的方法来消除单位根，得到平稳序列。对于存在单位根的时间序列，一般都显示出明显的记忆性和波动的持续性，因此，单位根检验是有关协整关系存在性检验和序列波动持续性讨论的基础。

1. 变量说明

本节的主要研究目的在于验证我国产业变迁、协同创新、科技进步与生态效率是否存在长期、稳定的均衡关系，因此选取第五章测算的产业变迁（ID）、协同创新（CI）、科技进步（SP）、生态效率（EC）来体现四个子系统具体量化结果。

2. 平稳性检验

面板数据和序列数据中，如果存在单位根，会产生伪回归等严重后果，所以必须对每个变量进行单位根检验，这样能够保证每个变量的平稳性，平稳变量回归才是有效的。面板数据虽然减轻了数据的非平稳性，使得变量的相关性降低，但各变量还是有趋势、截距问题，可能还是非平稳数据，存在单位根，所以面板数据模型在回归前须检验每个变量是否存在单位根。由于选取的产业变迁、协同创新、科技进步和生态效率数据均是面板数据形式，故采用面板数据单位根检验方法，对各变量稳定性进行检验。为了避免一种单位根检验方法的局限性导致检验结果偏误，分别选取 LLC 检验、HT 检验、Breitung 检验、IPS 检验方法，通过检验结果的横向比较来综合判断变量的稳定性。涉及的数据时期与横截面个体分别是2009—2018 年我国 30 个省际个体，输出结果均通过 Stata 软件得以实现。具体检验结果如表 6 – 1 所示。

表 6 – 1　　　　　　　　面板数据单位根检验结果

变量	LLC 检验	HT 检验	Breitung 检验	IPS 检验
EC	2.3	0.4753	0.2255	- 2.5255 ***
dEC	- 32.98 ***	- 8.53 ***	- 2.31 **	- 5.39 ***
ID	24.7	- 7.26 ***	- 1.4753 *	- 4.8335 ***
CI	- 24.88 ***	- 13.21 ***	- 1.7951 **	- 5.8564 ***
SP	- 0.0625	2.25	3.3026	6.1526
dSP	- 9.04 ***	- 13.18 ***	- 4.35 ***	- 2.58 ***

注：dEC、dSP 分别表示变量 EC 与 SP 的一阶差分；＊＊＊、＊＊、＊分别表示在1%、5%和10％的显著性水平下显著。

基于表 6-1 的检验结果，生态效率（EC）在 LLC 检验、HT 检验和 Breitung 检验下统计量的值均没有处于拒绝域中，检验结果不显著，则不能拒绝"变量序列存在单位根"的原假设，说明生态效率（EC）是非平稳序列。与此类似的情况出现在科技进步（SP）水平变量序列方面，SP 在四种检验下结果均不显著，说明 SP 序列也是非平稳的。而产业变迁（ID）与协同创新（CI）序列在占绝对多数检验结果中均呈现拒绝"变量序列存在单位根"原假设，说明 ID 与 CI 序列原值是平稳的。处理非平稳时间序列的常用方法是对变量进行 n 阶差分，差分后的时间序列如果是平稳的则称其为 n 阶单整 $I(n)$。分别对非平稳的 EC、SP 序列进行一阶差分处理，经过差分后的变量序列 dEC、dSP 在四种检验下都在 10% 及以上的显著性水平下拒绝原假设，即可认为两个变量序列不存在单位根，EC 与 SP 是一阶单整序列。

二　协整检验

经济变量时间序列普遍具有非平稳性，但如果两个具有某种随机性的时间序列变量存在一致的变化特征或规律，则两者可以维持长期稳定的均衡关系。也就是说，某些经济变量本身是非平稳序列，但它们的线性组合有可能是平稳序列，这种平稳的线性组合被称为协整方程，可解释为变量之间的长期稳定的均衡关系。格兰杰在 1987 年所提出的协整方法就是用来解决非平稳经济变量之间数量关系问题的有效工具。假定一些经济指标被某经济系统联系在一起，那么从长远来看这些变量应该具有均衡关系，这是建立和检验模型的基本出发点。在短期内，因为季节影响或随机干扰，这些变量有可能偏离均值。如果这种偏离是暂时的，那么随着时间推移将会回到均衡状态；如果这种偏离是持久的，就不能说这些变量之间存在均衡关系。由于实际应用中大多数时间序列是非平稳的，通常采用差分方法消除序列中含有的非平稳趋势，非平稳时间序列经过d 次差分后变成平稳序列则称原序列是 d 阶单整序列，当若干具有相同单整阶数的经济变量的某种线性组合能够降低组合时间序列的单整阶数，则称这些变量存在协整关系，即具有长期稳定关系。协整检验是用来验证时间序列变量之间是否存在长期均衡关系的计量方法，如果生态效率（EC）与产业变迁（ID）、协同创新（CI）、科技进步（SP）通过了协整检验，则证明了以上变量间存在长期、稳定的均衡关系，在变化轨迹上和发展趋势上具有一致性与联动性。利用 Stata 15.0 软件对相关变量进行协整检验及回归分析，输出结果整理后如表 6-2 所示。

表 6-2　　　　　　　　　面板数据协整检验结果

回归系数/检验统计量	EC&ID		EC&CI		EC&SP	
	Statistic	p-value	Statistic	p-value	Statistic	p-value
Coef.	2.000	0.046	-4.670	0.000	2.340	0.020
Modified Dickey-Fuller t	3.727	0.0001	3.615	0.0002	3.532	0.0002
Dickey-Fuller t	4.884	0.000	4.690	0.000	4.528	0.000
Unadjusted modified Dickey-Fuller t	3.691	0.0001	3.675	0.0001	3.519	0.0002
Unadjusted Dickey-Fuller t	4.820	0.000	4.794	0.000	4.505	0.000

注：表中数据均利用 Stata 15.0 软件输出结果整理所得。

基于面板数据 Kao 协整检验方法，分别进行 EC 与 ID、EC 与 CI、EC 与 SP 变量之间的协整检验。结果显示，多个检验统计量的值都在1% 显著水平下拒绝"时间序列之间不存在协整关系"的原假设，表明生态效率与产业变迁、协同创新、科技进步之间均存在协整关系，即存在长期、稳定的均衡关系。参考回归分析结果，各变量对生态效率的回归系数都呈现显著性，表明产业变迁、协同创新、科技进步对各地区生态效率具有显著影响。其中产业变迁与科技进步对生态效率具有显著的正向促进作用，依据回归系数大小判断，科技进步对生态效率的影响程度略大一些，各省（自治区、直辖市）在提升科技进步水平、加速产业变迁进程方面要"双管齐下"，充分发挥技术创新引领的产业价值创造和产业结构优化能力，打开经济增长与生态环境融合发展的新局面。协同创新并没有呈现出对生态效率的正向促进作用，回归系数显著为负表明协同创新一定程度上抑制了生态效率的提升。主要原因在于：第一，应用于科技创新和生态文明建设的资金短缺。虽然在研发资金支出上各省（自治区、直辖市）加大了力度，但聚焦于生态效率提升以及生态经济协同体系构建等方面的资金没有具体来源，投入相对有限，而科技创新与生态文明的协同需要大量资金注入才能实现。第二，协同创新推进生态文明建设的机制薄弱。协同创新主要是创新主体间基于生产技术或生产运营过程的协同研发活动，具有自身的一套运行体制机制。而建设生态文明也应遵循自己的途径，两种机制协调性差导致科技创新与生态文明协同发展和协同创新不畅。第三，区域经济发展具有较大差异性，经济落后省域的发展重点在产业结构升级与技术水平提升，全面提升生态文明建设水平的时机不成熟，而经济发达省域具备发展生态经济的资金、技术以及产业结构的条件，以"产学研"为主体的协同创新能够有效地促进生态效率的提升，有力地推进地区生态文明建设。如 2022 年 5 月，南京建邺城市建设集团有限公司与南京河海科技有限公司、河海（南京）生态科技研究院有限公司共同签署校企科技创新及战略合作框架协议，携手打造建邺区幸福河湖、生态水环境治理、城市管网综合整治工程全市标杆，树立校企合作、协同创新"政产学研金"一体化的典范，推动了高校与企业协同创新发展，为建邺区深化生态水环境持续长效治理，建设美丽宜居城市典范区奠定坚实的基础。基于以上因素的影响，协同创新对生态文明建设的正向促进作用关系存在于某些发展条件成熟的省份或城市，而从现阶段实际情况来看，我国大部分省份协同创新对标主体并非生态环保领域，非"绿色经济"的协同创新活动挤占了原本需要大量资金注入的生态文明建设，进而抑制了生态效率的提升，因此回归结果体现为协同创新与生态效率呈负相关关系。

第二节　耦合模型构建及实证分析

协整检验结果显示生态效率子系统与产业变迁、协同创新、科技进步子系统存在协整关系，从长期发展趋势来看具有相互影响、稳定同步的紧密关联关系。据此推理，"四元系统"通过直接与间接影响作用也具有稳定均衡发展的特征，为探究这种均衡性的程度以及时空演变趋势，构建耦合度模型对我国区域"四元系统"耦合度进行测算和实证分析。

一　耦合度模型

"耦合"一词源于物理学，是指两个或两个以上的体系或两种运动形式之间通过各种相互作用而彼此影响以至联合起来的现象。"耦合"是客观事物中的一种特殊现象，它主要存在于两种以及多种客观事物中信息与能量的转移、交换直至融合。经济学中的"耦合"是指两个或两个以上经济主体或经济载体彼此间发生了信息、知识以及技术专利等的输入与输出，导致两者之间存在紧密配合与相互影响，并通过相互作用从一侧向另一侧传输的经济现象，从而揭示以及解释不同的经济主体之间存在着这种特殊的经济运行机制。从耦合的结果来说，经济体之间的耦合事实上就是对市场鸿沟、知识鸿沟、资本鸿沟、技术鸿沟以及信息鸿沟进行抹平，使得不同的经济主体其所处的经济地位差距不断消除，最终达到平均化以及均衡化抑或均质化的状态。耦合度是经济主体之间相互影响、相互依赖程度的量度指标之一。本节通过构建耦合度模型，来映射产业变迁、协同创新、科技进步和生态效率四者系统耦合程度，从量化角度对四个系统间相互影响程度进行描述。构建耦合度模型具体分为两个步骤。

1. 模糊隶属度函数

由于产业变迁、协同创新、科技进步和生态效率四个子系统指标在量纲、表现形式、数据基量等方面存在差异，因此需要进行无量纲化处理。选取美国学者 Zadeh 提出的模糊隶属度函数方法对指标进行无量纲化处理。直线型模糊隶属度函数针对正向指标和逆向指标有两种表现形式。

（1）正向指标函数形式

$$u_{ij} = \begin{cases} 0, & x_{ij} \leqslant x_{\min} \\ \dfrac{x_{ij} - x_{\min}}{x_{\max} - x_{\min}}, & x_{\min} \leqslant x_{ij} \leqslant x_{\max} \\ 1, & x_{ij} \geqslant x_{\max} \end{cases} \qquad (6-1)$$

式中：u_{ij} 为第 i 个子系统第 j 个指标无量纲化处理后的值，$0 \leqslant u_{ij} \leqslant 1$；$x_{ij}$ 为第 i 个子系统第 j 个指标实际数值；$x_{\min}$ 为第 j 个指标的最小值；$x_{\max}$ 为第 j 个指标的最大值。

（2）逆向指标函数形式

$$u_{ij} = \begin{cases} 1, & x_{ij} \leqslant x_{\min} \\ \dfrac{x_{\max} - x_{ij}}{x_{\max} - x_{\min}}, & x_{\min} \leqslant x_{ij} \leqslant x_{\max} \\ 0, & x_{ij} \geqslant x_{\max} \end{cases} \qquad (6-2)$$

式中：符号意义同上。通过对各子系统 u_{ij} 进行加权平均，可反映出其协调情况，具体计算公式为

$$U_i = \sum_{j=1}^{n} \lambda_{ij} u_{ij} \qquad (6-3)$$

式中：U_i 为第 i 个子系统综合协调值；λ_{ij} 为第 i 个子系统第 j 个指

标的权重，为避免主观因素带来的偏差，可应用熵值法确定权重
数值。

2. 耦合度模型

参考相关文献有关耦合度模型的设定，采用如下模型来测算各
子系统相互作用：

$$C\ (U_1,\ U_2,\ \cdots,\ U_n)\ = n\left[\frac{U_1 U_2 \cdots U_n}{(U_1 + U_2 + \cdots + U_n)^n}\right]^{1/n}\quad (6-4)$$

式中：$C\ (U_1,\ U_2,\ \cdots,\ U_n)$ 为 n 个子系统耦合度值，取值范围为
$C \in [0,\ 1]$，当 C 值越接近于 1 时，表示各子系统间耦合程度越
高；反之则表示各子系统相互影响程度越弱，处于无序发展的低耦
合状态。

二　耦合度测算

基于耦合度模型，依托第五章数据资料的支撑，对我国省份产
业变迁、协同创新、科技进步、生态效率之间的耦合度进行测算。
由于宁夏在协同创新方面代理变量数据缺失，导致耦合度测算结果
无效，故此部分不再将其作为研究单元之一。我国 29 个省份 2009—
2018 年产业变迁、协同创新、科技进步、生态效率耦合度测算结果
见表 6 - 3 与表 6 - 4。

**表 6 - 3　2018 年我国省域产业变迁、协同创新、科技进步与
生态效率综合值及耦合度**

地区	U_{ID}	U_{CI}	U_{SP}	U_{EC}	$C\ (U)$
北京	0. 034	0. 375	0. 685	1. 788	0. 489
天津	0. 010	0. 349	0. 185	1. 089	0. 396
河北	0. 136	0. 233	0. 272	0. 086	0. 908
山西	0. 131	0. 526	0. 076	0. 196	0. 771

续表

地区	U_{ID}	U_{CI}	U_{SP}	U_{EC}	C（U）
内蒙古	0.180	0.275	0.081	0.237	0.909
辽宁	0.051	0.538	0.178	0.179	0.727
吉林	0.069	0.172	0.023	0.207	0.738
黑龙江	0.273	0.338	0.132	0.132	0.916
上海	0.021	0.280	0.582	1.016	0.511
江苏	0.038	0.350	0.956	0.175	0.572
浙江	0.121	0.504	0.621	0.201	0.817
安徽	0.048	0.457	0.434	0.100	0.677
福建	0.152	0.451	0.208	0.243	0.920
江西	0.012	0.193	0.287	0.130	0.623
山东	0.060	0.295	0.547	0.098	0.703
河南	0.092	0.434	0.454	0.085	0.744
湖北	0.169	0.277	0.377	0.139	0.926
湖南	0.026	0.659	0.421	0.126	0.562
广东	0.260	0.457	0.930	0.132	0.781
广西	0.160	0.179	0.039	0.112	0.864
海南	0.511	0.102	0.017	1.826	0.326
重庆	0.006	0.326	0.138	0.255	0.494
四川	0.053	0.306	0.314	0.091	0.769
贵州	0.202	0.306	0.102	0.165	0.927
云南	0.146	0.388	0.053	0.113	0.775
陕西	0.980	0.242	0.228	0.211	0.787
甘肃	0.155	0.337	0.017	0.192	0.654
青海	0.560	0.195	0.000	1.304	0.173
新疆	0.618	0.094	0.014	0.179	0.488

注：表中数据由笔者测算后整理所得。篇幅有限，其余年份数据见附表4。

表6-4

2009—2018年我国省域产业变迁、协同创新、科技

进步与生态效率耦合度

地区	2009年	2010年	2011年	2012年	2013年	2014年	2015年	2016年	2017年	2018年	均值
北京	0.586	0.584	0.557	0.550	0.574	0.575	0.545	0.527	0.495	0.489	0.548
天津	0.432	0.455	0.442	0.417	0.436	0.431	0.416	0.441	0.413	0.396	0.428
河北	0.919	0.789	0.860	0.870	0.856	0.872	0.874	0.882	0.852	0.908	0.868
山西	0.814	0.700	0.838	0.878	0.894	0.883	0.889	0.870	0.765	0.771	0.830
内蒙古	0.902	0.888	0.911	0.862	0.872	0.872	0.801	0.872	0.875	0.909	0.876
辽宁	0.848	0.815	0.834	0.800	0.817	0.760	0.808	0.734	0.725	0.727	0.787
吉林	0.869	0.819	0.876	0.898	0.876	0.885	0.923	0.858	0.765	0.738	0.851
黑龙江	0.667	0.699	0.678	0.643	0.676	0.714	0.909	0.925	0.880	0.916	0.771
上海	0.588	0.567	0.559	0.548	0.568	0.572	0.543	0.546	0.504	0.511	0.551
江苏	0.597	0.548	0.541	0.553	0.562	0.550	0.579	0.554	0.555	0.572	0.561
浙江	0.802	0.722	0.718	0.750	0.768	0.766	0.802	0.801	0.803	0.817	0.775
安徽	0.805	0.839	0.901	0.880	0.869	0.809	0.726	0.694	0.633	0.677	0.783
福建	0.939	0.784	0.896	0.935	0.930	0.941	0.978	0.985	0.950	0.920	0.926
江西	0.925	0.845	0.845	0.860	0.874	0.845	0.771	0.578	0.514	0.623	0.768
山东	0.846	0.731	0.740	0.740	0.721	0.701	0.675	0.669	0.652	0.703	0.718
河南	0.931	0.792	0.837	0.876	0.832	0.802	0.790	0.792	0.771	0.744	0.817

续表

地区	2009 年	2010 年	2011 年	2012 年	2013 年	2014 年	2015 年	2016 年	2017 年	2018 年	均值
湖北	0.946	0.893	0.966	0.962	0.946	0.932	0.944	0.935	0.922	0.926	0.937
湖南	0.812	0.710	0.643	0.562	0.596	0.671	0.659	0.644	0.505	0.562	0.636
广东	0.828	0.815	0.799	0.816	0.816	0.800	0.797	0.798	0.794	0.781	0.804
广西	0.801	0.640	0.763	0.836	0.767	0.824	0.910	0.879	0.866	0.864	0.815
海南	0.321	0.352	0.325	0.364	0.332	0.377	0.376	0.453	0.420	0.326	0.365
重庆	0.580	0.528	0.384	0.481	0.483	0.521	0.550	0.506	0.419	0.494	0.495
四川	0.863	0.872	0.845	0.852	0.835	0.857	0.895	0.883	0.773	0.769	0.845
贵州	0.558	0.623	0.590	0.705	0.613	0.685	0.834	0.882	0.957	0.927	0.738
云南	0.738	0.700	0.827	0.815	0.787	0.809	0.874	0.819	0.817	0.775	0.796
陕西	0.813	0.865	0.812	0.756	0.781	0.794	0.758	0.760	0.780	0.787	0.791
甘肃	0.704	0.619	0.641	0.687	0.689	0.690	0.747	0.691	0.645	0.654	0.677
青海	0.363	0.326	0.309	0.288	0.250	0.237	0.232	0.239	0.228	0.173	0.265
新疆	0.524	0.539	0.570	0.547	0.583	0.587	0.540	0.490	0.540	0.488	0.541
均值	0.735	0.692	0.707	0.715	0.711	0.716	0.729	0.714	0.683	0.688	0.709

注：表中数据由笔者测算后整理所得。

三 实证结果分析

根据式（6-3）测算 2009—2018 年我国省域产业变迁、协同创新、科技进步、生态效率子系统综合协调值以考察演进趋势（见图 6-1）。研究期内波动幅度最大的为协同创新综合指数（U_{CI}），2009—2012 年经历了一次波峰到波谷的震荡后，随即进入下一个波动周期，由此可见，我国协同创新总体上呈现周期波动；相对而言，生态效率值的波动基本平稳，研究期内没有出现明显的涨落。科技进步综合指数（U_{SP}）和产业变迁综合指数（U_{ID}）分别呈现稳步递增和小幅下滑态势，其中 U_{SP} 递增表明我国科技进步整体水平向好发展，体现了各级政府对提升科技实力所实施的举措初见成效，但效果并不理想；产业变迁综合指数虽然在 2011—2015 年波动稳定甚至略有上升，但没有改变最终下滑的势头，表明我国仍然需要在优化产业结构、改善产业布局的总体发展规划下，大力推进

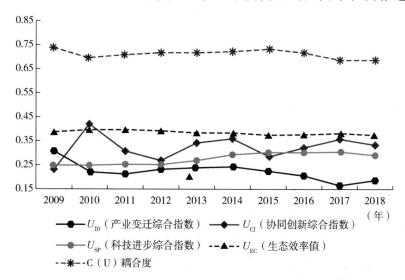

图 6-1 2009—2018 年我国 ID、CI、SP、EC "四元系统"
综合发展水平及耦合度

产业合理化和高级化进程。各子系统发展趋势虽然有所不同，但彼此相互影响、相互作用的程度变化不大，体现在耦合度数值较为平稳的发展趋势上。从曲线形态上来看，耦合度演进趋势与产业变迁综合指数演进趋势相似度较高，表明研究期内产业变迁主导了我国四元系统耦合发展水平，成为其发展的主要驱动力，而产业变迁水平的递减也直接导致了四元系统耦合度下滑。科技进步以及协同创新水平局部的提升一定程度抵消了产业变迁对耦合度的向下拉动作用，但效果有限。由此可见，产业结构与产业布局优化既对于协同创新与科技进步具有直接和间接的影响，也能够显著提升四元系统耦合发展水平。

按照前文区域划分规则将我国划分为七大区域，计算区域耦合度均值以考察全国各区域四元系统耦合发展分布情况，计算结果参见表6-5。

表6-5　　　2009—2018年我国七大区域四元系统耦合度

年份	华北地区	东北地区	华东地区	华中地区	华南地区	西南地区	西北地区
2009	0.730	0.795	0.786	0.897	0.650	0.685	0.601
2010	0.683	0.777	0.719	0.798	0.602	0.681	0.587
2011	0.721	0.796	0.743	0.815	0.629	0.662	0.583
2012	0.715	0.781	0.752	0.800	0.672	0.713	0.570
2013	0.726	0.790	0.756	0.791	0.638	0.679	0.576
2014	0.727	0.787	0.740	0.802	0.667	0.718	0.577
2015	0.705	0.880	0.725	0.798	0.694	0.789	0.569
2016	0.718	0.839	0.690	0.790	0.710	0.773	0.545
2017	0.680	0.790	0.659	0.732	0.693	0.742	0.548
2018	0.695	0.794	0.689	0.744	0.657	0.741	0.525
均值	0.710	0.803	0.726	0.797	0.661	0.718	0.568

注：表中数据由笔者测算后整理所得。

通过区域对比发现，2009—2018年东北地区产业变迁、协同创新、科技进步、生态效率子系统耦合度平均水平最高，其中辽宁与吉林耦合度在 2015 年以前均达到 0.8 以上，虽然此后有所下降，但黑龙江耦合度大幅度提升使东北地区"四元系统"耦合度保持在较高水平；西北地区耦合度平均水平最低，主要原因在于青海耦合度偏低，陕西与甘肃虽然在期初耦合度较高，但整体上全区域都呈现下降趋势；华南地区除海南耦合度较低外，广东、广西耦合度基本稳定在高位；华北、华东、华中和西南地区耦合度均值在 0.7 以上，其中河北、山西、福建、湖北等省份耦合度均值达到 0.9，是我国"四元系统"同步化发展程度较高的省份；除贵州出现了大幅度增长外，其余省份"四元系统"耦合度大体保持较为平稳的演进趋势。

第三节 耦合度收敛性分析

经济收敛性假说是宏观经济学中一个重要的理论假说。它为缩小发展中国家与发达国家之间的差距，以及一国之内缩小地区之间的差距，提供了一种基于时间趋势的描述。如果收敛或趋同成立，那么贫富两者一定会收敛或差距缩小。20 世纪 90 年代以来，在经济全球化和一体化的时代背景下，经济收敛性问题已渐渐成为国际经济学，以及发展经济学所研究的热点。经济收敛性问题涉及不同经济增长理论，是一个重要且复杂的问题。其重要之处在于它通常将经济波动与经济长期增长联系起来，因为在经济收敛过程中，必然会经历偏离长期稳态均衡增长路径即经济波动的过程，而宏观经济学最终会关注到如何将偏离状态拉回到长期稳态均衡增长的路径上来，这是任何一个经济体在当今经济全球化的激烈竞争中不得不重视的问题。一般意义的收敛，指的是两个个体在某个变量的数量或质量上逐渐接近的趋势，例如，经济收敛、结构收敛、政策收敛等。收敛的趋势既可以是单向的，也可以是双向的，还可以是追赶式的。经济逐步走向稳定状态，就是经济收敛。通过耦合度实证分析，我国"四元系统"耦合发展水平存在区域间差异，为了探究这种差异性的收敛或发散情况，即耦合度相对较低地区是否存在对于高水平地区的追赶效应，使各区域耦合发展具有相同趋向，就要进行耦合度的收敛性分析来验证。

一　收敛性检验

依据收敛性理论，耦合度的收敛性应当描述为期初"四元系统"耦合度较低的区域，其耦合度的增长速度将高于耦合度较高的区域，从而缩小地区间耦合度的差异。随着对收敛性研究的不断深入，学者从不同角度将收敛性分成两种类型，即耦合度 σ 收敛、耦合度 β 收敛。

1. 耦合度 σ 收敛

耦合度 σ 收敛原指各国或地区的人均收入水平差异随着时间的推移而趋于减少。一般用国家或地区间的对数人均收入或产出的标准差来衡量。σ 收敛所关注的是区域经济系统间产出效率的离散性随时间的推移趋于减小，具体到耦合性，则表现为区域耦合度水平的差异，随时间的推移而逐步缩小。这种收敛性可以通过区域耦合度指标的标准差进行测算：

$$S = \sqrt{\frac{\sum_{i=1}^{n} \left(C_i - \frac{1}{n} \sum_{i=1}^{n} C_i \right)^2}{n-1}} \qquad (6-5)$$

式中：S 为区域耦合度标准差，表示平均离散程度；C_i 为第 i 个区域耦合度水平；$\frac{1}{n} \sum_{i=1}^{n} C_i$ 为 n 个区域耦合度平均值。

2. 耦合度 β 收敛

耦合度 β 收敛是从指标增量的角度对耦合度收敛性进行定义，即期初耦合度较低的区域其耦合度增长速度将高于耦合度较高的区域，体现出耦合度区域间追赶效应。耦合度 β 收敛又分为耦合度绝对 β 收敛和耦合度条件 β 收敛。

（1）耦合度绝对 β 收敛：耦合度绝对 β 收敛是指贫穷国家或地区往往比富裕国家或地区有更高的增长率，也就是说，经济增长率和经济发展水平之间存在负相关关系。并且随着时间的推移，所有的国家或地区将收敛于相同的人均收入水平。耦合度绝对 β 收敛内含一个严格的条件，即经济收敛的国家或地区具有完全相同的基本经济特征，包括投资率、人口增长率、资本折旧率和生产函数，从而也具有完全相同的增长路径和均衡稳态。在这样一个特征完全相同的群体中，某个经济体的经济增长率与其离稳态的距离成反比。基于以上内涵可定义耦合度绝对 β 收敛，即假定我国各省域在产业结构、经济发展水平、政府行为等方面具有完全相同的基本特征，则若干经济子系统耦合发展遵循相似的路径，区域耦合度的高低与达到稳态的距离成反比，最终不同区域耦合水平将达到相同的稳态。因此，可采用如下模型表述耦合度绝对 β 收敛：

$$\ln\left(C_{i,t+1}/C_{i,t}\right)=\alpha+\beta\ln\left(C_{i,t}\right)+\varepsilon_{i,t} \qquad (6-6)$$

式中：$C_{i,t}$ 为第 i 个区域 t 时期耦合度指标数值；$\ln\left(C_{i,t+1}/C_{i,t}\right)$ 为从 t 到 $t+1$ 时期耦合度的增长速度；α 和 β 为待估计参数；$\varepsilon_{i,t}$ 为随机误差项。

（2）耦合度条件 β 收敛：此类收敛放弃了各个经济体具有完全相同的基本经济特征的假定，从而意味着不同的经济体也具有不同的稳态。按照新古典增长理论，每个经济体都收敛于自身的稳态，距离自身稳态越远，其增长速度也就越快。由于许多外生变量对不同经济体产生了不同的作用，不同经济体也就具有异质的基本特征，亦即不同的增长路径和稳态。所以耦合度条件 β 收敛所考察的是，如果外生变量保持不变，则初始收入水平与增长率是否呈负相关。耦合度条件 β 收敛考虑了各区域不同的经济发展水平、产业结构、技术水平和区域政策等因素的差异性，意味着各区域耦合水平未必达到相同的稳态，而收敛于各自的稳定水平。在耦合度绝对 β 收敛模型的基础上，加入关键的控制变量，可得耦合度条件 β 收敛模型为：

$$\ln\left(C_{i,t+1}/C_{i,t}\right) = \alpha + \beta\ln\left(C_{i,t}\right) + \sum_{k=1}^{m}\lambda_k X_{k,i,t} + \varepsilon_{i,t} \qquad (6-7)$$

式中相同符号含义同上；λ_k 为第 k 个控制变量的系数；$X_{k,i,t}$ 为第 k 个控制变量。

（3）基于空间的耦合度 β 收敛：随着区域间经济联系越发密切，省际要素流动频繁，空间关联性普遍存在于经济现象中（杨桐彬，2020）。空间关联是指一个区域分布的地理事物的某一属性和其他事物的同种属性之间存在相关性，空间正相关是空间上分布邻近的事物其属性也具有相似的趋势，空间负相关是空间上分布邻近的事物其属性具有相反的趋势。为了考察相邻省份耦合度收敛性是否受到空间因素影响，将空间要素纳入以上耦合度收敛模型，可构建 β 收敛的空间杜宾模型，具体公式如下：

$$\ln\left(C_{i,t+1}/C_{i,t}\right) = \alpha + \beta\ln\left(C_{i,t}\right) + \rho_0\sum_{i=1}^{n}w_{ij}\ln\left(C_{j,t+1}/C_{j,t}\right) +$$

$$\rho_1\sum_{i=1}^{n}w_{ij}\ln C_{j,t} + \mu_i + \nu_t + \varepsilon_{i,t} \qquad (6-8)$$

$$\ln\left(C_{i,t+1}/C_{i,t}\right) = \alpha + \beta\ln\left(C_{i,t}\right) + \lambda X_{i,t+1} + \rho_0\sum_{i=1}^{n}w_{ij}\ln\left(C_{j,t+1}/C_{j,t}\right) +$$

$$\rho_1\sum_{i=1}^{n}w_{ij}\ln C_{j,t} + \delta\sum_{i=1}^{n}w_{ij}X_{j,t} + \mu_i + \nu_t + \varepsilon_{i,t} \qquad (6-9)$$

式中：μ_i 为地区固定效应；ν_t 为时间固定效应；α、β 和 λ 为待估参数；ρ 和 δ 为空间相关系数，反映地理位置相互靠近地区的影响；w_{ij} 为空间权重矩阵的元素；X 为控制变量。

二 实证结果分析

通过 σ 收敛性检验可以考察我国"四元系统"耦合度随时间变化的水平趋势，依据式（6-5）采用标准差原理对 2009—2018

年我国"四元系统"耦合度 σ 收敛性进行衡量，测算结果如表 6-6 所示。依据 σ 收敛的相关原理，衡量指标的离散程度如果随着时间推移而不断下降，则具有 σ 收敛性。表 6-6 测算结果显示，虽然耦合度的标准差 S 在研究期内出现了局部下降的情况，但总体来看上升趋势较为明显，说明我国"四元系统"耦合度整体上表现为 σ 发散。

表 6-6   2009—2018 年我国"四元系统"耦合度 σ 收敛测算结果

年份	S	年份	S
2009	0.1786	2014	0.1738
2010	0.1558	2015	0.1873
2011	0.1845	2016	0.1852
2012	0.1835	2017	0.1903
2013	0.1810	2018	0.1960

注：表中数据由笔者测算后整理所得。

虽然从离散性角度得到了耦合度 σ 发散的结论，但从增长率角度分析收敛性也可能得到不同的结论，基于区域间耦合度是否存在追赶效应，分别进行绝对 β 收敛与条件 β 收敛检验，结果如表 6-7、表 6-8 所示。

从表 6-7 可以看出，滞后项回归系数为 -0.3661，且在 1% 水平下通过显著性检验，说明存在绝对 β 收敛，即在研究期内我国产业变迁、协同创新、科技进步与生态效率耦合度相对落后地区对高水平发展地区存在追赶效应或趋同现象，从而达到共同的稳态均衡水平。

表 6-7   2009—2018 年我国"四元系统"耦合度绝对 β 收敛检验结果

变量	Coef.	Std.	t	$p > \mid t \mid$
$\_cons$	0.2552	0.0358	7.12	0.000

续表

变量	Coef.	Std.	t	$p > \mid t \mid$
$L.C$	− 0. 3661	0. 0502	− 7. 29	0. 000

注：回归结果通过 Stata 15.1 软件运算所得。

表 6 - 8　　　2009—2018 年我国"四元系统"耦合度条件 β 收敛检验结果

变量	Coef.	Std.	t	$p > \mid t \mid$
$L.C$	− 0. 436	0. 051	− 8. 54	0. 000
$Stru$	− 1. 369	0. 331	− 4. 13	0. 000
$Sciedu$	− 0. 920	0. 376	− 2. 44	0. 015
$Rgov$	1. 430	0. 472	3. 03	0. 003
$\_cons$	0. 852	0. 150	5. 67	0. 000

注：回归结果通过 Stata 15.1 软件运算所得。

　　条件 β 收敛与绝对 β 收敛的不同之处在于前者用于检验区域耦合度是否趋向于各自的稳态水平，即在考虑不同区域经济基础、技术能力、政策环境等方面存在差异的情况下，考察各省份自身的收敛水平。采用 Panel Data 固定效应模型来检验条件 β 收敛，其中被解释变量为耦合度增长率，解释变量为期初耦合度，控制变量的选取主要依据经济学相关理论以及实际数据可得性，确定为经济结构变量（$Stru$）、科教水平变量（$Sciedu$）、政府干预变量（$Rgov$）。其中选取第二、第三产业产值占比的加权平均作为 $Stru$ 的代理变量，$Sciedu$ 用人均科教投入水平来衡量，用人均地方财政支出来表示 $Rgov$。检验结果显示，期初耦合度回归系数在 1% 水平下显著为负，说明存在条件 β 收敛，即选取的 29 个省份"四元系统"耦合度具有向各自稳态水平收敛的趋势。控制变量中经济结构、科教水平对"四元系统"耦合度增长分别通过 1%、5% 的显著性检验，但系数为负，说明这些因素确实对耦合度增长收敛性具有显著影响，但影响效果为促减，原因在于产业结构与科技教育投入的增长打破了原有"四元系统"相互依存、相互作用的方式，致使耦合度出现了短期的下降或增速放缓，但从长期来看，随着各子系统新的关联方式形成并趋于稳定，耦合度将恢复增长态势从而向自身稳态水平发展。政府干预变量对耦合度增长收敛性通过了1%的显著性检验，且系数为正，这说明政府在资源分配、资金投入、政策制定方面的主导作用，对区域耦合度的提升具有促进作用，这也充分说明"四元系统"的耦合发展需要政府更大程度地发挥协调者、监督者的作用，以降低盲目的单级发展模式出现的可能性，促进耦合度的提升。

依据地理学第一定律，一个区域分布的地理事物的某一属性通常与空间上分布邻近的事物的这一属性产生关联，空间正相关性是指空间上分布邻近的事物其属性也具有相似的趋势和取值，空间负相关性是指空间上分布邻近的事物的这一属性具有相反的趋势和取值。"四元系统"耦合发展必然伴随着资金、人才、技术等生产要素区域性流动，空间上分布邻近省（自治区、直辖市）通过生产要素的纽带作用，较为普遍的形成相似的系统发展模式以及不同子系统之间相近的关联关系，因此耦合度的收敛性在考察本地区期初水平与增长率的关系时，也应该考虑邻近区域耦合度增长率、邻近地区耦合度期初水平对本地区耦合度增长率的影响，另外，在分析条件 β 收敛时也同样应将邻近区域控制变量的影响考虑其中。同时，在引入因变量与自变量的空间关联项时，一般采用空间杜宾模型，基于 β 收敛检验的空间回归估计结果如表6-9所示。

表6-9　　　2009—2018 年我国"四元系统"耦合度 β 收敛
空间回归估计结果

变量	条件 β 收敛			绝对 β 收敛		
	Coef.	z	$p > \|z\|$	Coef.	z	$p > \|z\|$
rho	0.098	1.130	0.259	0.196	2.390	0.017
$L.C$	-0.424	-8.810	0.000	-0.348	-7.380	0.000

变量	条件 β 收敛			绝对 β 收敛		
	Coef.	z	$p > \mid z \mid$	Coef.	z	$p > \mid z \mid$
$W \cdot L . C$	− 0.162	− 1.530	0.127	− 0.060	− 0.600	0.548
$Stru$	− 1.904	− 3.720	0.000			
$Rgov$	0.877	1.820	0.069			
$Sciedu$	− 0.741	− 2.040	0.041	—	—	—
$W \cdot Stru$	0.244	0.400	0.690			
$W \cdot Rgov$	1.229	1.850	0.065			
$W \cdot Sciedu$	− 0.683	− 1.310	0.189			
LR	454.421	—	—	440.589		

注：回归结果通过 Stata 15.1 软件运算所得。

绝对 β 收敛的空间回归结果显示，期初"四元系统"耦合度系数显著为负，说明 29 个省（自治区、直辖市）耦合度存在明显的绝对 β 收敛，意味着初始耦合度较低的区域"四元系统"耦合发展速度可能更快，此结论与表 6 − 7 的分析结果一致。空间溢出效应系数显著为正，说明"四元系统"耦合度的趋同性受到了空间溢出效应的正向影响，即子系统要素在空间上的相互作用促进了初始耦合度较低区域对耦合度较高区域的追赶。期初耦合度空间滞后项系数为负，但没有通过显著性检验，并不能确定邻近地区期初耦合度对本地区耦合度收敛性的影响。

在应用空间杜宾模型对 29 个省（自治区、直辖市）"四元系统"耦合度的条件 β 收敛进行检验时，仍然选取经济结构变量（$Stru$）、科教水平变量（$Sciedu$）、政府干预变量（$Rgov$）作为控制变量。检验结果显示，期初耦合度的系数显著为负，说明 29 个省份"四元系统"耦合度存在条件收敛特征，即具有向各自稳态水平收敛的趋势。空间溢出效应系数为正，但没有通过显著性检验，表明生产要素的空间关联性对本地区耦合度趋向于稳态水平的作用并不明显。从控制变量系数的回归结果来看，经济结构、科教水平对耦合度收敛性的影响显著为负，说明经济结构的升级与科教水平的提升会反向作用于收敛性，致使耦合度增长速度趋缓甚至下降，不利于达到稳态均衡水平。相对而言，政府干预系数显著为正，表明地方政府的管理与规划能够显著促进耦合度较低省份对耦合度较高省份的追赶效应，也是提升区域"四元系统"耦合度的有效手段。从控制变量的空间滞后项系数来看，仅邻近省份的政府干预对本地区耦合度增长率有显著的正向影响，其他解释变量空间相关性未达到显著。

第七章　中国产业变迁、协同创新、科技进步、生态效率耦合协调性分析

由第六章分析可知，我国"四元系统"耦合发展呈现明显的地域特征，且相对落后地区对高水平发展地区存在追赶效应或是趋同现象，具有向稳态均衡演进的趋势。系统间相互作用的良性发展将演进为耦合协调状态，即彼此协调融合一体化发展。本章以我国 29 个省份数据为样本，利用耦合协调度模型测算了 2009—2018 年产业变迁、协同创新、科技进步、生态效率耦合协调度，在基本面分析的基础上探究了耦合协调度的空间关联特征，进一步分析了耦合协调发展的影响因素，为下文区域"四元系统"耦合协调度提升策略、制定区域一体化耦合发展战略提供实证参考。

第一节　耦合协调度评价

一　耦合协调度模型

第六章中所构建的耦合度模型作为反映产业变迁、协同创新、科技进步和生态效率"四元系统"相互作用强度的重要指标，对判断"四元系统"耦合程度的高低、预警各系统处于有序或无序发展

状态具有重要的现实意义。然而耦合发展的内涵不仅是指多个系统间相互影响、相互作用的关系,更重要的意义在于,建立在相互关联基础上彼此调节、适应与融合,最终达到协调一致的发展关系。耦合度模型无法描述系统间协调发展程度,因此在第六章耦合度指标的基础上,构建耦合协调度模型来分析产业变迁、协同创新、科技进步和生态效率"四元系统"耦合协调发展状况。耦合协调度模型如下:

$$\begin{cases} D = \sqrt{C \cdot T} \\ T = aU_1 + bU_2 + cU_3 + dU_4 \end{cases} \quad (7-1)$$

式中:D 为耦合协调度;C 为依据式(6-4)测算的"四元系统"耦合度;T 为"四元系统"的综合调和指数,待估参数 a、b、c、d 表示各个子系统的协调贡献程度,考虑到分析的侧重点在于"四元系统"耦合协调状况,即将产业变迁、协同创新、科技进步和生态效率分别视为四个子系统,协调性意味着彼此之间具有同等重要程度,同时借鉴已有研究成果的处理方法,取权重均为1/4。

二 耦合协调度基本面分析

基于耦合协调度模型,计算 2009—2018 年我国 29 个省份产业变迁、协同创新、科技进步、生态效率耦合协调度(见表 7-1)。研究期内我国"四元系统"耦合协调度均值处在 0.4—0.5,没有出现大幅度波动。依据商燕劼等(2020)研究中普遍的分类标准(见表 7-2),我国处于中度协调耦合阶段。从各省(自治区、直辖市)测算结果来看,耦合协调度呈现一定的省域差异性。

表 7-1　2009—2018 年我国省域产业变迁、协同创新、科技进步与生态效率耦合协调度

地区	2009 年	2010 年	2011 年	2012 年	2013 年	2014 年	2015 年	2016 年	2017 年	2018 年	均值
北京	0.580	0.582	0.553	0.535	0.556	0.572	0.564	0.580	0.593	0.593	0.571
天津	0.432	0.477	0.462	0.447	0.472	0.478	0.461	0.446	0.420	0.402	0.450
河北	0.330	0.340	0.327	0.315	0.336	0.352	0.359	0.350	0.355	0.407	0.347
山西	0.425	0.440	0.442	0.418	0.414	0.404	0.375	0.376	0.411	0.423	0.413
内蒙古	0.455	0.483	0.431	0.451	0.514	0.495	0.483	0.470	0.442	0.419	0.464
辽宁	0.523	0.541	0.492	0.470	0.515	0.511	0.389	0.384	0.397	0.415	0.464
吉林	0.352	0.370	0.354	0.373	0.378	0.397	0.357	0.329	0.293	0.295	0.350
黑龙江	0.486	0.519	0.497	0.472	0.495	0.529	0.459	0.443	0.450	0.447	0.480
上海	0.524	0.557	0.507	0.490	0.515	0.532	0.508	0.520	0.494	0.492	0.514
江苏	0.539	0.508	0.454	0.457	0.499	0.519	0.498	0.503	0.490	0.466	0.493
浙江	0.472	0.459	0.453	0.449	0.473	0.490	0.516	0.565	0.561	0.544	0.498
安徽	0.364	0.373	0.361	0.373	0.395	0.393	0.366	0.371	0.405	0.419	0.382
福建	0.443	0.467	0.416	0.428	0.464	0.505	0.492	0.499	0.503	0.493	0.471
江西	0.342	0.360	0.339	0.326	0.331	0.342	0.337	0.316	0.302	0.311	0.331
山东	0.479	0.491	0.435	0.426	0.442	0.456	0.436	0.447	0.444	0.419	0.447
河南	0.414	0.446	0.408	0.394	0.419	0.427	0.421	0.440	0.455	0.445	0.427

续表

地区	2009年	2010年	2011年	2012年	2013年	2014年	2015年	2016年	2017年	2018年	均值
湖北	0.468	0.516	0.464	0.465	0.491	0.503	0.511	0.527	0.491	0.472	0.491
湖南	0.383	0.380	0.386	0.401	0.404	0.426	0.435	0.420	0.386	0.416	0.404
广东	0.578	0.585	0.546	0.549	0.589	0.608	0.612	0.611	0.602	0.589	0.587
广西	0.382	0.412	0.383	0.351	0.366	0.359	0.353	0.344	0.335	0.325	0.361
海南	0.487	0.507	0.499	0.527	0.493	0.505	0.500	0.565	0.512	0.448	0.504
重庆	0.293	0.293	0.343	0.315	0.326	0.336	0.305	0.305	0.305	0.299	0.312
四川	0.451	0.493	0.504	0.492	0.538	0.524	0.489	0.458	0.407	0.383	0.474
贵州	0.341	0.315	0.332	0.316	0.366	0.411	0.404	0.422	0.389	0.424	0.372
云南	0.383	0.400	0.354	0.373	0.400	0.412	0.403	0.366	0.363	0.368	0.382
陕西	0.492	0.504	0.505	0.510	0.535	0.566	0.546	0.549	0.567	0.572	0.535
甘肃	0.367	0.379	0.349	0.341	0.341	0.367	0.345	0.362	0.338	0.339	0.353
青海	0.434	0.399	0.389	0.389	0.370	0.350	0.331	0.326	0.317	0.298	0.360
新疆	0.369	0.387	0.350	0.350	0.361	0.360	0.358	0.370	0.356	0.332	0.359
均值	0.434	0.448	0.425	0.421	0.441	0.453	0.435	0.437	0.427	0.423	0.434

注：表中数据由笔者测算后整理所得。

研究期内，广东、北京、陕西、上海、海南耦合协调度均值高于0.5，处于高度协调耦合发展阶段，其中广东省耦合协调度均值达0.587的全国最高水平，北京以0.571的耦合协调度均值排名第二，上海与海南耦合协调度均值贴近0.5的分界线，其"四元系统"高度协调发展的状态并不稳定。从时序趋势来看，只有陕西耦合协调度呈现持续增长趋势，从2009年的0.492增长到2018年的0.572，表明陕西省产业变迁、协同创新、科技进步和生态效率之间的耦合关系具有良性可持续发展特征。北京与广东的耦合协调度都在2009—2012年小幅下降后稳步提升，尤其是广东省，2014—2017年耦合协调度超过0.6。北京与广东"四元系统"耦合协调度历年均处于较高水平。上海与海南耦合协调度波动较大，整体处于下降趋势，并有若干年份的耦合协调度跌破0.5，"四元系统"的高水平良性互动具有较大的不稳定性。

耦合协调度均值在0.4—0.5的有13个省份，以0.45为边界可将其划分为中高度协调耦合与中低度协调耦合两个类别，天津、内蒙古、辽宁、黑龙江、江苏、浙江、福建、湖北、四川9个省份耦合协调度在0.45以上，处于中高度协调耦合发展阶段，而山西、山东、河南、湖南4个省份耦合协调度在0.4—0.45，处于中低度协调耦合发展阶段。从时序趋势来看，13个省份中有9个地区耦合协调度整体呈现下降趋势，其中辽宁、黑龙江、江苏、山东下降幅度最大，并大致呈现出以2014年、2015年为拐点的变化特征，这揭示了我国"四元系统"耦合协调发展的基本事实，即大部分地区耦合协调度不高，而且"四元系统"良性互动、和谐促进的发展关系逐渐恶化。相对而言，浙江、福建、河南、湖北等省份耦合协调度呈现了增长态势，尤其浙江与湖北，指标数值一度超过0.5水平，说明"四元系统"耦合关系向好发展，子系统间互为促进、良性互动的关系逐步形成。

表7－2   耦合协调度判别标准与划分类型

取值范围	所处阶段
$0 < D \leqslant 0.3$	低度协调耦合
$0.3 < D \leqslant 0.5$	中度协调耦合
$0.5 < D \leqslant 0.8$	高度协调耦合
$0.8 < D \leqslant 1$	极度协调耦合

注：划分标准取自参考文献。

其余省份耦合协调度数据均处在0.3—0.4，所涵盖的区域包括东北、华北的河北与吉林，中部的安徽与江西，以及西南与西北的大部分省份。这些地区经济发展水平参差不齐，资金、人才等活跃的生产要素天然匮乏，技术研发水平与应用环境存在地域性短板，导致产业变迁、协同创新、科技进步、生态效率"四元系统"发展能力不匹配，互动式、良性可持续的协调发展模式尚未形成，是我国需要提升"四元系统"协同发展的重点地区，各省（区、市）政府部门应因地制宜地制定"四元系统"协调发展策略，尽快提升产业变迁、协同创新、科技进步、生态效率耦合协调发展水平。

第二节　耦合协调度的空间联系

我国各省份经济发展水平、市场条件、生产要素等方面存在较为显著的差异，导致各地产业结构、科技创新、生态环境发展的协调程度具有明显差距。但地理位置邻近的省份所处的外部环境具有相似性，因此，"四元系统"耦合协调水平更可能存在较强的关联性，这也是符合地理学第一定律所指出的，一个区域分布事物的某种属性与邻近区域事物在该属性上存在高高相邻或高低相错的分布特征。该理论是进行经济社会现象空间关联性分析的根本出发点，"四元系统"耦合协调度的空间关联分析，为考察区域"四元系统"耦合发展的相似性提供定量参考，为合理划分重点发展的区域空间，制定系统化耦合协调发展政策提供实证依据。

在测算耦合协调度的基础上，选取空间关联强度模型来衡量29个省份间耦合协调度的相互作用。现有文献中较多应用引力模型来衡量空间关联强度。引力模型源于19世纪，根据距离衰减原理和牛顿万有引力公式构造出来，用于衡量两个区域间空间相互作用力的大小。引力模型的优势在于模型的基本形式固定，只要对参数和分量的定义做出适当的改变，就可以进行不同问题的研究，目前在旅游、贸易和人口迁移等方面得到了广泛应用。故可构建空间引力模型对耦合协调度的空间相互作用进行分析，公式如下：

$$R_{ij} = K \frac{D_i D_j}{T_{2_{ij}}} \qquad (7-2)$$

$$R_i = \sum_{j=1}^{n} R_{ij} \qquad (7-3)$$

式中：R_{ij} 为 i、j 两省份之间"四元系统"耦合协调度的空间关联强度；D_i、D_j 分别为 i、j 两省份的"四元系统"耦合协调度；T_{ij} 为 i、j 两省份之间的距离，以省会城市为距离测算的起始点，通过百度地图获取省间实际距离数据；K 为引力常数，通常取1。由此可计算29个省份两两之间的耦合协调度的空间关联强度。运用式（7-3）对 i 省与其余28个省份关联强度汇总求和，可得到 i 省的耦合协调度空间关联总和，用于分析 i 省与其他省份空间联系的整体强度，可反映该省份对于全国"四元系统"耦合协调发展的重要程度。

一　南北区域内部空间联系

由于29个省份处于一个较大的地理空间范围，同时数据点较多，计算结果数据容量较大，故对全国29个省份按地理位置划分为南、北两大区域（具体划分规则参见表 7-3），进而从区域内部、区域外部两个维度对各省份耦合协调空间关联强度进行分别测算，本节从区域内部关联维度进行分析，选取 2018 年数据进行测算，以考察空间关联强度的现状，由于篇幅有限，空间关联强度测算结果参见附表5。

表 7-3　　　　　　　我国 29 个省份南、北区域划分

区域	省域说明
北部区域	北京、天津、河北、山西、内蒙古、辽宁、吉林、黑龙江、陕西、甘肃、青海、新疆
南部区域	上海、江苏、浙江、安徽、福建、江西、山东、河南、湖北、湖南、广东、广西、海南、重庆、四川、贵州、云南

整体来看，2018 年我国北部区域空间高强度关联关系聚集于东北和华北地区，具体体现在东三省和京津冀晋。其中，以京津冀城市群关联强度最为显著，北京、天津两地耦合协调空间关联强度达到 25.84，两地与河北的关联强度也以 4.21 和 2.25 达到较高水平。作为我国三大城市群之一，京津冀地区城市具有较强的经济发展潜力，而且交通便利、核心城市分布较为紧密，形成了区域城市间空间集聚效应，因此该区域城市在产业变迁、协同创新、科技进步、生态效率耦合协调发展方面具有较强的相互牵引作用，能够促使区域整体耦合协调度提升。此外，山西、内蒙古等周边省份与京津冀城市群的关联关系也具有高强度特征，例如山西与河北的空间关联强度达 5.23，说明京津冀高强度关系网形成了向周边辐射效应，空间集聚区域在进一步扩大。辽宁、吉林、黑龙江三省耦合协调度的空间关联强度处于次高等级，其中吉林与辽宁、黑龙江的关联强度为 1.57 和 2.47，而辽宁与黑龙江的关联强度为 0.72，显示出吉林在东三省区域具有牵引南北的显著作用。率先从吉林省入手，统筹

规划产业结构优化、科技协同创新、生态环境保护协同促进的发展思路，将更为有效地带动辽宁、黑龙江两地"四元系统"耦合协调发展，有利于形成高强度的空间集聚区域。从山西往西的我国西北四省耦合协调度的空间关联强度均处于中低和低水平，一方面由于地理空间广袤拉大了城市之间的距离，增加了彼此间沟通与协作的成本；另一方面由于西北地区整体经济实力不强，优质的生产要素、创新资源相对匮乏，本身还没有进入耦合发展的高级阶段，较低水平的耦合协调度难以对区域周边省份起到带动作用。上述原因导致西北省份间相互牵引作用相对较弱。

整体来看，南部地区高强度关系网的分布数量要多于北部地区，主要有长三角区域、湖南湖北两省、成渝城市群和广东、广西、海南三个省份。作为我国经济实力最强的区域，长三角城市群空间关联强度明显高于其他区域，其中上海与浙江、江苏两省指标数值达到10.76和2.8，凭借着天然的地缘优势以及开放的市场环境，三个省份汇聚了雄厚的经济资源以及优质的生产要素，并在国家区域发展战略的支持下加强了区域经济一体化建设力度，因此在产业结构高级化水平、科技创新能力等方面具有较为一致的发展模式，同时该区域交通发达、城市间地理分布紧密，进一步提升了"四元系统"耦合协调的空间关联强度，该区域城市间相互牵引作用要明显高于其他区域。另外，该区域对周边省份的辐射作用也较为明显，安徽作为毗邻江苏、浙江的省份，其与两省份的空间关联强度均高于其他省份，分别达到10.84和2.25，与上海的关联强度达到1.33；福建在地理位置上北接浙江，关联强度为1.23，在与全部省份关联强度中排名第一，由此可见，长三角区域对邻近省份具有较强的带动效应，其"四元系统"耦合协调水平高低对安徽、福建等省份的牵引作用相对较强，空间扩散效应较为显著。湖南湖北两省地处我国中原腹地，是连通南北、贯穿东西的经济战略要地，本应与周边地区紧密关联、一体化发展，然而从空间关联强度结果来看，除了两省之间关联强度达到 2.31，绝大多数数值均在 1 以下，可见两湖区域与毗邻省份耦合协调的相互影响相对较弱。但东向关联中，湖北与安徽的关联强度达到 1.99，由此可以看出，由长三角到两湖腹地的高强度关系网已经初步形成，如何更有效地协调区域关系从而形成耦合协调度提升的联动机制是该区域未来发展的重点。西南方向上只有四川与重庆呈现出较强的空间关联，贵州、云南的关联强度均较低，地理环境的复杂构成了禁锢西南省份协调联动的主要障碍。广东、广西与海南三个省份的空间关联强度处于 1.26 和 1.23 的较高水平，两广地区四元系统耦合协调发展能够对海南产生较强的牵引作用，加强广东与广西的关联强度，从而提升南海三省区域整体耦合协调度是该区域未来发展的着力点。

二 南北区域之间的空间联系

遵循相同的南、北区域划分规则，基于 2018 年空间关联强度测算结果，可以看出，南、北地区省份之间的空间关联强度普遍低于区域内部省份之间关联强度，地理位置对于"四元系统"省域协同发展策略具有重要影响。另外，南北交界区域关联强度较高，呈现"西南—东北"走势的带状分布形态。具体来看，北京、天津、河北与处于东部沿海的山东省呈现了高强度空间关联，同时三省份也与其南部相邻的河南空间关联强度较高，可见京津冀城市圈在区域协同发展中起到关联东西、连接南北的作用，应充分发挥该区域连接与引领功能，在合理协调产业结构升级、协同创新、生态效率关系的前提下，制定区域协同发展策略，突破省际行政边界的限制，以企业项目合作、政府联合共建等方式推广京津冀的先进模式，以带动更广泛区域的"四元系统"协同发展。另一个具有较强辐射能力的是陕西，陕西本身就是我国南北区域的"界碑"，同时秦岭将其分为南方和北方的两部分，因此陕西与京津冀一样，在不同地域成为协同南北发展的中心省份。从空间关联强度数值来看，陕西与接壤的四川、重庆、湖北和河南四省关联强度相对较高，从2018年数据来看，陕西"四元系统"耦合协调度在周边区域中是最高的，因此加强陕西"四元系统"协调发展程度不仅可以促进西北与中南部地区一体化发展，更能够有效地带动西南部地区"四元系统"耦合协调发展水平，为西南地区突破地理区域限制、参与到区域经济一体化建设进程中提供契机。

三 空间联系势能值分析

根据式（7-2）、式（7-3）可测算 29 个省份"四元系统"耦合协调度的空间联系势能值及占比情况，见表 7-4。势能值测度的是某省份与其余省域耦合协调度空间联系的程度，体现从全国范围来看该地区所处地位或重要程度，势能值越大，说明该地区与全国其他地区"四元系统"耦合协调发展的关联度越高，其在全国层面的中心性地位越明显，重要程度越高。

表 7-4 2009 年、2018 年我国 29 个省份空间联系势能值及占比

省份	2009 年		2018 年	
	势能值	占比（%）	势能值	占比（%）
北京	40.539	11.28	39.740	11.56
天津	37.157	10.34	35.070	10.20
河北	16.013	4.45	19.249	5.60
山西	14.729	4.10	15.428	4.49
内蒙古	8.670	2.41	8.069	2.35
辽宁	7.556	2.10	5.596	1.63
吉林	7.324	2.04	5.503	1.60
黑龙江	6.002	1.67	4.845	1.41
上海	19.688	5.48	19.606	5.70

续表

省份	2009 年		2018 年	
	势能值	占比（%）	势能值	占比（%）
江苏	26.193	7.29	24.353	7.08
浙江	20.928	5.82	23.139	6.73
安徽	20.814	5.79	22.501	6.54
福建	6.339	1.76	7.074	2.06
江西	12.764	3.55	6.459	1.88
山东	14.592	4.06	12.976	3.77
河南	11.263	3.13	12.361	3.59
湖北	14.111	3.93	12.911	3.75
湖南	9.204	2.56	8.702	2.53
广东	7.205	2.00	6.942	2.02
广西	5.372	1.49	4.533	1.32
海南	5.337	1.48	4.702	1.37
重庆	6.223	1.73	6.180	1.80
四川	7.056	1.96	6.071	1.77
贵州	5.351	1.49	6.350	1.85
云南	3.520	0.98	3.422	1.00
陕西	8.811	2.45	10.027	2.92
甘肃	8.224	2.29	6.311	1.84
青海	7.770	2.16	5.105	1.48
新疆	0.729	0.20	0.626	0.18

资料来源：笔者测算后整理所得。

由表 7-4 可以看出，2009—2018 年，我国大部分省份空间联系势能值及所占比重均有所下降，表明"四元系统"耦合协调度的空间联系随时间推移而有所减弱。但在局部地域中也出现了空间联系势能值上升的发展趋势，具体到省份，上升趋势较明显的是浙江、安徽、福建三省，上海略有下降，但比重处于提升状态，江苏两项指标虽然都呈现下降趋势，但占比仍然保持在 7% 以上，由此可见，长江三角洲以及东南沿海区域在产业变迁、协同创新、科技进步和生态效率协调发展方面起到一个中心枢纽的作用，能够较为显著地影响国内其他省份耦合协调度。此外，西北地区的陕西势能值增长态势也较为明显，说明陕西作为区域协调发展的中心地位在不断增强，重要程度在不断提升。河北与山西势能值小幅提升，但占比相对较低，该区域协调发展的中心在北京与天津两市，2018 年两者势能值占比达到 11. 56% 和 10. 2%，而且相对于 2009 年变化不大，说明京津两地在华北地区持续保持中心枢纽的地位，京津冀城市群的"四元系统"协调度与其他省份关系较为紧密。综上所述，京津冀城市群、东南沿海区域、陕西是我国空间联系的中心，对于引领区域"四元系统"耦合发展具有重要作用。

第三节　耦合协调发展的影响因素分析

"四元系统"耦合协调发展受到诸多外部因素影响，具体表现在其内部构成的子系统要素的相互作用、复合系统的耦合、省域差异性的外部环境等方面。探究相关影响因素对省际耦合协调度的差异化影响，是在我国当前地域非均衡发展的现状下，因地制宜地制定促进"四元系统"耦合协调发展策略的重要参考。利用面板计量模型，在构建耦合协调度影响因素指标体系的基础上，对影响我国产业变迁、协同创新、科技进步、生态效率耦合发展的因素进行实证分析，为解决系统间耦合过程中的问题、提升耦合协调度提供实证依据。

一　面板计量模型构建

1. 混合回归模型

混合回归模型的一般形式为

$$Y_{it} = \beta_0 + \sum_{k=1}^{K} \beta_k X_{kit} + u_{it} \qquad u_{it} \sim i.\,i.\,d.\ (0,\ \sigma_u^2) \qquad (7-4)$$

式中：Y_{it} 为第 i 个个体在 t 时期被解释变量的观测值；X_{kit} 为第 k 个解释变量对于个体 i 在 t 时期的观测值；β_{ki} 为第 i 个个体的第 k 个解释变量的回归系数；u_{it} 为随机误差项。

面板数据的混合回归模型假定对于 N 个个体和 T 个时期的解释变量 X_k 都对应回归系数 β_k，相当于把面板数据混合在一起视为截面数据。

2. 固定效应模型

面板数据混合回归模型无法揭示解释变量中不可观测的非时变异质性以及时变同质性，因此在混合回归模型基础上加入个体异质性效应或者时变同质性效应，即单因素效应模型。单因素效应模型分为个体单因素效应模型和时间单因素效应模型，公式如下：

$$Y_{it} = \beta_0 + \sum_{k=1}^{K} \beta_k X_{kit} + \xi_i + u_{it} \qquad u_{it} \sim i.\,i.\,d.\ (0,\ \sigma_u^2) \qquad (7-5)$$

$$Y_{it} = \beta_0 + \sum_{k=1}^{K} \beta_k X_{kit} + \lambda_i + u_{it} \qquad u_{it} \sim i.\,i.\,d.\ (0,\ \sigma_u^2) \qquad (7-6)$$

式（7-5）中：ξ_i 为个体 i 的非时变异质性，被称为个体异质效应；式（7-6）中：λ_t 为时期 t 的时变同质性，被称为时间效应。如果 X_{it} 与 u_{it} 是相互独立的，X_{it} 与 ξ_i 或者 λ_t 相关，则这时单因素效应模型被称为个体（或时间）固定效应模型。

3. 随机效应模型

相对于固定效应模型，如果 X_{it} 与 u_{it} 是相互独立的，X_{it} 与 ξ_i 或者 λ_t 也是相互独立的，则这时单因素效应模型被称为个体（或时间）随机效应模型。

二 指标选取及说明

有关影响因素的选取，基于前文理论分析，结合数据可得性与完整性等原则，从经济实力、市场环境、生产要素、开放程度、研发投入等方面选取代表性指标，具体指标说明见表7-5。

表7-5　　　　　　耦合协调度影响因素选取及说明

影响因素	代理变量	符号	数据来源
经济发展水平	人均GDP（万元）	GDP	国家统计局网站
外商投资强度	地区外商投资额/地区GDP	FDI	各省统计公报、各省统计年鉴
政府规模	地区财政支出/地区GDP	GOV	国家统计局网站
人力资本	6岁及以上人口平均受教育年限 =（小学×6+初中×9+高中×12+中职×12+大专×15+本科×16+研究生×19）÷6岁及以上人口总数	HUM	国家统计年鉴
对外贸易	地区进出口总额/地区GDP	TRA	国家统计年鉴
国有化程度	国有单位就业人数/城镇单位就业人数	GY	国家统计年鉴、各省份统计年鉴
生产性服务业集聚度	生产性服务业区位熵（就业人员）	AGG	中国劳动统计年鉴、国家统计年鉴
高技术产业创收	地区高技术产业营业收入/地区GDP	TE	国家统计年鉴
研发经费投入	地区研发经费投入/地区GDP	RD	国家统计年鉴

三　实证分析

为探究内外部因素对耦合协调度的影响方式，以"四元系统"耦合协调度为被解释变量、上文9个指标为外生解释变量，构建面板计量模型，为体现混合回归模型、个体固定效应模型、时期固定效应模型和随机效应模型估计结果的区别，将四种模型估计结果依次列出并进行比较。实证结果见表7-6。

表7－6　　我国"四元系统"耦合协调度影响因素实证结果

解释变量	混合回归模型	个体固定效应模型	时期固定效应模型	随机效应模型
GDP	0.009 *** (2.81)	0.005 * (1.83)	0.009 *** (2.83)	0.005 ** (1.98)
FDI	0.517 ** (2.04)	1.102 *** (5.96)	1.119 *** (6.10)	1.068 *** (6.07)
GOV	－0.166 *** (－3.24)	－0.323 *** (－4.04)	－0.208 ** (－2.25)	－0.264 *** (－4.00)
HUM	－0.007 (－0.78)	－0.021 *** (－2.69)	0.005 (0.44)	－0.019 *** (－2.72)
TRA	0.071 *** (2.92)	－0.027 (－1.08)	0.008 (0.29)	－0.021 (－0.97)
GY	0.141 *** (3.04)	－0.048 (－1.02)	0.067 (1.16)	－0.028 (－0.73)
AGG	－0.016 (－0.64)	0.04 (1.61)	0.009 (0.36)	0.044 ** (2.05)
TE	0 (0.06)	0.001 * (1.83)	0.001 (1.36)	0.001 * (1.82)
RD	0.022 *** (2.65)	0.016 (1.45)	0.023 ** (2.18)	0.016 * (1.74)
Constant	0.376 *** (5.59)	0.598	0.291 *** (2.72)	0.559 *** (7.98)
ξ/λ		0.843 *** (41.45)	0.852 *** (43.93)	
R^2	0.439	0.235	0.334	0.373
SD dependent var	0.079	0.079	0.079	0.079
F-test	24.35	8.598	6.761	
Chi^2				91.816

注：*** $p<0.01$，** $p<0.05$，* $p<0.1$。

从表7－6的结果来看，时期固定效应模型中多个解释变量系数不显著，个体固定效应模型拟合度 R^2 偏低，而且 Hausman 检验结果不显著，即接受系数的差异是由非系统原因导致的，随机效应模型更合适。比较混合回归模型与随机效应模型，大多数解释变量通过显著性检验，但混合回归模型的 R^2 更高，因此依据混合回归模型的回归结果对耦合协调度的影响因素进行分析。

人均 GDP 的回归系数估计结果为 0.009，在 1% 水平下显著为正，说明地方经济发展水平对"四元系统"耦合协调发展具有正向推动作用。产业结构升级、协同创新与科技进步都需要建立在一定经济基础之上才能进入相互耦合的发展阶段。然而，系数值偏低意味着经济增长对促进生态效率耦合发展作用有限。外商投资强度的估计系数为 0.517，在 5% 水平下通过显著性检验，说明外商投资对促进我国"四元系统"耦合协调度的提升具有显著作用。外资利用的增长体现了我国对于吸收外国资本、参与国际合作、进入国际资本市场的程度的提升，有利于本国企业引进先进技术和经营理念，带动配套服务业高速发展，对于提升资源利用率与资本周转率与生态经济在本质上具有一致性，因此加大吸引外资力度，能够显著促进地区"四元系统"耦合协调发展。政府规模的回归系数估计结果为 −0.166，而且在 1% 水平下显著，由此可见，我国地方政府财政支出强度抑制了产业变迁、协同创新、科技进步和生态效率耦合发展。地方政府应该优化财政支出结构、合理配置资金投向，破除"平均主义""因循守旧"工作作风，有计划、有侧重地引领高新技术产业、现代服务业快速发展，更好地发挥政府在产业结构优化、科技创新、保护生态环境方面的协调者的角色。对外贸易的混合回归模型的估计系数为 0.071，在 1% 水平下显著为正，说明地区进出口总额的增长有利于耦合协调度的提升。一方面，对外贸易是拉动地方经济增长的强劲力量；另一方面，企业参与国际市场竞争能够在产品创新优化、技术水平提升、高级人才交流、管理效率提升以及企业文化铸造等方面得到改善，对于提升企业国际竞争力，乃至优化产业格局、转变产业发展方式均起到引领与示范作用。国有化程度系数估计结果为 0.141，通过 1% 水平下显著性检验，说明地区国有化程度对耦合协调度呈现正向影响。研发经费投入对"四元系统"耦合协调度同样具有正向促进作用，充足的资金支持不仅有利于"产学研"协同创新、推动科技进步，还能带动清洁能源技术、节能减排技术的研发和产业普及，由此将间接加快产业结构高级化演进进程，研发投入对各子系统的正向促进作用必然引发"四元系统"耦合发展向高阶段进化，从而使子系统间相互影响力更大、关联程度更高。

第八章 "四元系统"耦合的困境及中国绿色经济发展路径

党的二十大指出，我国经济已由高速增长阶段转向高质量发展阶段，正处在转变发展方式、优化经济结构、转换增长动力的时期，其中"转向高质量发展"的基本含义是经济发展由粗放型增长，转变为主要依靠技术进步、提升管理效率的集约型增长，同时也包含由高排放、高污染向循环经济和友好型经济转变。党的二十大报告重点提及"建设现代化产业体系，推进新型工业化""协同发力加快数字中国建设""构建优势互补，高质量发展的区域经济布局和国土空间体系"。由此可以看出，技术协同创新是我国经济发展在未来一段时间实现提质增效的主要动力，同时要兼顾遵循绿色、可持续发展的循环经济理念。在此背景下，探索我国省际经济体系中产业变迁、协同创新、科技进步、生态效率的耦合发展水平，挖掘其内在协调机制，对于有效协调"四元系统"关系、推进经济高质量发展进程，将具有现实意义。此外，区域一体化发展战略将改变传统省级分割的空间布局，意味着具有更加紧密联系和相互影响的区域新型城市群逐渐成为经济活动主体。若能明确省域产业变迁、协同创新、科技进步、生态效率耦合发展的空间联系，对于制定有针对性的区域"四元系统"发展策略将提供重要参考。经过前述分析，获得了2009—2018年有关我国29个省份产业变迁、协同创新、科技进步、生态效率耦合协调发展的翔实资料，发现目前我国"四元系统"耦合协调过程中还存在很多问题，由此也产生了解决实际发展问题的相关启发。本章首先对我国产业变迁、协同创新、科技进步、生态效率耦合协调发展存在的问题进行探讨；其次对如何协调"四元系统"相互关系、促进其耦合发展提出对策建议。

第一节　中国产业变迁、协同创新、科技进步、生态效率耦合发展问题

一　"四元系统"发展水平相对较低，省际存在明显差距

1. 我国产业集聚发展水平不高，省域产业变迁特征呈现差异性

基于第五章第三节的分析，我国第三产业规模集聚水平（ISAI）从 2009 年开始呈现持续下降趋势，第三产业地理空间集聚（GSAI）发展水平在研究期内下降了 27.78%，而且具有较大波动性，虽然第三产业所占比重在研究期内有所提升，但表征产业结构高级化发展形态的产业集聚程度在下降，并未形成较为稳定的发展格局。另外，省域产业变迁综合指数普遍偏低，全国平均水平小幅下降。七大区域综合指数存在明显差距，例如，华南地区综合指数均值达到 0.5，而且呈现增长态势，而华北与华中地区综合指数均值仅为 0.13 且下降趋势明显，出现了产业结构倒退现象。基于产业变迁综合指数构成来分析原因，所得结论不尽相同。例如，广东产业结构升级（ISC）与产业规模集聚水平（ISAI）较高，但地理空间集聚（GSAI）程度较低；而海南省虽然 ISC 较低，但其 ISAI 与 GSAI 均处于较高水平。对于如何提升我国产业变迁综合发展水平这一命题，需要针对特定区域的特殊问题，在遵循产业发展规律基础上，因地制宜地制定调整策略以确保区域经济高质量发展。

2. 全国层面协同创新程度不高，企业对科研机构的研发投资不足是主要原因

由协同创新实证分析结果可知，我国协同创新整体发展水平不高，其中，科研机构 R&D 经费支出来自企业的比重最低，是抑制协同创新整体水平提升的主要原因，说明作为协同创新主体的企业与科研机构并没有形成显著的联动效应。企业对高等学校的 R&D 经费的支持力度强于科研机构，但其演变趋势出现了递减的情况。从我国七大区域对比分析可以看出，各区域协同创新水平存在一定程度的差异性，例如，华中地区，创新主体间体现了较好的互动效应；西北地区，由于研发资金中金融机构资金的比重、高校研发资金中企业资金的比重同时下降，导致综合指数的降低。综合来看，全国多数省份企业与科研机构、金融机构与科研机构之间的技术创新联动效果不佳，存在明显的产业与科学研究脱节的情况，是造成我国协同创新发展缓慢的根本原因。就空间分布特征而言，我国省域间存在明显的"趋中心化"特征，即以东南沿海与中部腹地所构成的省际圈状区域为协同创新高水平区域，离此中心区域地理位置越远的省份，其协同发展水平越低。

3. 科技进步增速放缓、趋势走低，人力资本以及研发经费下降是制约因素

我国科技进步综合发展水平虽然总体呈现上升趋势，但 2014 年后增长速度再次放缓，并在 2018 年出现科技进步水平小幅下降，总体提升幅度不大。其中，从业人员平均受教育年限出现了明显下降趋势、研究与开发经费支出额较低是主要制约因素。在四个分指数中，唯有利用外资额持续增长并成为推动科技进步水平提升的主要动力，说明对于外资的路径依赖在研究期内并没有发生改变，以引进、吸收、带动自主研发的科技创新之路收效甚微，至少在人力资本提升、研发经费投入方面未给予自主创新体系足够的支持。分区域来看，对创新要素的竞争性掠夺造成了区域科技进步"偏重式"格局，华东地区的上海、江苏和浙江三省在研发经费投入、产业结构高

级化程度方面领先全国,另外在人力资本积累与国际技术扩散方面也居于全国中上水平,"马太效应"较为明显;而西南与西北地区,人才储备能力不足、研发投入欠缺、难以引进外资等因素制约了科技进步能力的提升,东北地区因研究与开发和国际技术扩散能力不足,其科技进步综合指数落后于全国大部分省份。如何改善技术创新资源由北向南、由西向东递增式聚拢格局,实现包括地域边缘地区在内的科技实力全面提升,是我国在科技创新之路上面临的主要问题。

4. 我国生态效率总体上偏低且区域间差异明显,技术效率偏低阻碍了生态效率增长

实证分析结论表明,研究期内我国生态经济实际产出仅为潜在经济产出的40.1%,总体水平偏低。从近期演变趋势来看,自2011年开始生态效率均值呈逐年下降趋势,就全国层面而言,我国多数省份在推进经济增长与生态环境和谐发展过程中采取的相关举措收效甚微。通过区域比较可以看出,生态效率差异明显,整体跨度较大,仅5省份年均生态效率大于1,其余多数省域生态效率仅处于0.1—0.3,呈现"头小尾大中空"的不均衡发展格局。基于SBM-Malmquist生产率指数测算及分解可知,技术效率没有出现明显的提升,导致纯技术效率与规模效率的增长率都不足1%,说明多数省域的经济产出增长乏力,同时能源与资源消耗加剧导致生态经济非均衡发展,一定程度上抵消了经济产出绩效。由此可以解释我国多数省份生态效率偏低的原因。一方面,经济高速发展是以牺牲生态环境为代价的,如浙江、江苏经济高速发展导致的环境污染降低了生态效率水平,属于环境质量制约型省份;另一方面,环境过度破坏与经济增长乏力并存,如西北及北部区域也存在污染物排放多、经济产出相对偏低的问题,尤其东北三省对于资源投入与环境污染相对偏多,但人均GDP也仅仅保持在中下游水平,属于生态效率制约型省份。因此,引导产业清洁化发展、资源与设施集约化利用,整合社会资源、合理规划产业布局,以先进科学技术赋能经

济与环境绩效同步提升仍然是未来一段时期经济工作重点。

二 省际耦合协调发展不平衡，"四元系统"和谐促进关系有所恶化

研究期内，我国少数省份产业变迁、协同创新、科技进步和生态效率处于高度协调耦合状态，而且以经济发达省份为主。绝大多数省份处于中等协调耦合与低协调耦合状态，暴露出我国"四元系统"耦合协调发展结构不合理、发展水平不均衡的弊端。另外，系统间高度耦合协调并非要求在子系统达到较高发展水平的前提下才能实现，也就是说，经济中等发达或者欠发达省份，通过制定切合实际的产业发展规划，并辅以对接重点产业技术创新的"产学研"协同发展模式，政府一般性财政支出在环境治理、清洁能源等方面加大力度，有助于实现"四元系统"高度耦合发展。但目前的客观事实是，绝大多数省份耦合协调度不高，尤其是经济欠发达地区，并没有通过合理的资源调配而摆脱低耦合协调度的困境。另外，从时序趋势来看，高耦合地区耦合协调度波动较大，"四元系统"的高水平良性互动具有较大的不稳定性；13 个处于中度耦合的省份中有 9 个地区耦合协调度整体呈现下降趋势，揭示了我国"四元系统"良性互动、和谐促进的发展关系逐渐恶化的事实。

三 耦合协调度空间联系不够紧密，核心地区辐射带动能力不足

基于耦合协调度空间联系分析，除发展较为成熟的"京津冀"、长江三角洲城市群空间关联性较高以外，其余省份之间"四元系统"耦合协调度与周边地区均未呈现明显的强关联性，例如，辽

宁、吉林、黑龙江三省具备相似的产业结构特征，再加上空间位置毗邻，本该具有较强的空间联系，但吉林与辽宁、黑龙江的关联强度也仅为1.57和2.47，并未实现极具地区优势的"四元系统"耦合一体化发展；西北四省耦合协调度的空间关联强度均处于中低和低水平，省际基于耦合协调度的相互牵引力极其微弱；湖南、湖北两省地处我国中原腹地，是连通南北、贯穿东西的经济战略要地，本应与周边地区紧密关联、一体化发展，然而从空间关联强度来看，除两省之间关联强度达到2.31以外，与其他毗邻省份关联度低，可见两湖区域与毗邻省份耦合协调的相互影响相对较弱；西南地区各省份空间关联程度普遍较弱，只有四川与重庆呈现出较强的空间关联，在此区域上"四元系统"耦合发展的省际相互促进、相互协调的基础格局尚未形成。基于空间联系势能值的测算结果，发现只有北京、天津两地势能值占比超过10%，体现了作为区域核心城市对周边地区强劲的辐射带动能力，除此以外的其他省份的势能值占比相差不大，相互之间的引力与影响力表现并不显著。综合以上分析结论，在研究期内，我国耦合协调度的强空间关联性只出现在少数局部区域，大部分省份尤其是边缘地区，"四元系统"耦合协调存在较为微弱的空间联系，因此作为区域核心省份的辐射带动能力普遍不强。

第二节 基于多元系统耦合的中国绿色经济发展策略

一 准确认识"四元系统"耦合关系，扫清耦合协调的制约因素

1. 技术创新引领产业结构升级方向，加强第三产业规模与空间聚集度

以高新技术产业为支柱产业是实现科技创新引领产业结构优化

升级发展的基础，也是提升协同创新、科技进步、产业结构高度协同的必要前提。高技术产业发达省份，通过优化产品结构、提升技术水平、加强中外合作、完善产业生态圈等方式进一步提升高技术产业发展质量；高技术产业欠发达省份，在战略规划、政策引导、资金支持等方面重点扶持计算机软件开发，网络通信及半导体研发，医药保健、生物科技、新能源与高效节能技术研发等行业，建立区域性产业园区并辅以优惠政策，吸引国内外优质企业入驻园区，带动本地高新技术产业提升产业竞争力，提升经济发展高级化水平。在确立高新产业为主导产业的基础上，大力推动生产性服务业协同发展进程、提升规模与空间集聚度。一方面，地方政府主管部门制定有利于提升服务业行业集中度的发展规划，促进地区生产性服务业加快生态圈建设、优化布局，重点培育几个有实力的集团性服务企业，从而提升规模集聚水平；另一方面，在空间布局上要注重与高新技术产业集群形成紧密衔接，通过建设先进的基础设施、网络环境、市场条件以吸引全社会服务性资源空间聚集，完善主导产业生态圈建设，充分激发高新技术产业对提升经济质量的促进作用。

2. 加强协同创新直接主体之间的合作强度，充分激发企业的引领与协调作用

政府与金融机构作为协同创新的间接主体，要持续加大对高新技术产业的创新投入力度，政府要围绕地区经济整体发展规划，制定并落实对重点产业科技创新的支持政策和资金预算，设立并完善政府财政部门与银行、金融管理部门的协调机制，破除阻碍创新资金流动的体制机制障碍。进一步加强企业、科研机构及高校等协同创新直接主体之间的合作强度，构建区域性"产学研"协同创新平台，增强企业、科研机构、高校间的信息交流，增加直接主体间的经济黏性；政府参与平台的运营及管理流程，优选优育科技企业资源，对于重点培育项目，选取有实力的科研机构、高校进行联合研发，对接对高新技术具有紧迫需求以及应用环境的企业，推进项目

研发与实际应用一体化的协同创新进程。另外，要充分发挥企业感知市场需求的优势，不断推进围绕企业需求的"产学研"相结合的技术创新体系建设，以实现对协同创新方向的精准把握。政府应形成对企业创新投入的约束、引导和监督机制，以充分激发企业对创新活动的引领作用，提升区域的经济活力与创新氛围；同时，政府也应承担相关信息发布、激励保障作用，通过整合社会层面信息发布创新潜力、创新投入评价报告，服务于企业的创新投入；设立创新投资基金以降低企业创新投入风险。此外，借助互联网融资平台的力量拓展融资渠道，通过构建利益共享、风险共担的合作机制，确保创新投资的规模性与持久性。

3. 提高技术研发产出效率，扩大创新集聚区的辐射范围

科技创新产出效率与质量的提升是实现科技进步体系良性运转的关键，强化科技创新活动的市场主导性，将技术研发与生产实际需求紧密结合起来，构建经济利益驱动研发经费追加投入机制，提升技术创新主体从事科技研发的积极性与主动性；注重发挥高质量研发成果推广应用的带动作用，形成以技术创新为纽带的研发主体合作联盟，构建成员间关于研发成果有偿使用的行为规范、专利保护机制，提升技术研发的有效性；产业结构调整方向要考虑与科技进步发展需求相吻合，大力发展信息服务业、科技服务业为代表的现代生产性服务业，一方面，完善科技创新配套体系，使其产出效率提升；另一方面，加强产业结构演进对科技进步的正向促进，实现两者耦合协调发展。针对省域间科技研发能力差距过大的问题，应充分发挥北部优势区域与东部优势区域的辐射带动作用，如实证分析结论中的位于长江三角洲的江、浙、沪三省，拥有技术研发比较优势，在高新技术产业升级进程中，可以将相对低端的子产业或功能逐渐迁移至周边省份，通过技术创新要素输出加强与周边地区研发活动的联系，以此带动研发实力相对落后地区提升科技研发实力。

4. 大力推进集约型经济增长方式改革，完善生态研发体系建设

引导企业提高自主创新能力，形成依托技术进步推动产业结构优化升级的经济发展模式。大力发展高新技术产业，鼓励具有产业发展优势的东部地区以投资参股的形式参与北部、西部等欠发达地区企业重组改造，政府搭建起联通两地资金、技术、人才的桥梁；注重引进资本与本地存量资产的统筹融合，在不增加额外投入的基础上，完成落后地区企业技术水平提高与现有资源配置优化的双重目标。充分发挥生产性服务业在产业结构生态化转型过程中的重要作用，以信息服务业、科技服务业引领工业信息化转型，一方面，充分发挥信息对物质、能源的节约和增值作用；另一方面，改变工业企业"信息孤岛"状态，通过固定资产、技术能力、研发资源的互联互通实现集约化产业模式创新，降低经济发展对资源和环境的压力。引导企业优化生态研发体系，通过设立环保基金激发研发人员在生产工艺环保性、制造材料环保性、生产方式环保性等方面的积极性，构建起企业内部生态研发环境；政府出台相关企业污染物排放规定及法律条文，将节能减排与企业利益紧密结合起来，形成节能减排生产的自我约束机制，提升企业技术创新诉求。建立生态补偿机制，注重技术创新与生态的互补性，实现产业创新与生态环境的良性循环和协调发展。

二　推进科技创新制度保障体系建设，实施差别化的耦合协调策略

1. 充分发挥政府制度保障作用

"四元系统"耦合协调状态的实现需要地方政府的统筹规划和制度保障，确立科技研发产业先导性地位，以此才能促进协同创新，带动产业结构高级化演进，实现环境友好型经济发展方式转变。政府要做好推进区域科技创新的制度保障工作，需要在以下几

个方面进行规划：第一，政府积极推进以高新技术企业为代表的科技创新产业改革力度，以制度约束产业规模与结构布局，防止粗放型资本盲目注入所导致的"小、散、乱"的行业格局，对原有科技创新资产进行高效、合理的配置，积极引导省内外新增资产按照长远发展规划进行整合与重组。第二，制定政府与科研机构及企业共同参与的科技创新管理制度，充分发挥政府对于科学技术知识的生产、扩散及其应用的总体规划和引导功能；对于"高能耗、高排放"的传统产业，政府应参与企业日常生产、质量管理、技术研发、污染物排放的监督与管理工作，以制度的形式量化企业技术研发投入比例、高新技术人才引进计划、污染物排放量等，加快其产业技术升级的步伐。第三，充分发挥政府在地区间科技创新协同发展的"资源调节器"作用，鼓励科技实力较强地区对相对落后地区的对口帮扶，减少科技创新要素地区间流动的制度约束，通过政策倾斜、财政支持、资源引入等措施加快完善落后地区科技创新体系建设。促进基于科研项目的周边地区合作，发挥创新资源共享、创新能力互补的优势，形成基于区域协同的科技创新产业布局。

2. 完善增强地区科技实力的政策体系

针对我国大部分省份研发投入不足的问题，国家层面应根据各省份科技创新发展水平，出台相关政策以确保研发经费投入达到相应比例；对于东北、西部以及部分中部科技发展落后地区，应基于实际情况制定帮扶政策，例如，加强中央转移支付力度、减少企业特别是中小型企业申请科研经费的限制条件，平衡省域科技创新资源分布，政策引领落后地区科技企业获得参与国家重点科研项目的机会，促进其融入高层次技术创新生态圈，利用后发优势实现对发达地区的快速追赶。地方政府应正确理解科技进步与协同创新的关系，辩证地认识科技进步的主导性以及协同创新的带动性，科技进步是协同创新的根本目标，协同创新是科技进步的主要实现方式，因此各省（自治区、直辖市）政府要通过制定行业发展政策以促进二者耦合协调，避免各自为政、割裂发展。激励企业、科研机构、高等院校等直接创新主体的创新行为，制定高技术人才引进与培养、地方财政科技与教育支出、引进优质外商资本等发展规划，优化配置技术生产要素在直接创新主体之间的分配；制定政策确保银行等金融机构对高技术企业研发资金投入的连续性与持久性；政府作为纽带促进企业、科研机构、高等院校形成产业联盟，同时又作为间接创新主体，连同金融机构发挥好政策保障及资金支持等作用，构建起合作共赢、利益共享、风险共担的科技协同创新生态圈。此外，省、市级政府还要发挥监管的作用，具体包括设置监管部门以及时审核、跟踪研发经费的使用情况；制定科研项目评价准则以确保科研经费投入产出效率；加强研发经费对节能环保生产技术的倾斜力度，以发挥技术创新对生态经济的引领作用。

3. 实施差别化的耦合协调策略

由于我国七大区域"四元系统"耦合协调发展水平存在一定的差异性，应因地制宜地制定有针对性的策略来提升不同地区的耦合协调度。以长江三角洲为核心的东部沿海地区，在经济发展水平、科技与创新资源、劳动力与资本等方面具有明显优势，东部地区应充分利用现有优势，进一步推进产业结构高级化程度，一是加大产业自主创新政策导向和支持力度，集中优势研发资金与技术人才快速完善高科技、生物工程、新材料研发、清洁能源技术开发等产业布局，加快落后产业向对口区域转移速度；二是提高产业间资源配置效率，充分利用互联网技术来实现以信息化、数字化为核心的产业生产方式转变，破除阻碍生产要素合理流动的制约因素，构建基础设施共用、生产要素互通、企业能力共享的集约化发展模式；三是大力发展信息服务、现代金融、技术服务为主的生产性服务业，加速产业结构高级化、清洁化升级。东北地区是我国"工业摇篮"，应充分发挥重型机械、汽车、化工、钢铁等产业的生产制造、科学研发的基础优势，集中力量引导工业结构高级化演进和生态经济发展。加大国内外先进生产制造技术及人才的引进力度,支持工业技术设备改造更新,提升产品的技术含量和附加价值,培育产业核心竞争力;对高污染、高能耗产业进行清洁化改造或引进替代,加大清洁制造技术的研发力度,从源头上节约资源、降低污染物产生量及排放量,提升生态效率。中部地区应继续深化以服务业为主导的产业结构升级,加强中部各省份之间的经济技术联系,注重与东部地区形成配套性、互补性的互动合作关系,深化基于区域间合作的专业化分工与协作。西部地区经济发展水平相对较低,产业结构处于低端化状态,因此应将策略的重点聚焦于提升经济实力及产业结构层次、加强对资源与能源利用率的监管、实现经济与资源环境协调发展。

三 构建跨区域经济协同发展模式,扩大核心地区辐射范围

1. 夯实优势地区发展基础,发挥核心城市群带动作用

基于实证分析结论,"四元系统"耦合协调度较高的区域分布在以北京、上海、广州为中心的周边地区,要进一步夯实耦合发展基础,因势利导地制定协调发展策略。充分发挥京津冀城市群的协同创新与科技进步优势,保持政府、企业对科技创新投入强度的基础上,加强金融机构对地区研发的资金支持,同时促进企业与高校科技创新协同化程度;发挥天津、河北对接北京产业转移的承接作用,以支持北京以科技进步、协同创新为主导的产业结构升级,推进生态环保型城市建设进程。另外,利用通过产业功能、资源要素、结构布局等多方对接,带动京津冀经济协同发展。保持长三角区域产业结构高级化优势,加强第三产业规模与空间集聚程度,引导通过合作、入股或兼并的形式提升服务业集聚化程度,加强基于上海人力资本优势、江苏科技研发与外资利用优势的互补式联合,

积累整个区域科技研发实力，带动产业结构清洁化、技术化、服务化联动演进。注重发挥江浙沪对周边耦合协调落后地区的带动作用，基于与安徽、福建高空间关联强度的结论，优先构建起地区之间产业结构、资源技术等方面的协同模式，奠定更大区域内"四元系统"耦合协调发展基础。广东作为华南地区耦合协调度较高的省份，应进一步提升第三产业空间维度的集中化发展。利用自身在技术研发、国际技术引进方面的优势，加强清洁能源、环保材料等领域的科技创新，推进高端及深加工产品制造及服务的产业布局深度，引导低附加值产业逐步有序地向周边地区转移，在提升"四元系统"耦合发展的同时，带动耦合协调落后地区经济发展水平和质量的提升。

2. 加强区域间要素流动，营造协同发展环境

破解行政分割壁垒是促进区域经济一体化、实现区域要素自由流动的关键举措。充分发挥地区市场和政府的双轮驱动作用，一方面，通过取消商品流动限制实现市场一体化；另一方面，加快推进政府数字化转型，推动区域政务服务信息互联互动和开放共享，建设区域标准统一、要素自由匹配的开放融合市场。在市场与政府的引领下，以比较优势选择区域内的产业布局，形成区域联动、互补共生的产业结构升级模式。促进区域间创新资源流动，打破"吸虹"效应怪圈，实现区域间创新资源梯度转移。大力推进体制机制创新，建立一体化的人才互认机制、一体化科技基础设施共享机制，实现科技资源区域间高效流动和配置。拓展地区数字产业的创新发展平台，培育引领数字经济未来发展的创新人才和增强数字经济产业多元供给的创新金融，形成数字经济高地，更为有力地促进区域间产业数字化融合发展。营造基于核心城市群的协同发展"硬环境"与"软环境"，一是要强化交通对接，加快干线公路建设，加强投资环境升级的基础硬件建设力度；二是要制定区域间协同的科研对接策略，把人才培养、吸引、使用机制与产业结构调整、区

域经济发展紧密结合，引导推进联建研发机构、主攻共性技术、深化技术交易、完善地方标准等方面合作，增强自主研发能力，推进科技创新引领的区域产业结构互动升级。

3. 明确地区定位，寻求"四元系统"耦合协调差异化发展路径

各省份依据自身产业结构、科技实力、生态经济发展现状，明确在区域经济发展中所处地位和应发挥的功能，进而"扬长避短"地发挥比较优势，以此为导向进行产业结构布局、产业政策促进、生产要素配置，走具有特色的区域"四元系统"耦合协调发展之路。对于区域中心型城市，在经济发展、产业结构高级化、技术创新能力、优质生产要素等方面占据优势，应重点改善主导及配套产业分散的格局，加强产业集聚能力，构筑具有竞争优势的产业集群，大力拓展生态环保型产业规模，强化资源密集型产业的生态化转型力度，逐步引导劳动密集型或能源密集型产业向周边对接地区转移，加强区域间联系与互动，提升生产要素跨区域配置效率；资源禀赋型城市应将降低资源投入数量与提高产出经济效益作为重点发展方向，依托技术研发提升产品附加值、延伸产业链条，探索由初级生产加工模式向高级研发创新模式演进的产业转型之路。构建完善的产业生态保护系统，以制度和政策动态约束企业资源消耗与污染物排放等行为，将其作为接受外来产业转移的重要参考指标，以税费减免等优惠政策吸引清洁技术研发、生态环境服务等配套产业区域集中，促进区域生态效率水平提升。生态友好型城市应不断优化产业的科学布局，进一步加强科技与服务类产业的政策倾斜，打造技术输出、信息咨询、互联网金融等"软实力"品牌，同时对集约节能企业给予政策与资金补贴，在自身环境承载力水平内进行产业扩容，不断优化生态环境及绿色空间布局，促进产业结构与生态环境耦合发展。

参考文献

白俊红、蒋伏心：《协同创新、空间关联与区域创新绩效》，《经济研究》2015 年第 7 期。

蔡玉蓉、汪慧玲：《产业结构升级对区域生态效率影响的实证》，《统计与决策》2020 年第 1 期。

陈傲：《中国区域生态效率评价及影响因素实证分析——以 2000—2006 年省际数据为例》，《中国管理科学》2008 年第 S1 期。

陈建军、胡晨光：《产业集聚的集聚效应——以长江三角洲次区域为例的理论和实证分析》，《管理世界》2008 年第 6 期。

陈林心、何宜庆、程家鼎：《创新、创业与生态效率提升研究——基于长江中游城市群的空间面板模型》，《华东经济管理》2016 年第 10 期。

陈明华、刘文斐、王山等：《长江经济带城市生态效率的空间格局及演进趋势》，《资源科学》2020 年第 6 期。

陈新华、方凯、刘洁：《科技进步对广东省生态效率的影响及作用机制》，《科技管理研究》2017 年第 1 期。

陈真玲：《基于超效率 DEA 模型的中国区域生态效率动态演化研究》，《经济经纬》2016 年第 6 期。

陈真玲：《生态效率、城镇化与空间溢出——基于空间面板杜宾模型的研究》，《管理评论》2016 年第 11 期。

成金华、孙琼、郭明晶等：《中国生态效率的区域差异及动态演化研究》，《中国人口资源与环境》2014年第1期。

戴铁军、陆钟武：《钢铁企业生态效率分析》，《东北大学学报》（自然科学版）2005年第12期。

邓波、张学军、郭军华：《基于三阶段DEA模型的区域生态效率研究》，《中国软科学》2011年第1期。

邓霞：《区域生态效率评价研究——以长江经济带为例》，《价格理论与实践》2019年第11期。

邓祥征、刘纪远：《中国西部生态脆弱区产业结构调整的污染风险分析——以青海省为例》，《中国人口·资源与环境》2012年第5期。

董锁成、李泽红、李斌等：《中国资源型城市经济转型问题与战略探索》，《中国人口·资源与环境》2007年第5期。

方杏村、田淑英、王晓玲：《财政分权、产业集聚影响城市生态效率的空间效应分析——基于空间杜宾面板模型的经验研究》，《城市问题》2020年第4期。

冯薇：《产业集聚与生态工业园的建设》，《中国人口·资源与环境》2006年第3期。

顾典、徐小晶：《中国产业结构优化升级对生态效率的影响》，《生态经济》2020年第6期。

顾荣华、朱玉林：《江苏省生态效率的时空特征与影响因素——基于随机前沿生产函数与空间计量的检验》，《地域研究与开发》2020年第6期。

韩洁平、王霞、闫晶：《东北地区生态效率评价及其影响因素分析》，《科技管理研究》2017年第13期。

韩增林、王倩雯、刘天宝等：《中国生态效率时空动态分布与演进趋势》，《统计与决策》2019年第22期。

胡彪、张旭东、程达等：《京津冀地区城市化效率与生态效率时空耦合关系研究》，《干旱区资源与环境》2017年第8期。

李虹、张希源：《区域生态创新协同度及其影响因素研究》，《中国人口·资源与环境》2016年第6期。

李华旭、孔凡斌：《长江经济带沿江地区产业生态化效率研究——基于沿江9省（区）27个城市2011—2014年相关统计数据》，《企业经济》2016年第10期。

李田、黄晨红、张伟等：《河北省域地市旅游产业集群实证研究》，《地理与地理信息科学》2018年第2期。

李勇刚、张鹏：《产业集聚加剧了中国的环境污染吗——来自中国省级层面的经验证据》，《华中科技大学学报》（社会科学版）2013年第5期。

刘丙泉、李雷鸣、宋杰鲲：《中国区域生态效率测度与差异性分析》，《技术经济与管理研究》2011年第10期。

刘军、程中华、李廉水：《产业聚集与环境污染》，《科研管理》2016年第6期。

路战远、智颖飙、王再岚等：《资源—环境双重约束下的区域生态效率的时序特征——以广西壮族自治区为例》，《生态环境学报》2010年第8期。

罗良文、张万里：《区域绿色技术创新效率对生态效率的影响分析》，《湖北社会科学》2017年第3期。

马骏、周盼超：《产业升级对提升长江经济带生态效率的空间效应研究》，《南京工业大学学报》（社会科学版）2020年第2期。

庞庆华、周未沫：《李铭珍江苏省金融集聚、区域创新和生态效率时空耦合协调》，《华东经济管理》2020年第5期。

彭建、王仰麟、叶敏婷等：《区域产业结构变化及其生态环境效应——以云南省丽江市为例》，《地理学报》2005年第5期。

邱海洋：《共享经济发展对区域生态效率影响的空间计量分析》，《现代经济探讨》2018年第7期。

邱立新、周家萌：《浙江省县域尺度生态效率的时空分异及影响因素》，《华东经济管理》2020 年第 10 期。

邱寿丰、诸大建：《我国生态效率指标设计及其应用》，《科学管理研究》2007 年第 1 期。

屈文波：《环境规制、空间溢出与区域生态效率——基于空间杜宾面板模型的实证分析》，《北京理工大学学报》（社会科学版）2018 年第 6 期。

任小静、屈小娥：《我国区域生态效率与环境规制工具的选择——基于省际面板数据实证分析》，《大连理工大学学报》（社会科学版）2020 年第 1 期。

商燕劼、庞庆华、李涵：《江苏省城市竞争力、区域创新与生态效率的时空耦合研究》，《华东经济管理》2020 年第 12 期。

史丹：《我国经济增长过程中能源利用效率的改进》，《经济研究》2002 年第 9 期。

宋改凤、刘艳中、朱晓南等：《基于能值分析的武汉市生态效率动态变化研究》，《生态经济》2019 年第 7 期。

孙欣、赵鑫、宋马林：《长江经济带生态效率评价及收敛性分析》，《华南农业大学学报》（社会科学版）2016 年第 5 期。

唐晓灵、曹倩：《基于"能源—经济—环境"系统的省际生态效率影响机理研究》，《环境污染与防治》2020 年第 5 期。

汪晓文、刘娟：《城镇化对西部地区生态效率的影响》，《城市问题》2019 年第 10 期。

汪艳涛：《生态效率区域差异及其与产业结构升级交互空间溢出效应》，《地理科学》2020 年第 8 期。

汪艳涛、张娅娅：《生态效率区域差异及其与产业结构升级交互空间溢出效应》，《地理科学》2020 年第 8 期。

王兵、聂欣：《产业集聚与环境治理：助力还是阻力——来自开发区设立准自然实验的证据》，《中国工业经济》2016 年第 12 期。

王波、方春洪：《基于因子分析的区域经济生态效率研究——以2007年省际间面板数据为例》，《环境科学与管理》2010年第2期。

王晓玲、方杏村：《东北老工业基地生态效率测度及影响因素研究——基于DEA-Malm Quist-Tobit模型分析》，《生态经济》2017年第5期。

魏巍贤、杨芳：《技术进步对中国二氧化碳排放的影响》，《统计研究》2010年第7期。

吴磊、熊英：《长江经济带生态效率测评及提升模式构建》，《生态经济》2018年第12期。

吴义根、冯开文、胡鹏：《人口增长、产业结构优化与区域生态效率》，《大连理工大学学报》（社会科学版）2019年第2期。

吴义根、冯开文、曾珍：《我国省际区域生态效率的空间收敛性研究》，《中国农业大学学报》2019年第2期。

谢波、单灿阳、张成浩：《科技创新、环境规制对区域生态效率的影响研究》，《生态经济》2018年第4期。

徐瑞：《产业集聚对城市环境污染的影响》，《城市问题》2019年第11期。

徐兴珍、彭金发：《浅析科技创新与生态文明建设协调发展》，《长春理工大学学报》（社会科学版）2014年第10期。

严炜：《发达国家科技进步促进循环经济发展探索》，《湖北社会科学》2011年第7期。

严炜：《基于科技进步的湖北省循环经济发展研究》，《科技进步与对策》2015年第11期。

阎晓、田钰、李荣杰：《资源型地区工业集聚对生态效率的影响——基于我国9个典型资源型省份的实证研究》，《应用生态学报》2020年第6期。

杨斌：《2000—2006年中国区域生态效率研究——基于DEA方法的实证分析》，《经济地理》2009年第7期。

杨洁：《区域低碳产业协同创新体系形成机理及实现路径研究》，《科技进步与对策》2014 年第 4 期。

杨俊、邵汉华、胡军：《中国环境效率评价及其影响因素实证研究》，《中国人口·资源与环境》2010 年第 2 期。

杨坤、汪万：《长三角地区协同创新、产业结构与生态效率耦合协调发展的时空演化》，《科技管理研究》2020 年第 21 期。

杨柳青青：《产业格局、人口集聚、空间溢出与中国城市生态效率》，博士学位论文，华中科技大学，2017 年。

杨桐彬、朱英明、王念等：《长三角城市生态效率的地区差异与空间收敛》，《华东经济管理》2020 年第 7 期。

易杏花、刘锦钿：《我国西部地区生态效率评价及其影响因素分析》，《统计与决策》2020 年第 1 期。

雍会、吴强：《科技进步促进塔里木河流域生态经济发展分析》，《生态经济》2011 年第 4 期。

余昀霞、王英：《中国制造业产业集聚的环境效应研究》，《统计与决策》2019 年第 3 期。

喻胜华、傅榕：《长三角地区生产性服务业集聚对区域生态效率的影响》，《湖南大学学报》（社会科学版）2020 年第 2 期。

张军、吴桂英、张吉鹏：《中国省际物质资本存量估算：1952—2000》，《经济研究》2004 年第 10 期。

张可、汪东芳：《经济集聚与环境污染的交互影响及空间溢出》，《中国工业经济》2014 年第 6 期。

张立新、闫振好：《高技术产业技术创新与生态效率协同度研究——以山东省为例》，《大连理工大学学报》（社会科学版）2019 年第 5 期。

张亮亮：《产业集聚与环境污染关系的再考察——来自中国工业行业的经验证据》，《西部经济管理论坛》2018 年第 4 期。

张治栋、秦淑悦：《产业集聚对城市绿色效率的影响——以长江经济带 108 个城市为例》，《城市问题》2018 年第 7 期。

周国梅、彭昊、曹凤中：《循环经济和工业生态效率指标体系》，《城市环境与城市生态》2003 年第 6 期。

周俊俊、樊新刚、杨美玲等：《县域生态效率影响因素分析及趋势预测——以宁南山区三县为例》，《水土保持研究》2020 年第 5 期。

诸大建、朱远：《生态效率与循环经济》，《复旦学报》（社会科学版）2005 年第 2 期。

祝尔娟、鲁继通：《以协同创新促京津冀协同发展：在交通、产业、生态三大领域率先突破》，《河北学刊》2016 年第 2 期。

Arabi, B., Munisamy, S., Eerouznejad, A., et al., "Power industry Restructuring and Eco-efficiency Changes: A New Slacks-based Model in Malmquist-Luenberger Index Measurement", *Energy Policy*, 2014, 68: 132 – 145.

Birol, F., Keppler, J. H., "Prices, Technology Development and the Reboundeffect", *Energy Policy*, 2000 (28): 457 – 469.

Camarero, M., Castillo, J., Picazo-Tadeo, A. J., "Tamarit C. Ecoefficiency and Convergence in OECD Countries", *Environmental and Resource Economics*, 2013, 55 (1): 87 – 106.

Cheng, Z., "The Spatial Correlation and Interaction Between Manufacturing Agglomeration and Environmental Pollution", *Ecological Indicators*, 2016, 61: 1024 – 1032.

Cole, M. A., Elliott, R. J. R., "Determining the Trade-environment Composition Effect: The Role of Capital, Labor and Environmental Regulations", *Journal of Environmental Economics & Management*, 2003, 46 (3): 363 – 383.

Cole, M. A., "Air Pollution and 'Dirty' Industries: How and Why Does the Composition of Manufacturing Output Change with Economic Development?", *Environmental & Resource Economics*, 2000, 17 (1).

Cole, R. J., Sterner, E., "Reconciling Theory and Practice of Lifecycle Costing", *Building Research & Information*, 2000, 28 (5 – 6): 368 – 375.

Copeland, B. R., Taylor, M. S., "Trade and the Environment", *Quarterly Journal of Economics*, 1994, 109 (3): 755 – 787.

Cramer, J., "Early Warning: Integrating Eco-efficiency Aspects into the Product Development Process", *Environmental Quality Management*, 2015, 10 (2): 1 – 10.

Dahlström, K., Ekins, P., "Eco-efficiency Trends in the UK Steel and Aluminum Industries", *Journal of Industrial Ecology*, 2010, 9 (4): 171 – 188.

Dasgupta, S., Laplante, B., Wang, H., et al., "Confronting the Environmental Kuznets Curve", *Journal of Economic Perspectives*, 2002, 16 (1): 147 – 168.

Dyckhoff, H., Allen, K., "Measuring Ecological Efficiency with data Envelopment Analysis (DEA)", *European Journal of Operational Research*, 2001, 132 (2): 312 – 325.

Fishsher-Vanden, K., "Technology Development and Energy Productivity in China", *Energy Economics*, 2006, 28 (56): 690 – 705.

Frank, A., "Urban Air Quality in Larger Conurbations in the European Union", *Environmental Modeling and Software*, 2001, 16 (4): 399 – 414.

Fare, R., Grosskoff, S., Norris, M., et al., "Productivity Growth, Technical Progress and Efficiency Change in Industrialized Countries", *American Economic Review*, 1994, 84 (1): 66 – 83.

Goto, M., Otsuka, A., Sueyoshi, T., "DEA (Data Envelopment Analysis) Assessment of Operational and Environmental Efficiencies on Japanese Regional Industries", *Energy*, 2014, 66 (4): 535 – 549.

Grossman, G. M., Krueger, A. B., "Economic Growth and the Environment", *The Quarterly Joumalofeconomics*, 1995, 110 (2): 353 – 377.

Hahn, T., Figge, F., Liesen, A., et al., "Opportunity Cost Based Analysis of Corporate Eco-efficiency: A Methodology and its Application to the CO_2 Efficiency of German Companies", *Journal of Environmental Management*, 2010, 91 (10): 1997 – 2007.

Han, F., Xie, R., Fang, J., et al., "The Effects of Urban Agglomeration Economies on Carbon Emissions: Evidence from Chinese Cities", *Journal of Cleaner Production*, 2018, 172: 1096 – 1110.

Hosoe, M., Naito, T., "Trans-boundary Pollution Transmission and Regional Agglomeration Effects", *Papers in Regional Science*, 2006, 85 (1): 99 – 120.

Janicke, M., Rennings, K., "Ecosystem Dynamics: The Principle of Co-evolution and Success Stories from Climate Policy", *International Journal of Technology Policy and Management*, 2011, 11 (3 – 4): 198 – 219.

Kaoru Tone, "A Slacks – based Measure of Efficiency in Data Envelopment Analysis", *European Journal of Operational Research*, 2001, 130 (3): 498 – 509.

Kielenniva, N., Antikainen, R., Sorvari, J., "Measuring Eco-Efficiency of Contaminated Soil Management at the Regional Level", *Journal of Environmental Management*, 2012, 109 (10): 179 – 188.

Kobayashi, Y., Kobayashi, H., Hongu, A., et al., "A Practical Method for Quantifying Eco-efficiency Using Eco-design Support Tools", *Journal of Industrial Ecology*, 2005, 9 (4): 131 – 144.

Korhonena, P. J., Luptacik, M., "Eco-efficiency Analysis of Power Plants: An Extension of Data Envelopment Analysis", *European Journal of*

Operational Research, 2004, 154 (2): 437 – 446.

Kuosmanen, T., "Measurement and Analysis of Eco-efficiency: An Economist's Perspective", *Journal of Industrial Ecology*, 2005 (4): 15 – 18.

Lahouel, B. B., "Eco-efficiency Analysis of French Firms: A Data Envelopment Analysis Approach", *Environmental Economics and Policy Studies*, 2016, 18 (3): 395 – 416.

Lan, J., Lenzen, M., Dietzenbacher, E., et al., "Structural Change and the Environment", *Journal of Industrial Ecology*, 2012, 16 (4).

Lee, T., Yeo, G., Thai, V. V., "Environmental Efficiency Analysis of Port Cities: Slacks-based Measure Data Envelopment Analysis Approach", *Transport Policy*, 2014, 33 (4): 82 – 88.

Marin, G., Mazzanti, M., Montini, A., "Linking NAMEA and Input output for 'consumption vs. production perspective' analyses: Evidence on emission efficiency and aggregation biases using the Italian and Spanish environmental accounts", *Ecological Economics*, 2012, 74: 71 – 84.

Mavi, R. K., Saen, R. F., GOH, M., "Joint Analysis of Eco-efficiency and Eco-innovation with Common Weights in Two-stage Network DEA: A big Data Approach", *Technological Forecasting and Social Change*, 2019, 144: 553 – 562.

Meier, M., "Eo-effieiency Valuation of Waste gas Purifieation Systems in the Chemical Industry", *Landsberg/Lech*, Germany: Ecomed, 1997.

Mickwitz, P., Melanen, M., Rosenström, U., et al., "Regional Eco-efficiency Indicators – A Participatory Approach", *Journal of Cleaner Production*, 2006, 14 (18): 1603 – 1611.

Muller, K., Sterm, A., "Standardized Eco-efficiency Indicators – Report 1: Concept Paper", *Basel*, 2001.

Panayotou, T., "Economic Growth and the Environment", *Value Engineering*, 2011, 110 (2): 277 – 284.

Plehn, J., Sproedt, A., Gontarz, A., et al., "From Strategic Goals to Focused Eco-efficiency Improvement in Production: Bridging the gap Using Environmental Value Stream Mapping", *Global Conference for Sustainable Manufacturing*, 2012.

Ramli, N. A., Munisamy, S., Arabi, B., "Scale Directional Distance Function and its Application to the Measurement of Eco-efficiency in the Manufacturing Sector", *Annals of Operations Research*, 2013, 211 (1): 381 – 398.

Ren Wenwen, Zhong Yang, John, M., et al., "Urbanization, Land Use, and Water Quality in Shanghai: 1947 – 1996", *Environment International*, 2003, 29 (5): 649 – 659.

Schaltegger, S., Sturm, A., "Ökologische Rationalitat", *Die Unternehmung*, 1990, 4: 273 – 290.

Scholz, R. W., Wiek, A., "Operational Eco-efficiency: Comparing Firms' Environmental Investments in Different Domains of Operation", *Journal of Industrial Ecology*, 2005, 9 (4): 155 – 170.

Seppäläa, J., Melanen, M., et al., "How can the Eco-efficiency of a Region be Measured and Monitored?", *Journal of Industrial Ecology*, 2005, 9 (9): 117 – 130.

Shabani, A., Torabipour, S. M. R., Farzipoor Saen, R., et al., "Distinctive Data Envelopment Analysis Model for Evaluating Global Environment Performance", *Applied Mathematical Modelling*, 2015, 39 (15): 4385 – 4404.

Sun, L. Y., Miao, C. L., Yang, L., "Ecological-economic Efficiency Evaluation of Green Technology Innovation in Strategic Emerging Industries Based on Entropy Weighted TOPSIS Method", *Ecological Indicators*, 2017, 73: 554 – 558.

Verhoef, E. T., Nijkamp, P., "Externalities in Urban Sustainability: Environmental Versus Localization-type Agglomeration Externalities in a General Spatial Equilibrium Model of a Single-sector Monocentric Industrial City", *Ecological Economics*, 2002, 40 (2): 157 – 179.

Wbcsd, "Eco-efficiency: Leadership for Improved Economic and Environmental Performance", Geneva: WBCSD, 1996: 3 – 16.

Zeng, D. Z., Zhao, L., "Pollution Havens and Industrial Agglomeration", *Journal of Environmental Economics and Management*, 2009, 58 (2): 141 – 153.

Zundel, Stefan, "Structural Change in Basic Industries and the Environment-Theoretical Foundations and Classic Economic Theories", *Green Industrial Restructuring*, 2001.

附　　录

附表 1　　　　　　　各种能源折标煤参考系数

能源名称	平均低位发热量	折标准煤系数
原煤	20908 千焦/（5000 千卡）/千克	0.7143 千克标准煤/千克
焦炭	28435 千焦/（6800 千卡）/千克	0.9714 千克标准煤/千克
原油	41816 千焦/（10000 千卡）/千克	1.4286 千克标准煤/千克
燃料油	41816 千焦/（10000 千卡）/千克	1.4286 千克标准煤/千克
汽油	43070 千焦/（10300 千卡）/千克	1.4714 千克标准煤/千克
煤油	43070 千焦/（10300 千卡）/千克	1.4714 千克标准煤/千克
柴油	42652 千焦/（10200 千卡）/千克	1.4571 千克标准煤/千克
液化石油气	50179 千焦/（12000 千卡）/千克	1.7143 千克标准煤/千克
天然气	32238—38931 千焦/（7700—9310 千卡）/立方米	1.1—1.33 千克标准煤/立方米
焦炉煤气	16726—17981 千焦/（4000—4300 千卡）/立方米	0.5714—0.6143 千克标准煤/立方米
水煤气	10454 千焦/（2500 千卡）/立方米	0.3571 千克标准煤/立方米
煤焦油	33453 千焦/（8000 千卡）/千克	1.1429 千克标准煤/千克
热力（当量）	—	0.03412 千克标准煤/百万焦耳
电力（当量）	3600 千焦/（860 千卡）/千瓦小时	0.1229 千克标准煤/千瓦小时

附表 2　　　　　2009—2018 年我国 30 个省份生态效率

投入产出指标原始数据

年份	地区	AO	RI_1	RI_2	RI_3	RI_4	RI_5	EI_1	EI_2	EI_3
2018	北京	14.076	0.240	39.3	1469	7910.1	1237.8	8422	83.98	628
	天津	12.057	0.424	28.4	1078	10656.7	896.6	17729	135.03	1523

年份	地区	AO	RI$_1$	RI$_2$	RI$_3$	RI$_4$	RI$_5$	EI$_1$	EI$_2$	EI$_3$
	河北	4.766	0.894	182.4	2163	35411.2	4196.1	38000	721.15	32000
	山西	4.523	1.201	74.3	1180	6384.9	1910.9	21872	527.00	37376.5
	内蒙古	6.823	1.334	192.1	1270	10047.4	1348.6	22400	666.10	28690.7
	辽宁	5.808	0.882	130.3	2670	6923.8	2260.6	39554.7	479.65	26525.8
	吉林	5.575	0.464	119.5	1539	13496.4	1474.2	20049	199.40	5633
	黑龙江	4.337	0.699	343.9	1825	10761.3	1986.4	19965.7	270.49	8248.4
	上海	13.482	0.350	103.4	1238	7623.4	1375.6	29100	194.34	1668.8
	江苏	11.501	0.342	592	4558	56207.3	4750.9	143600	740.06	11810
	浙江	9.796	0.386	173.8	2919	33946.4	3836.0	119936	391.10	5134
	安徽	4.745	0.443	285.8	2110	32729.5	4385.3	42587.0	383.07	13076.7
	福建	9.085	0.367	186.9	1588	29454.2	2791.4	147007.4	239.29	6117.6
	江西	4.730	0.422	250.8	1546	24536.8	2636.1	39556.7	232.78	11664.8
	山东	7.611	0.531	212.7	5164	57466.0	6180.6	135365	804.62	25014.7
	河南	5.003	0.472	234.6	2797	48101.2	6692.0	55444	487.23	16394.1
2018	湖北	6.653	0.424	296.9	2510	35833.4	3580.0	45849	334.56	8472
	湖南	5.280	0.427	337	1837	35155.2	3738.6	32704.6	322.72	4592.1
	广东	8.574	0.343	420.9	6036	41802.3	6508.7	122500	560.85	6623.4
	广西	4.132	0.532	287.8	1476	22713.0	2848.3	34255	235.33	7629
	海南	5.174	0.449	45.1	380	3713.9	600.5	5978	45.19	488.2
	重庆	6.565	0.420	77.2	1497	18764.6	1709.5	20780	163.13	2520
	四川	4.877	0.490	259.1	2982	35156.1	4881.0	49465.2	308.42	14288.3
	贵州	4.113	0.678	106.8	1053	17953.6	2038.5	18000	264.14	10549.8
	云南	3.702	0.648	155.7	1164	21132.6	2992.8	197000	201.85	17710.6
	陕西	6.325	0.528	93.7	1356	26296.6	2071	21722.4	257.77	11146.5
	甘肃	3.127	0.949	112.3	891	5600.5	1555.6	10539.4	148.19	4992.7
	青海	4.752	1.523	26.1	202	4167.0	329.3	8652	55.08	13740.7
	宁夏	5.385	1.916	66.2	482	3049.8	380.9	13039.6	183.55	5790
	新疆	4.905	1.450	548.8	1312	9042.7	1255.2	16000	434.52	9723.7
	北京	12.907	0.255	39.5	1446	8370.4	1246.8	8494.0	70.06	630.3
2017	天津	11.991	0.432	27.5	1088	11288.9	894.8	18106.0	132.15	1495.4
	河北	4.581	0.893	181.6	2120	33406.8	4218.2	90032.0	541.90	32721.4

续表

年份	地区	AO	RI$_1$	RI$_2$	RI$_3$	RI$_4$	RI$_5$	EI$_1$	EI$_2$	EI$_3$
2017	山西	4.238	1.292	74.9	1178	6040.5	1914.1	24041.0	1521.41	34162.5
	内蒙古	6.410	1.237	188	1269	14013.2	1424.9	21600.0	765.07	27952.5
	辽宁	5.342	0.921	131.1	2644	6676.7	2284.7	51284.1	515.65	27465.6
	吉林	5.428	0.536	126.7	1452	13283.9	1488.5	20050.0	214.52	5143.4
	黑龙江	4.149	0.788	353.1	1820	11292.0	2011.1	18059.0	355.33	7069.6
	上海	12.683	0.387	104.8	999	7246.6	1372.7	31600.0	156.58	1630.5
	江苏	10.766	0.366	591.3	4427	53277.0	4757.8	165213.0	645.05	12002.5
	浙江	9.346	0.406	179.5	2829	31696.0	3796.0	122917.0	401.44	4485.3
	安徽	4.398	0.483	290.3	2039	29275.1	4377.9	56100.0	397.02	12002.2
	福建	8.383	0.401	192	1517	26416.3	2805.7	69900.0	232.92	5461.6
	江西	4.382	0.450	248	1454	22085.3	2645.6	41206.6	179.01	12340.9
	山东	7.376	0.533	209.5	4971	55202.7	6560.6	145686.0	1101.80	23925.4
	河南	4.700	0.515	233.8	2685	44496.9	6767	58700.0	557.62	15684.7
	湖北	6.063	0.483	290.3	2341	32282.4	3610	44158.0	266.93	8112.2
	湖南	4.998	0.477	326.9	1709	31959.2	3817.2	34773.0	275.97	4354.1
	广东	8.269	0.361	433.5	5911	37761.8	6340.8	134000.0	533.20	6340
	广西	3.862	0.565	284.9	1414	20499.1	2842	35949.8	193.85	6503.3
	海南	4.899	0.471	45.6	324	4244.4	583.9	5978.0	60.75	437.4
	重庆	6.439	0.491	77.4	1423	17537.1	1714.6	25874.0	127.77	1943.2
	四川	4.508	0.564	268.4	2832	31902.1	4872	53216.0	229.76	13756.4
	贵州	3.836	0.774	103.5	986	15503.9	2023.2	17380.0	340.34	9353
	云南	3.454	0.677	156.6	1142	18936.0	2992.7	20492.0	198.22	13725.2
	陕西	5.774	0.572	93	1287	23819.4	2072	30875.5	637.83	10080.7
	甘肃	2.870	1.010	116.1	869	5827.8	1563.5	10425.6	173.99	5333.9
	青海	4.461	1.601	25.8	200	3883.6	327	8666	48.68	12996
	宁夏	5.080	1.884	66.1	458	3728.4	375.9	10892	226.24	4877
	新疆	4.611	1.598	552.3	1244	12089.1	1307.6	16000	452.26	9223.4
2016	北京	11.930	0.271	38.8	1420	7943.9	1220.1	8515	74.94	629
	天津	11.791	0.461	27.2	1008	12779.4	902.4	18022	130.35	1490
	河北	4.343	0.929	182.6	2056	31750.0	4224.0	87692	614.57	33236
	山西	3.577	1.487	75.5	1158	14198.0	1908.2	28513.4	1433.11	28845

年份	地区	AO	RI$_1$	RI$_2$	RI$_3$	RI$_4$	RI$_5$	EI$_1$	EI$_2$	EI$_3$
2016	内蒙古	7.237	1.073	190.3	1242	15080.0	1474.0	24200	754.62	24762
	辽宁	5.066	0.945	135.4	2798	6692.3	2301.2	57639.2	508.94	22822
	吉林	5.369	0.542	132.5	1426	13923.2	1501.7	19237	214.18	4006
	黑龙江	4.014	0.798	352.6	1810	10648.4	2077.3	23934.7	365.37	6940
	上海	11.617	0.416	104.8	999	6755.9	1365.2	36600	158.23	1680
	江苏	9.722	0.401	577.4	4299	49663.2	4756.2	179400	653.12	11649
	浙江	8.579	0.429	181.1	2673	30276.1	3760.0	129913	379.18	4263
	安徽	4.012	0.520	290.7	2002	27033.4	4361.6	49624	299.90	12653
	福建	7.570	0.429	189.1	1469	23237.4	2797.0	68872	217.15	4449
	江西	4.073	0.473	245.4	1371	19694.2	2637.6	85526.6	176.67	12665
	山东	6.949	0.569	214	4795	53322.9	6649.7	160579.8	1096.72	22510
	河南	4.289	0.571	227.6	2544	40415.1	6726.0	69500	536.84	14256
	湖北	5.616	0.516	282	2249	30011.7	3633.0	49090	253.98	8193
	湖南	4.683	0.501	330.4	1626	28353.3	3920.4	48692.9	265.51	5320
	广东	7.540	0.386	435	5808	33303.6	6279.2	134000	506.86	5610
	广西	3.853	0.551	290.6	1334	18236.8	2841.0	32554	182.48	6938
	海南	4.486	0.495	45	321	3890.5	558.1	5066	62.26	330
	重庆	5.931	0.519	77.5	1351	16048.1	1717.5	19303	142.18	2344
	四川	4.046	0.618	267.3	2616	28812.0	4860.0	50788.6	250.14	11765
	贵州	3.357	0.868	100.3	845	13204.0	1983.7	16400	348.36	7753
	云南	3.137	0.721	150.2	1131	16119.4	2998.9	48800	184.54	13122
	陕西	5.139	0.625	90.8	1127	20825.3	2073.0	28416.8	590.05	8648
	甘肃	2.779	1.019	118.4	870	9664.0	1558.5	13022.1	169.72	5091
	青海	4.409	1.598	26.4	197	3528.1	324.3	8432	53.15	14669
	宁夏	4.790	1.765	64.9	442	3794.3	369.2	12194.2	189.72	3618
	新疆	4.198	1.689	565.4	1199	10287.5	1263.1	15900	410.85	8530
2015	北京	10.883	0.298	38.2	1401	7496.0	1186.1	8978	83.39	710
	天津	11.234	0.499	25.7	885	11832.0	896.8	18973	61.24	1546
	河北	4.065	0.986	187.2	1944	29448.3	4212.5	94110	639.37	35372
	山西	3.517	1.518	73.6	1123	14074.2	1872.8	41356	1474.50	31794
	内蒙古	7.139	1.061	185.8	1225	13702.2	1463.7	35753	753.80	26669

续表

年份	地区	AO	RI$_1$	RI$_2$	RI$_3$	RI$_4$	RI$_5$	EI$_1$	EI$_2$	EI$_3$
	辽宁	6.531	0.756	140.8	2462	17917.9	2409.9	83140	502.37	32434
	吉林	5.111	0.579	133.6	1399	12705.3	1480.6	38772	218.85	5385
	黑龙江	3.933	0.804	355.3	1772	10183.0	2013.7	36410	347.80	7495
	上海	10.402	0.453	103.8	999	6352.7	1361.5	46939	161.65	1868
	江苏	8.831	0.431	574.5	4189	46246.9	4758.5	206427	634.16	10701
	浙江	7.800	0.457	186.1	2591	27323.3	3733.7	147353	381.50	4486
	安徽	3.649	0.560	288.7	1926	24386.0	4342.1	71436	392.85	13059
	福建	6.884	0.469	201.3	1414	21301.4	2768.4	90741	234.47	4956
	江西	3.698	0.505	245.8	1296	17388.1	2615.8	76412	170.41	10777
	山东	6.473	0.602	212.8	4609	48312.4	6632.5	186440	1052.18	19798
	河南	3.931	0.626	222.8	2503	35660.4	6636.0	129809	537.07	14722
	湖北	5.096	0.555	301.3	2197	26563.9	3672.0	80817	252.88	7750
2015	湖南	4.320	0.535	330.4	1573	25045.1	3980.3	76888	250.52	7126
	广东	6.841	0.414	443.1	5633	30343.0	6219.3	161455	497.95	5609
	广西	3.561	0.581	299.3	1275	16227.8	2820.0	63253	173.23	6977
	海南	4.136	0.523	45.8	338	3451.2	555.8	6879	65.35	422
	重庆	5.292	0.568	79	1329	14353.2	1707.4	35524	139.19	2828
	四川	3.707	0.662	265.5	2282	25525.9	4847.0	71647	253.58	12316
	贵州	2.999	0.947	97.5	789	10945.5	1946.7	29174	327.57	7055
	云南	2.906	0.760	150.1	1060	13500.6	2942.5	45933	178.65	14109
	陕西	4.788	0.650	91.2	1073	18582.2	2071.0	37730	529.36	9330
	甘肃	2.630	1.108	119.2	834	8754.2	1545.2	18760	176.58	5824
	青海	4.183	1.710	26.8	194	3210.6	321.4	8546	44.05	14868
	宁夏	4.451	1.856	70.4	455	3505.5	362.2	16443	193.38	3430
	新疆	4.118	1.678	577.2	1185	10813.0	1195.1	28402	379.09	7263
	北京	10.308	0.320	37.49	1386	6924.2	1156.7	9174	88.98	1020.8
	天津	11.129	0.518	24.09	797	10518.2	877.2	19011	143.93	1734.6
2014	河北	4.037	0.997	192.82	1833	26671.9	4202.7	108562	624.59	41927.6
	山西	3.534	1.556	71.37	1097	12354.5	1862.3	49250	1552.01	30198.7
	内蒙古	7.137	1.030	182.01	1185	17591.8	1485.4	39325	806.00	23191.3
	辽宁	6.522	0.762	141.77	2422	24730.8	2562.2	90631	520.81	28666.3

年份	地区	AO	RI$_1$	RI$_2$	RI$_3$	RI$_4$	RI$_5$	EI$_1$	EI$_2$	EI$_3$
2014	吉林	5.019	0.620	132.98	1363	11339.6	1447.2	42192	234.97	4944.1
	黑龙江	3.923	0.795	364.13	1785	9829.0	2079.7	41984	350.35	6312.3
	上海	9.901	0.470	105.92	999	6016.4	1365.6	43939	156.55	1924.8
	江苏	8.218	0.459	591.29	4020	41938.6	4760.8	204890	621.07	10924.7
	浙江	7.335	0.469	192.87	2489	24262.8	3714.2	149380	380.79	4541.7
	安徽	3.482	0.576	272.09	1835	21875.6	4311.0	69580	401.80	12000.0
	福建	6.418	0.503	205.63	1326	18177.9	2648.5	102052	229.16	4834.9
	江西	3.489	0.513	259.3	1201	15079.3	2603.3	64856	165.47	10821.2
	山东	6.136	0.614	214.52	4400	42495.6	6606.5	180022	997.83	19199.4
	河南	3.714	0.655	209.28	2375	30782.2	6520.0	128048	557.53	15917.4
	湖北	4.738	0.596	288.34	2078	22915.3	3687.0	81657	251.82	8006.4
	湖南	4.073	0.567	332.41	1540	21242.9	4044.1	82271	255.97	6933.8
	广东	6.401	0.436	442.54	5398	26293.9	6183.2	177554	500.65	5665.1
	广西	3.347	0.607	307.6	1193	13843.2	2795.0	72936	183.50	8037.5
	海南	3.949	0.520	45.02	303	3112.2	543.1	7956	58.85	515.4
	重庆	4.843	0.602	80.47	1231	12285.4	1696.9	34968	139.12	3067.8
	四川	3.533	0.697	236.87	2217	23318.6	4833.0	67577	298.40	14246.4
	贵州	2.660	1.048	95.31	724	9025.8	1909.7	32674	319.61	7394.2
	云南	2.751	0.816	149.41	977	11498.5	2962.3	40443	187.77	14480.6
	陕西	4.714	0.634	89.81	968	17191.9	2067.0	36163	502.04	8682.5
	甘肃	2.652	1.100	120.57	779	7884.1	1529.6	19742	180.47	6140.5
	青海	4.019	1.733	26.34	166	2861.2	317.3	8214	62.53	12423.3
	宁夏	4.252	1.797	70.31	441	3173.8	357.2	15147	195.22	3693.9
	新疆	4.153	1.610	581.82	1118	9447.7	1135.2	32799	366.26	7789.7
2013	北京	9.659	0.345	36.38	1306	6847.1	1141.0	9486	86.69	1044.1
	天津	10.605	0.548	23.76	747	9130.3	847.5	18692	151.03	1592.1
	河北	3.908	1.048	191.29	1787	23194.2	4183.9	109876	657.72	43288.8
	山西	3.507	1.568	73.77	1041	11031.9	1844.2	47795	1499.06	30520.5
	内蒙古	6.782	1.050	183.22	1206	14217.4	1408.2	36986	783.74	20080.6
	辽宁	6.178	0.802	142.13	2386	25107.7	2518.9	78286	529.86	26759.4
	吉林	4.722	0.666	131.48	1344	9979.3	1415.4	42656	237.29	4591.1

续表

年份	地区	AO	RI₁	RI₂	RI₃	RI₄	RI₅	EI₁	EI₂	EI₃
	黑龙江	3.751	0.824	362.3	1758	11453.1	2060.4	47796	363.48	6094.5
	上海	9.204	0.525	123.21	999	5647.8	1368.9	45426	181.78	2054.5
	江苏	7.490	0.494	576.69	3810	36373.3	4759.9	220559	638.44	10855.9
	浙江	6.877	0.496	198.33	2399	20782.1	3708.7	163674	387.56	4299.6
	安徽	3.190	0.614	296.02	1777	18621.9	4275.9	70972	387.18	11936.7
	福建	5.849	0.514	204.83	1263	15327.4	2555.9	104658	203.57	8535.2
	江西	3.195	0.529	264.81	1151	12850.3	2588.7	68230	162.19	11518.2
	山东	5.674	0.647	217.95	4187	36789.1	6580.4	181179	944.49	18172.4
	河南	3.425	0.681	240.57	2289	26087.5	6387.0	130789	594.42	16270.1
	湖北	4.284	0.637	291.8	2007	19307.3	3692.0	84993	252.92	8180.6
	湖南	3.715	0.609	332.49	1505	17841.4	4036.5	92311	266.33	7805.7
2013	广东	5.918	0.458	443.16	5232	22308.4	6117.7	170463	493.09	5911.8
	广西	3.095	0.633	308.16	1154	11907.7	2782.0	89508	189.77	7675.6
	海南	3.588	0.547	43.16	296	2697.9	514.6	6744	51.97	414.9
	重庆	4.336	0.636	83.9	1115	10435.2	1683.5	33451	134.28	3161.8
	四川	3.250	0.732	242.47	2058	20326.1	4817.3	64864	277.51	14006.6
	贵州	2.308	1.161	92	695	7373.6	1864.2	22898	314.25	8194.1
	云南	2.531	0.859	149.71	936	9968.3	2912.4	41844	195.78	16040.0
	陕西	4.287	0.661	89.21	915	14884.2	2058.0	34871	482.84	7491.1
	甘肃	2.445	1.163	121.99	727	6527.9	1514.3	20171	181.47	5907.2
	青海	3.699	1.793	28.2	157	2361.1	314.2	8395	70.83	12377.4
	宁夏	4.014	1.864	72.13	421	2651.1	351.3	15708	187.76	3276.8
	新疆	3.785	1.631	588.04	1065	7732.3	1096.6	34718	336.34	9283
	北京	9.113	0.401	35.88	1261	6112.4	1107.3	9190	95.94	1104
	天津	9.926	0.637	23.13	722	7934.8	803.1	19117	143.14	1820
	河北	3.694	1.138	195.33	1739	19661.3	4085.7	122645	642.31	45576
2012	山西	3.389	1.596	73.39	1014	8863.3	1790.2	48108	854.67	29031
	内蒙古	6.424	1.246	184.35	1133	11875.7	1304.9	33618	788.69	24226
	辽宁	5.679	0.947	142.23	2329	21836.3	2423.8	87168	543.27	27280
	吉林	4.346	0.791	129.82	1294	9511.5	1355.9	44842	265.30	4731
	黑龙江	3.572	0.932	358.9	1725	9694.7	2027.8	58355	393.33	6313

年份	地区	AO	RI$_1$	RI$_2$	RI$_3$	RI$_4$	RI$_5$	EI$_1$	EI$_2$	EI$_3$
	上海	8.763	0.563	115.98	999	5117.6	1115.5	46359	168.52	2199
	江苏	6.870	0.534	552.24	3655	30854.2	4759.5	236094	619.99	10224
	浙江	6.364	0.521	198.12	2296	17649.4	3691.2	175416	383.59	4461
	安徽	2.889	0.660	292.64	1696	15425.8	4206.8	67175	355.91	12022
	福建	5.335	0.568	200.08	1203	12439.9	2568.9	106319	208.53	7720
	江西	2.902	0.559	242.54	1078	10774.2	2556.0	67871	146.46	11134
	山东	5.216	0.778	221.79	3927	31256.0	6554.3	183634	1007.56	18343
	河南	3.147	0.799	238.61	2219	21450.0	6288.0	137356	545.87	15250
	湖北	3.885	0.794	299.29	1890	15578.3	3687.5	91609	311.39	7611
	湖南	3.372	0.756	328.8	1465	14523.2	4019.3	97133	275.30	8116
2012	广东	5.466	0.511	451.02	5026	18751.5	5966.0	186126	486.70	5965
	广西	2.828	0.702	303.01	1084	9808.6	2768.0	110671	192.85	7964
	海南	3.286	0.591	45.33	266	2145.4	483.9	7465	54.24	386
	重庆	3.955	0.813	82.94	1052	8736.2	1633.1	30611	149.36	3115
	四川	2.967	0.862	245.92	1902	17040.0	4798.3	69984	289.71	13187
	贵州	1.970	1.442	100.82	586	5717.8	1825.8	23399	287.21	7835
	云南	2.240	1.012	151.83	860	7831.1	2881.9	42811	195.47	16038
	陕西	3.870	0.735	88.04	864	12044.5	2061.0	38037	405.13	7215
	甘肃	2.207	1.240	123.07	682	5145.0	1501.3	19188	173.75	6671
	青海	3.363	1.861	27.41	122	1883.4	310.9	8917	58.56	12301
	宁夏	3.699	1.948	69.35	400	2096.9	344.5	16548	188.57	2961
	新疆	3.435	1.576	590.14	960	6158.8	1010.4	29738	333.44	7880
	北京	8.049	0.430	35.96	1231	5578.9	1069.7	8633	94.73	1126
	天津	8.345	0.672	23.09	711	7067.7	763.2	19795	149.14	1752
	河北	3.386	1.203	195.97	1685	16389.3	3962.4	118505	623.46	45129
	山西	3.128	1.630	74.18	957	7073.1	1738.9	39665	766.12	27556
2011	内蒙古	5.786	1.305	184.7	1077	10365.2	1249.3	39409	740.52	23584
	辽宁	5.071	1.022	144.53	2277	17726.3	2364.9	90457	524.47	28270
	吉林	3.845	0.861	131.24	1271	7441.7	1337.8	41884	264.67	5379
	黑龙江	3.282	0.963	352.36	1679	7475.4	1977.8	44072	381.24	6017
	上海	8.179	0.587	124.5	999	4962.1	1104.3	44626	170.60	2442

续表

年份	地区	AO	RI$_1$	RI$_2$	RI$_3$	RI$_4$	RI$_5$	EI$_1$	EI$_2$	EI$_3$
2011	江苏	6.217	0.562	556.17	3494	26692.6	4758.2	246298	613.11	10475
	浙江	5.916	0.552	198.54	2221	14185.3	3674.1	182240	398.62	4446
	安徽	2.564	0.691	294.63	1598	12455.7	4120.9	70720	315.39	11473
	福建	4.720	0.607	208.82	1130	9910.9	2460.0	177186	210.15	4415
	江西	2.608	0.592	262.86	1020	9087.6	2532.6	71196	144.75	11372
	山东	4.707	0.819	224.04	3751	26749.7	6485.6	187245	976.56	19533
	河南	2.869	0.856	229.05	2098	17769.0	6198.0	138654	654.10	14574
	湖北	3.410	0.844	296.7	1812	12557.3	3658.0	104434	321.88	7596
	湖南	2.982	0.822	326.47	1408	11880.9	4005.0	97197	269.56	8487
	广东	5.065	0.535	464.22	4829	17069.2	5960.7	178626	501.36	5849
	广西	2.523	0.733	301.81	1014	7990.7	2936.0	101234	173.34	7438
	海南	2.876	0.635	44.48	238	1657.2	459.2	6820	52.97	421
	重庆	3.430	0.878	86.82	1035	7473.4	1585.2	33954	150.71	3299
	四川	2.602	0.937	233.47	1788	14222.2	4785.5	80420	280.38	12684
	贵州	1.644	1.590	95.93	508	4235.9	1792.8	20626	268.69	7598
	云南	1.920	1.073	146.79	804	6191.0	2857.2	47228	187.81	17335
	陕西	3.343	0.780	87.76	809	9431.1	2059.0	40806	344.52	7118
	甘肃	1.958	1.294	122.89	656	3965.8	1511.1	19720	169.69	6524
	青海	2.941	1.909	31.15	122	1435.6	309.2	8677	50.10	12017
	宁夏	3.290	2.053	73.61	371	1644.7	339.6	19285	190.95	3344
	新疆	2.992	1.502	523.5	922	4632.1	953.3	28769	286.31	5219
2010	北京	7.193	0.493	35.2	1266	5403.0	1031.6	8198	96.84	1269
	天津	7.101	0.739	22.49	686.71	6278.1	728.7	19680	134.29	1862
	河北	2.835	1.350	193.68	1619.67	15083.4	3865.1	114232	569.37	31688
	山西	2.574	1.827	63.78	864.73	6063.2	1685.9	49881	654.05	18270
	内蒙古	4.722	1.441	181.9	1038.32	8926.5	1184.7	39536	562.50	16996
	辽宁	4.219	1.135	143.67	2220.53	16043.0	2317.5	71521	494.59	17273
	吉林	3.155	0.957	120.04	1237.38	7870.4	1311.6	38656	225.77	4642
	黑龙江	2.705	1.083	325	1637.98	6812.6	1932.0	38921	351.54	5405
	上海	7.454	0.653	126.29	998.75	5108.9	1090.8	36696	161.42	2448
	江苏	5.264	0.622	552.19	3271.09	23184.3	4754.7	263760	546.29	9064

年份	地区	AO	RI$_1$	RI$_2$	RI$_3$	RI$_4$	RI$_5$	EI$_1$	EI$_2$	EI$_3$
2010	浙江	5.089	0.608	203.04	2128.96	12376.0	3636.0	217426	375.77	4268
	安徽	2.075	0.785	293.12	1491.32	11542.9	4050.0	70971	282.90	9158
	福建	3.991	0.666	202.45	1059	8199.1	2241.6	124168	179.64	7487
	江西	2.118	0.672	239.75	933.78	8772.3	2498.8	72526	134.19	9407
	山东	4.085	0.889	222.47	3566.15	23280.5	6401.9	208257	929.12	16038
	河南	2.455	0.928	224.61	2014.4	16585.9	6042.0	150406	573.13	10714
	湖北	2.788	0.948	287.99	1701.03	10262.7	3645.0	94593	279.61	6813
	湖南	2.441	0.928	325.17	1321.05	9663.6	3982.7	95605	231.70	5773
	广东	4.407	0.585	469.01	4618.07	15623.7	5870.5	187031	445.06	5456
	广西	2.076	0.827	301.58	940.47	7057.6	2903.0	165211	134.28	6232
	海南	2.376	0.658	44.35	221.32	1317.0	439.7	5782	44.91	212
	重庆	2.747	0.991	86.39	870.23	6688.9	1540.0	45180	138.38	2837
	四川	2.136	1.041	230.27	1629.73	13116.7	4772.5	93444	283.57	11239
	贵州	1.323	1.776	101.45	463.96	3104.9	1770.9	14130	246.76	8188
	云南	1.570	1.201	147.47	751.34	5528.7	2765.9	30926	176.26	9392
	陕西	2.710	0.877	83.4	758.48	7963.7	2074.0	45487	308.25	6892
	甘肃	1.610	1.437	121.82	632.8	3158.3	1510.3	15352	145.09	3745
	青海	2.399	1.902	30.77	113.88	1016.9	307.7	9031	37.14	1783
	宁夏	2.669	2.179	72.37	343.79	1444.2	326.0	21977	151.54	2465
	新疆	2.489	1.525	535.08	838.21	3423.2	894.7	25413	240.82	3914
2009	北京	6.925	0.541	35.5	1350	4616.9	998.3	8713	95.58	1242
	天津	6.125	0.781	23.37	662	4738.2	677.1	19441	98.05	1516
	河北	2.450	1.475	193.72	1578	12269.8	3792.5	110058	511.06	21976
	山西	2.147	2.117	56.27	823	4943.2	1630.6	39720	589.84	14743
	内蒙古	3.963	1.575	181.25	975	7336.8	1142.5	28616	476.99	12108
	辽宁	3.504	1.256	142.79	2031	12292.5	2277.1	75159	456.76	17221
	吉林	2.656	1.058	111.09	1193	6411.6	1297.3	37563	201.98	3941
	黑龙江	2.244	1.219	316.25	1566	5028.8	1877.0	34188	274.61	5275
	上海	6.808	0.689	125.2	999	5043.8	1064.4	41192	142.48	2255
	江苏	4.412	0.688	549.23	3046	18949.9	4726.5	256160	485.97	8028
	浙江	4.358	0.677	197.76	2033	10742.3	3592.0	203442	351.97	3910

续表

年份	地区	AO	RI₁	RI₂	RI₃	RI₄	RI₅	EI₁	EI₂	EI₃
	安徽	1.641	0.884	291.86	1378	8990.7	3988.0	73441	273.21	8471
	福建	3.338	0.729	201.44	919	6231.1	2168.9	142747	161.89	6349
	江西	1.727	0.759	241.25	857	6643.1	2445.2	67192	117.13	889 8
	山东	3.579	0.956	219.99	3374	19034.5	6294.2	182673	879.82	14138
	河南	2.053	1.014	233.71	1913	13704.5	5949.0	140325	471.89	10786
	湖北	2.266	1.058	281.41	1616	7866.9	3622.0	91324	232.69	5561
	湖南	2.039	1.021	322.33	1239	7703.4	3935.2	96396	212.12	5093
	广东	3.898	0.624	463.41	4434	12933.1	5688.6	188844	394.88	4741
	广西	1.598	0.912	303.36	881	5237.2	2848.0	161596	109.70	5693
2009	海南	1.915	0.745	44.46	215	988.3	424.6	7031	37.79	201
	重庆	2.284	1.077	85.3	783	5214.3	1513.0	65684	136.37	2552
	四川	1.729	1.153	223.46	1510	11371.9	4756.6	105910	271.05	8597
	贵州	1.106	1.934	100.38	460	2412.0	1841.9	13478	227.16	7317
	云南	1.350	1.302	152.64	667	4526.4	2684.8	32375	165.45	8673
	陕西	2.192	0.985	84.34	686	6246.9	2060.0	50115	262.34	5547
	甘肃	1.326	1.618	120.63	604	2363.0	1498.9	16364	124.38	3150
	青海	1.941	2.172	28.76	112	798.2	303.3	8404	35.46	1348
	宁夏	2.165	2.503	72.23	321	1075.9	328.5	21542	140.23	1398
	新疆	1.981	1.760	530.9	800	2725.5	866.2	24201	214.55	3206

附表3　　　　2010—2018 年我国 30 个省份生态经济

全要素生产率测算结果

年份	DMU	MI (t−1, t)	PEC (t−1, t)	SEC (t−1, t)	TC (t−1, t)
	安徽	1.14914	0.99851	1.13405	1.01481
	北京	1.01950	0.96761	1.02393	1.02900
	福建	1.04570	0.98090	1.06312	1.00277
2010	甘肃	1.05475	0.98365	1.08453	0.98871
	广东	1.06131	0.95603	1.09513	1.01369
	广西	1.14641	0.98561	1.15543	1.00668
	贵州	1.08422	0.98791	1.08257	1.01378

年份	DMU	MI $(t-1, t)$	PEC $(t-1, t)$	SEC $(t-1, t)$	TC $(t-1, t)$
2010	海南	0.99028	—	—	0.96949
	河北	1.08820	0.98021	1.05600	1.05130
	河南	1.12679	0.98138	1.10016	1.04363
	黑龙江	1.05015	0.97649	1.08146	0.99443
	湖北	1.10929	0.99587	1.10033	1.01232
	湖南	1.08955	0.97547	1.09787	1.01738
	吉林	1.10477	0.98823	1.08676	1.02868
	江苏	1.13809	0.99754	1.11637	1.02197
	江西	1.10209	0.98918	1.09913	1.01366
	辽宁	1.10336	1.01073	1.05457	1.03516
	内蒙古	1.09823	1.00090	1.04190	1.05311
	宁夏	0.93740	1.86251	0.52339	0.96162
	青海	1.03270	1.03761	0.97033	1.02569
	山东	1.07565	0.96809	1.08523	1.02384
	山西	1.08507	0.94762	1.11034	1.03127
	陕西	1.12138	0.99840	1.09069	1.02978
	上海	1.09021	1.01827	1.00194	1.06858
	四川	1.15837	0.99169	1.13239	1.03152
	天津	1.12739	1.00170	1.00558	1.11923
	新疆	1.12101	1.02063	1.11832	0.98214
	云南	1.03203	0.97207	1.05250	1.00872
	浙江	1.12075	1.01209	1.09016	1.01577
	重庆	1.08005	0:98803	1.08552	1.00702
2011	安徽	1.19623	1.08498	0.98952	1.11421
	北京	1.14949	1.02015	0.97340	1.15757
	福建	1.09283	1.00464	0.97770	1.11259
	甘肃	1.10102	1.02834	0.94886	1.12838
	广东	1.13458	0.99066	0.98943	1.15751
	广西	1.14302	1.06804	0.96509	1.10891
	贵州	1.07655	1.01263	0.94518	1.12479
	海南	0.55325	—	—	0.59111

续表

年份	DMU	MI $(t-1, t)$	PEC $(t-1, t)$	SEC $(t-1, t)$	TC $(t-1, t)$
2011	河北	1.15830	1.04923	0.98477	1.12102
	河南	1.13846	1.03420	0.96382	1.14213
	黑龙江	1.16646	1.06707	0.98284	1.11223
	湖北	1.13741	1.05088	0.97095	1.11472
	湖南	1.13342	1.06298	0.95535	1.11610
	吉林	1.22304	1.06565	1.02332	1.12154
	江苏	1.15646	0.99507	1.00936	1.15142
	江西	1.18588	1.17297	0.91494	1.10499
	辽宁	1.17353	1.03250	0.99916	1.13755
	内蒙古	1.15701	1.02414	1.00541	1.12366
	宁夏	1.50530	1.07479	1.89087	0.74069
	青海	0.96705	0.95209	1.05280	0.96477
	山东	1.11577	1.00214	0.97488	1.14207
	山西	1.09743	0.98096	1.01841	1.09851
	陕西	1.16185	1.04833	0.99524	1.11359
	上海	1.11685	1.00368	0.99945	1.11337
	四川	1.16248	1.06395	0.98400	1.11038
	天津	1.26987	0.99826	1.00205	1.26948
	新疆	1.02403	0.96653	0.93943	1.12780
	云南	1.14627	1.05113	0.98152	1.11106
	浙江	1.13020	0.99914	0.99170	1.14063
	重庆	1.14546	1.06874	0.98556	1.08749
2012	安徽	1.04840	0.99600	0.91537	1.14993
	北京	1.13008	0.99895	0.98075	1.15346
	福建	1.05200	0.97774	0.92934	1.15776
	甘肃	1.02245	1.02180	0.86733	1.15369
	广东	1.05931	0.98061	0.96166	1.12333
	广西	1.04055	1.00328	0.90007	1.15229
	贵州	1.02299	0.99520	0.90348	1.13773
	海南	1.02414	1.02931	0.96536	1.03067
	河北	1.03622	0.99606	0.90207	1.15325

年份	DMU	MI ($t-1$, t)	PEC ($t-1$, t)	SEC ($t-1$, t)	TC ($t-1$, t)
2012	河南	1.03496	1.00560	0.90173	1.14136
	黑龙江	0.98547	0.95847	0.89015	1.15506
	湖北	1.06891	1.00654	0.92762	1.14482
	湖南	1.06836	1.02355	0.91375	1.14231
	吉林	1.06237	1.00598	0.91835	1.14995
	江苏	1.08006	0.98613	0.97479	1.12359
	江西	1.05514	0.99450	0.92135	1.15154
	辽宁	1.07516	0.99507	0.93628	1.15401
	内蒙古	1.05245	0.96997	0.94840	1.14406
	宁夏	0.70877	1.00860	0.98018	0.71694
	青海	1.02175	1.05769	0.94618	1.02097
	山东	1.07204	0.99226	0.96916	1.11477
	山西	0.99602	0.98752	0.87069	1.15839
	陕西	1.07877	1.00827	0.92619	1.15519
	上海	1.07666	0.99878	1.00331	1.07441
	四川	1.07132	1.02123	0.92409	1.13522
	天津	1.63918	1.01026	0.99760	1.62644
	新疆	1.01117	0.96175	0.90217	1.16539
	云南	1.05727	1.01723	0.91129	1.14055
	浙江	1.02568	0.97241	0.95174	1.10828
	重庆	1.11613	1.04806	0.92562	1.15052
2013	安徽	1.05023	1.00117	0.98708	1.06273
	北京	1.06475	0.97849	1.01233	1.07491
	福建	1.04942	1.00360	0.99372	1.05226
	甘肃	1.01018	0.99807	0.98900	1.02339
	广东	1.06357	0.97061	1.01852	1.07584
	广西	1.02931	1.02690	0.97080	1.03249
	贵州	1.02756	1.03735	0.99401	0.99653
	海南	0.94731	0.76098	1.28207	0.97097
	河北	1.02170	1.00670	0.96624	1.05036
	河南	1.06397	1.05290	0.96447	1.04774

年份	DMU	MI（$t-1$，t）	PEC（$t-1$，t）	SEC（$t-1$，t）	TC（$t-1$，t）
2013	黑龙江	1.00616	1.03007	0.95138	1.02669
	湖北	1.07267	1.09509	0.96457	1.01550
	湖南	1.07815	1.09885	0.95822	1.02394
	吉林	1.07114	1.06202	0.99829	1.01032
	江苏	1.07488	0.96332	1.02501	1.08858
	江西	1.03164	0.95219	1.02849	1.05343
	辽宁	1.07128	1.03820	0.99749	1.03447
	内蒙古	0.98568	0.98703	0.97897	1.02008
	宁夏	0.99574	1.00318	0.99303	0.99955
	青海	0.90667	0.95741	1.01437	0.93359
	山东	1.09212	1.01319	1.01914	1.05767
	山西	0.96884	0.96909	0.96099	1.04032
	陕西	1.05331	1.00945	1.00095	1.04246
	上海	0.98072	1.00358	1.00030	0.97693
	四川	1.05042	1.05821	0.96651	1.02703
	天津	1.00383	0.99228	1.00971	1.00191
	新疆	0.96907	0.96059	0.98719	1.02192
	云南	1.03460	1.03700	0.98424	1.01365
	浙江	1.04524	0.97281	1.00410	1.07006
	重庆	1.05325	1.06088	0.98632	1.00658
2014	安徽	1.06382	1.02759	1.02479	1.01021
	北京	1.07836	1.04284	0.96879	1.06737
	福建	1.04574	0.99796	1.04127	1.00634
	甘肃	1.00775	1.01539	1.00702	0.98555
	广东	1.05478	0.97011	1.01087	1.07559
	广西	1.03929	1.01294	1.02541	1.00060
	贵州	1.07761	1.01243	1.07315	0.99182
	海南	1.08813	0.58542	1.69337	1.09764
	河北	1.00289	1.00067	0.99615	1.00609
	河南	1.06275	1.02275	1.01495	1.02380

年份	DMU	MI（$t-1$，t）	PEC（$t-1$，t）	SEC（$t-1$，t）	TC（$t-1$，t）
2014	黑龙江	1.09181	1.05638	1.06332	0.97200
	湖北	1.07440	1.02361	1.04134	1.00794
	湖南	1.06833	1.02968	1.03300	1.00438
	吉林	1.03170	1.02405	1.00931	0.99818
	江苏	1.08898	0.99411	1.02367	1.07010
	江西	1.04681	0.98876	1.04953	1.00874
	辽宁	1.05798	1.03199	1.01511	1.00993
	内蒙古	1.00973	0.98739	1.00412	1.01843
	宁夏	1.02266	0.99328	0.99519	1.03455
	青海	1.07799	1.01589	0.99145	1.07028
	山东	1.06166	0.98534	1.01082	1.06592
	山西	0.96806	1.01470	0.96002	0.99378
	陕西	1.05412	1.01374	1.03595	1.00375
	上海	1.15329	1.00319	0.99901	1.15076
	四川	1.03959	1.01035	1.02484	1.00400
	天津	1.00033	0.99877	0.99734	1.00424
	新疆	1.01581	0.99449	1.03247	0.98931
	云南	1.03590	1.01971	1.02627	0.98987
	浙江	1.04579	0.99990	0.98511	1.06170
	重庆	1.05956	1.03958	1.02571	0.99367
2015	安徽	1.01028	1.02302	0.96498	1.02338
	北京	1.11796	1.00578	1.00323	1.10796
	福建	1.02982	1.01029	1.01301	1.00624
	甘肃	0.93841	1.00246	0.97955	0.95566
	广东	1.05336	0.97241	1.01281	1.06954
	广西	1.01129	1.04268	1.00049	0.96942
	贵州	1.04516	1.03275	1.07258	0.94353
	海南	0.98394	0.82282	1.22225	0.97837
	河北	0.97134	1.01986	0.99055	0.96151
	河南	1.01708	0.97614	1.01920	1.02231
	黑龙江	1.00224	1.03163	0.94326	1.02996

续表

年份	DMU	MI $(t-1, t)$	PEC $(t-1, t)$	SEC $(t-1, t)$	TC $(t-1, t)$
2015	湖北	1.04391	1.04239	0.96221	1.04079
	湖南	1.04014	1.05338	0.97934	1.00825
	吉林	0.99148	1.02041	0.99269	0.97880
	江苏	1.07847	0.98990	1.01624	1.07206
	江西	1.00572	1.02577	0.99447	0.98591
	辽宁	1.07549	1.07361	1.02884	0.97368
	内蒙古	1.03199	1.07879	1.02592	0.93245
	宁夏	1.02550	1.01080	0.99633	1.01828
	青海	1.00559	1.12408	0.88668	1.00892
	山东	1.03114	0.96840	1.00078	1.06395
	山西	0.95894	1.00675	1.00348	0.94920
	陕西	0.95517	0.98293	1.00946	0.96266
	上海	1.12944	1.00629	1.00001	1.12236
	四川	1.02300	1.03817	0.96684	1.01918
	天津	1.04287	1.02305	0.95824	1.06379
	新疆	0.92398	0.95683	1.00694	0.95902
	云南	0.99197	1.03358	1.00360	0.95630
	浙江	1.04337	0.99187	0.98615	1.06670
	重庆	1.05061	1.03273	1.02485	0.99265
2016	安徽	1.08948	1.00887	0.98089	1.10093
	北京	1.19876	1.00401	1.00802	1.18446
	福建	1.10456	1.00828	0.99087	1.10558
	甘肃	1.02763	0.98560	1.04189	1.00073
	广东	1.11357	0.98190	1.00556	1.12783
	广西	1.05504	0.98463	0.97964	1.09379
	贵州	1.05798	0.97345	1.11590	0.97395
	海南	1.76063	1.26238	0.82209	1.69652
	河北	1.04499	0.98812	1.02491	1.03185
	河南	1.09143	0.99339	0.99459	1.10467
	黑龙江	0.99980	0.97305	0.94847	1.08331
	湖北	1.10679	1.00857	0.99232	1.10588

续表

年份	DMU	MI（$t-1$，t）	PEC（$t-1$，t）	SEC（$t-1$，t）	TC（$t-1$，t）
2016	湖南	1.07393	0.99335	0.97992	1.10327
	吉林	1.05018	0.99841	0.96643	1.08839
	江苏	1.11904	0.98857	1.00416	1.12730
	江西	1.06681	0.97996	0.99097	1.09855
	辽宁	1.00548	1.04957	0.87444	1.09554
	内蒙古	0.99531	0.96768	1.01688	1.01147
	宁夏	1.18441	0.99684	1.00383	1.18363
	青海	0.98882	0.90317	1.09968	0.99559
	山东	1.06908	0.97413	0.98427	1.11500
	山西	0.99974	0.96970	1.05501	0.97723
	陕西	1.04646	0.97621	1.06776	1.00393
	上海	1.45419	1.00759	0.99910	1.44453
	四川	1.03613	0.96948	0.97270	1.09874
	天津	0.95060	0.91409	1.07040	0.97154
	新疆	1.01875	0.99549	1.01999	1.00332
	云南	1.01770	0.95447	1.03577	1.02942
	浙江	1.10073	0.98434	1.00369	1.11413
	重庆	1.13543	1.02421	1.03288	1.07330
2017	安徽	1.09322	1.00125	1.01025	1.08078
	北京	1.33051	1.02087	0.98919	1.31754
	福建	1.09202	1.00037	1.00702	1.08401
	甘肃	1.18502	1.18526	0.94554	1.05738
	广东	1.10571	0.99331	1.01241	1.09952
	广西	0.95409	0.94603	0.93720	1.07610
	贵州	1.04230	0.99711	0.98384	1.06249
	海南	1.00335	0.73460	1.36006	1.00426
	河北	1.04280	1.00387	0.96924	1.07174
	河南	1.09210	1.00011	1.00852	1.08275
	黑龙江	1.03035	1.01855	0.94966	1.06522
	湖北	1.07410	1.01084	0.98086	1.08331
	湖南	1.05282	1.00980	0.96444	1.08106

年份	DMU	MI $(t-1, t)$	PEC $(t-1, t)$	SEC $(t-1, t)$	TC $(t-1, t)$
2017	吉林	1.01961	0.99768	0.95109	1.07454
	江苏	1.13799	1.01587	1.02011	1.09813
	江西	1.04924	1.00389	0.97041	1.07705
	辽宁	1.07624	1.03472	0.98380	1.05725
	内蒙古	0.88916	0.89245	0.93492	1.06567
	宁夏	1.32508	1.00830	0.99313	1.32327
	青海	1.00134	1.03584	0.95650	1.01066
	山东	1.07920	1.00544	0.98526	1.08942
	山西	1.47581	1.30387	1.12014	1.01047
	陕西	1.05728	1.00296	0.98462	1.07062
	上海	1.44632	1.00388	1.00008	1.44062
	四川	1.09467	0.99292	1.02088	1.07993
	天津	1.00329	0.98912	1.00018	1.01414
	新疆	1.03763	0.99095	0.98653	1.06141
	云南	1.08205	1.02111	0.99095	1.06936
	浙江	1.08490	0.99051	1.00686	1.08782
	重庆	1.07145	1.01398	0.97813	1.08030
2018	安徽	1.07970	0.98335	0.98711	1.11231
	北京	1.01380	1.00913	1.00155	1.00308
	福建	1.07485	0.99115	0.97828	1.10853
	甘肃	1.10791	1.00998	0.98768	1.11065
	广东	1.04259	0.96151	0.95920	1.13045
	广西	1.04310	0.98330	0.95859	1.10664
	贵州	1.03212	1.00344	0.93291	1.10255
	海南	1.00213	1.16070	0.84606	1.02048
	河北	1.02903	0.98420	0.94622	1.10497
	河南	1.07362	0.98326	0.98016	1.11400
	黑龙江	1.08144	1.02916	0.94281	1.11454
	湖北	1.09747	0.99167	0.99429	1.11305
	湖南	1.04611	1.02460	0.92000	1.10977
	吉林	1.03927	1.02360	0.91452	1.11021

续表

年份	DMU	MI（$t-1$, t）	PEC（$t-1$, t）	SEC（$t-1$, t）	TC（$t-1$, t）
2018	江苏	1.09094	0.98736	0.98229	1.12483
	江西	1.05084	0.98181	0.96605	1.10792
	辽宁	1.08216	0.97211	0.99198	1.12221
	内蒙古	1.15693	1.05806	0.98926	1.10531
	宁夏	1.71067	1.02945	0.98212	1.69198
	青海	1.01636	0.95958	1.06196	0.99738
	山东	1.02966	0.96196	0.95577	1.11991
	山西	1.06090	0.98646	0.96612	1.11317
	陕西	1.09898	1.03961	0.95695	1.10467
	上海	0.97799	0.96527	0.99955	1.01363
	四川	1.09378	0.98558	0.99621	1.11400
	天津	1.00084	0.97592	0.99951	1.02604
	新疆	1.14275	1.09076	0.94729	1.10596
	云南	1.03893	0.95143	0.98998	1.10302
	浙江	1.05050	0.97300	0.96631	1.11728
	重庆	1.01295	0.99072	0.92340	1.10727

附表4　　我国29个省份产业变迁、协同创新、科技进步与

生态效率综合值及耦合度

年份	地区	U_{ID}	U_{CI}	U_{SP}	U_{EC}	C（U）
2009	北京	0.250	0.063	0.574	1.406	0.586
	天津	0.212	0.015	0.313	1.192	0.432
	河北	0.154	0.054	0.162	0.104	0.919
	山西	0.411	0.251	0.063	0.163	0.814
	内蒙古	0.199	0.337	0.096	0.287	0.902
	辽宁	0.509	0.143	0.476	0.162	0.848
	吉林	0.208	0.068	0.077	0.217	0.869
	黑龙江	0.179	0.969	0.120	0.150	0.667
	上海	0.296	0.037	0.508	1.031	0.588
	江苏	0.726	0.058	0.994	0.170	0.597

年份	地区	U_{ID}	U_{CI}	U_{SP}	U_{EC}	$C(U)$
2009	浙江	0.341	0.066	0.470	0.235	0.802
	安徽	0.339	0.059	0.167	0.092	0.805
	福建	0.253	0.104	0.210	0.269	0.939
	江西	0.169	0.056	0.134	0.146	0.925
	山东	0.307	0.155	0.508	0.114	0.846
	河南	0.219	0.221	0.213	0.084	0.931
	湖北	0.271	0.315	0.215	0.125	0.946
	湖南	0.348	0.055	0.195	0.125	0.812
	广东	0.350	0.257	0.843	0.164	0.828
	广西	0.350	0.194	0.050	0.134	0.801
	海南	0.094	0.886	0.019	1.962	0.321
	重庆	0.240	0.008	0.121	0.224	0.580
	四川	0.228	0.418	0.213	0.085	0.863
	贵州	0.534	0.119	0.018	0.161	0.558
	云南	0.266	0.367	0.039	0.123	0.738
	陕西	0.176	0.673	0.155	0.186	0.813
	甘肃	0.304	0.247	0.023	0.192	0.704
	青海	0.325	0.463	0.007	1.279	0.363
	新疆	0.654	0.140	0.016	0.232	0.524
2011	北京	0.053	0.217	0.550	1.374	0.557
	天津	0.015	0.323	0.341	1.256	0.442
	河北	0.040	0.186	0.163	0.110	0.860
	山西	0.232	0.448	0.082	0.172	0.838
	内蒙古	0.271	0.157	0.096	0.292	0.911
	辽宁	0.106	0.330	0.544	0.181	0.834
	吉林	0.098	0.171	0.061	0.243	0.876
	黑龙江	0.967	0.222	0.106	0.163	0.678
	上海	0.029	0.302	0.476	1.032	0.559
	江苏	0.032	0.310	0.997	0.185	0.541
	浙江	0.039	0.393	0.459	0.252	0.718
	安徽	0.065	0.207	0.199	0.109	0.901

年份	地区	U_{ID}	U_{CI}	U_{SP}	U_{EC}	$C(U)$
2011	福建	0.073	0.228	0.197	0.276	0.896
	江西	0.038	0.205	0.135	0.167	0.845
	山东	0.073	0.266	0.567	0.116	0.740
	河南	0.091	0.338	0.276	0.090	0.837
	湖北	0.272	0.265	0.220	0.136	0.966
	湖南	0.033	0.561	0.201	0.130	0.643
	广东	0.185	0.319	0.827	0.163	0.799
	广西	0.149	0.421	0.049	0.151	0.763
	海南	0.598	0.114	0.024	2.325	0.325
	重庆	0.006	0.816	0.146	0.259	0.384
	四川	0.550	0.271	0.281	0.099	0.845
	贵州	0.087	0.483	0.023	0.156	0.590
	云南	0.138	0.291	0.048	0.128	0.827
	陕西	0.705	0.186	0.150	0.215	0.812
	甘肃	0.154	0.397	0.019	0.190	0.641
	青海	0.453	0.227	0.004	1.274	0.309
	新疆	0.490	0.120	0.016	0.232	0.570
2013	北京	0.052	0.250	0.535	1.320	0.574
	天津	0.015	0.318	0.391	1.321	0.436
	河北	0.045	0.199	0.187	0.097	0.856
	山西	0.224	0.320	0.091	0.133	0.894
	内蒙古	0.449	0.395	0.104	0.263	0.872
	辽宁	0.111	0.435	0.573	0.178	0.817
	吉林	0.119	0.221	0.064	0.249	0.876
	黑龙江	0.970	0.211	0.119	0.147	0.676
	上海	0.032	0.292	0.513	1.030	0.568
	江苏	0.039	0.557	0.997	0.175	0.562
	浙江	0.057	0.391	0.486	0.230	0.768
	安徽	0.080	0.262	0.272	0.103	0.869
	福建	0.119	0.348	0.202	0.259	0.930
	江西	0.040	0.157	0.153	0.153	0.874

年份	地区	U_{ID}	U_{CI}	U_{SP}	U_{EC}	C（U）
2013	山东	0.072	0.288	0.609	0.116	0.721
	河南	0.103	0.340	0.315	0.087	0.832
	湖北	0.257	0.370	0.251	0.142	0.946
	湖南	0.032	0.694	0.236	0.133	0.596
	广东	0.257	0.429	0.861	0.152	0.816
	广西	0.143	0.371	0.043	0.140	0.767
	海南	0.714	0.085	0.027	2.095	0.332
	重庆	0.008	0.487	0.117	0.269	0.483
	四川	0.553	0.452	0.284	0.099	0.835
	贵州	0.114	0.583	0.034	0.143	0.613
	云南	0.222	0.410	0.059	0.123	0.787
	陕西	0.868	0.227	0.169	0.202	0.781
	甘肃	0.182	0.301	0.019	0.174	0.689
	青海	0.587	0.309	0.001	1.286	0.250
	新疆	0.528	0.154	0.018	0.192	0.583
2015	北京	0.051	0.221	0.645	1.419	0.545
	天津	0.012	0.266	0.502	1.259	0.416
	河北	0.063	0.207	0.227	0.093	0.874
	山西	0.116	0.300	0.086	0.131	0.889
	内蒙古	0.608	0.185	0.095	0.276	0.801
	辽宁	0.045	0.324	0.196	0.183	0.808
	吉林	0.127	0.116	0.077	0.231	0.923
	黑龙江	0.388	0.260	0.137	0.143	0.909
	上海	0.032	0.220	0.592	1.056	0.543
	江苏	0.041	0.541	0.955	0.177	0.579
	浙江	0.091	0.432	0.590	0.217	0.802
	安徽	0.037	0.252	0.352	0.099	0.726
	福建	0.175	0.317	0.245	0.253	0.978
	江西	0.026	0.214	0.205	0.144	0.771
	山东	0.070	0.240	0.708	0.110	0.675
	河南	0.090	0.331	0.394	0.084	0.790

年份	地区	U_{ID}	U_{CI}	U_{SP}	U_{EC}	$C（U）$
2015	湖北	0.279	0.366	0.318	0.143	0.944
	湖南	0.047	0.656	0.314	0.134	0.659
	广东	0.341	0.402	0.993	0.145	0.797
	广西	0.147	0.206	0.058	0.138	0.910
	海南	0.700	0.086	0.035	1.839	0.376
	重庆	0.008	0.264	0.137	0.268	0.550
	四川	0.330	0.328	0.317	0.096	0.895
	贵州	0.264	0.304	0.056	0.156	0.834
	云南	0.258	0.286	0.078	0.120	0.874
	陕西	0.970	0.211	0.196	0.199	0.758
	甘肃	0.225	0.225	0.024	0.162	0.747
	青海	0.271	0.268	0.001	1.347	0.232
	新疆	0.639	0.109	0.022	0.179	0.540
2017	北京	0.035	0.321	0.808	1.673	0.495
	天津	0.010	0.286	0.298	1.114	0.413
	河北	0.061	0.178	0.264	0.088	0.852
	山西	0.126	0.482	0.063	0.212	0.765
	内蒙古	0.194	0.386	0.086	0.226	0.875
	辽宁	0.037	0.446	0.194	0.193	0.725
	吉林	0.058	0.144	0.030	0.217	0.765
	黑龙江	0.207	0.443	0.137	0.134	0.880
	上海	0.022	0.260	0.588	1.069	0.504
	江苏	0.035	0.537	0.978	0.179	0.555
	浙江	0.122	0.620	0.616	0.211	0.803
	安徽	0.036	0.484	0.416	0.099	0.633
	福建	0.153	0.380	0.279	0.251	0.950
	江西	0.006	0.300	0.264	0.137	0.514
	山东	0.064	0.311	0.728	0.103	0.652
	河南	0.111	0.432	0.444	0.086	0.771
	湖北	0.182	0.361	0.359	0.142	0.922
	湖南	0.015	0.641	0.392	0.132	0.505

续表

年份	地区	U_{ID}	U_{CI}	U_{SP}	U_{EC}	$C（U）$
	广东	0.266	0.508	0.913	0.140	0.794
	广西	0.134	0.220	0.045	0.119	0.866
	海南	0.512	0.113	0.044	1.823	0.420
	重庆	0.005	0.481	0.123	0.280	0.419
	四川	0.068	0.398	0.295	0.093	0.773
2017	贵州	0.197	0.177	0.088	0.172	0.957
	云南	0.146	0.320	0.050	0.130	0.817
	陕西	0.979	0.259	0.212	0.199	0.780
	甘肃	0.136	0.363	0.018	0.193	0.645
	青海	0.204	0.248	0.002	1.314	0.228
	新疆	0.577	0.171	0.015	0.174	0.540

附表5　　2018 年我国 29 个省份四元系统耦合协调空间

关联强度测算结果

地区	北京	天津	河北	山西	内蒙古	辽宁	吉林	黑龙江
北京	—	25.839	4.207	1.513	1.380	0.619	0.233	0.238
天津	25.839	—	2.247	0.840	0.635	0.482	0.167	0.165
河北	4.207	2.247	—	5.227	1.243	0.230	0.098	0.108
山西	1.513	0.840	5.227	—	1.562	0.164	0.077	0.089
内蒙古	1.380	0.635	1.243	1.562	—	0.174	0.087	0.105
辽宁	0.619	0.482	0.230	0.164	0.174	—	1.568	0.721
吉林	0.233	0.167	0.098	0.077	0.087	1.568	—	2.471
黑龙江	0.238	0.165	0.108	0.089	0.105	0.721	2.471	—
上海	0.269	0.217	0.201	0.176	0.110	0.151	0.072	0.081
江苏	0.374	0.302	0.322	0.286	0.152	0.150	0.069	0.078
浙江	0.265	0.209	0.210	0.193	0.118	0.135	0.066	0.076
安徽	0.309	0.242	0.288	0.275	0.139	0.114	0.054	0.062
福建	0.125	0.093	0.101	0.101	0.067	0.066	0.036	0.043
江西	0.120	0.088	0.109	0.117	0.067	0.050	0.026	0.031
山东	1.953	1.978	1.898	0.941	0.396	0.284	0.111	0.115

地区	北京	天津	河北	山西	内蒙古	辽宁	吉林	黑龙江
河南	0.687	0.487	1.107	1.485	0.389	0.136	0.064	0.074
湖北	0.258	0.189	0.263	0.298	0.148	0.089	0.045	0.054
湖南	0.143	0.101	0.136	0.160	0.092	0.055	0.029	0.036
广东	0.101	0.072	0.086	0.096	0.065	0.048	0.027	0.035
广西	0.046	0.032	0.040	0.046	0.033	0.021	0.012	0.016
海南	0.052	0.037	0.044	0.049	0.036	0.026	0.015	0.020
重庆	0.088	0.059	0.087	0.118	0.075	0.031	0.017	0.022
四川	0.100	0.066	0.097	0.133	0.094	0.035	0.020	0.026
贵州	0.084	0.057	0.077	0.096	0.066	0.034	0.019	0.025
云南	0.051	0.034	0.045	0.055	0.042	0.022	0.013	0.017
陕西	0.412	0.263	0.517	0.945	0.430	0.102	0.054	0.066
甘肃	0.143	0.088	0.142	0.222	0.197	0.043	0.024	0.032
青海	0.099	0.061	0.092	0.133	0.131	0.032	0.019	0.025
新疆	0.033	0.021	0.025	0.029	0.034	0.016	0.011	0.016

地区	上海	江苏	浙江	安徽	福建	江西	山东	河南
北京	0.269	0.374	0.265	0.309	0.125	0.120	1.953	0.687
天津	0.217	0.302	0.209	0.242	0.093	0.088	1.978	0.487
河北	0.201	0.322	0.210	0.288	0.101	0.109	1.898	1.107
山西	0.176	0.286	0.193	0.275	0.101	0.117	0.941	1.485
内蒙古	0.110	0.152	0.118	0.139	0.067	0.067	0.396	0.389
辽宁	0.151	0.150	0.135	0.114	0.066	0.050	0.284	0.136
吉林	0.072	0.069	0.066	0.054	0.036	0.026	0.111	0.064
黑龙江	0.081	0.078	0.076	0.062	0.043	0.031	0.115	0.074
上海	—	2.806	10.757	1.330	0.667	0.383	0.413	0.322
江苏	2.806	—	3.742	10.839	0.513	0.601	0.768	0.704
浙江	10.757	3.742	—	2.250	1.231	0.725	0.403	0.387
安徽	1.330	10.839	2.250	—	0.505	0.900	0.595	0.809
福建	0.667	0.513	1.231	0.505	—	0.776	0.151	0.185
江西	0.383	0.601	0.725	0.900	0.776	—	0.161	0.470
山东	0.413	0.768	0.403	0.595	0.151	0.161	—	1.218
河南	0.322	0.704	0.387	0.809	0.185	0.470	1.218	—

续表

地区	上海	江苏	浙江	安徽	福建	江西	山东	河南
湖北	0.493	1.091	0.789	2.000	0.494	0.728	0.379	0.980
湖南	0.249	0.381	0.387	0.515	0.427	0.255	0.171	0.367
广东	0.199	0.217	0.291	0.237	0.601	0.145	0.106	0.163
广西	0.061	0.070	0.083	0.076	0.114	0.047	0.044	0.071
海南	0.080	0.085	0.107	0.088	0.170	0.057	0.050	0.074
重庆	0.072	0.102	0.095	0.116	0.087	0.068	0.082	0.187
四川	0.069	0.093	0.088	0.101	0.078	0.092	0.085	0.175
贵州	0.087	0.112	0.117	0.125	0.128	0.075	0.079	0.149
云南	0.047	0.056	0.060	0.059	0.064	0.062	0.044	0.074
陕西	0.184	0.294	0.226	0.327	0.152	0.209	0.370	1.284
甘肃	0.055	0.075	0.065	0.077	0.048	0.050	0.097	0.180
青海	0.040	0.052	0.047	0.052	0.036	0.037	0.065	0.110
新疆	0.015	0.017	0.017	0.016	0.014	0.011	0.020	0.025
地区	湖北	湖南	广东	广西	海南	重庆	四川	贵州
北京	0.258	0.143	0.101	0.046	0.052	0.088	0.100	0.084
天津	0.189	0.101	0.072	0.032	0.037	0.059	0.066	0.057
河北	0.263	0.136	0.086	0.040	0.044	0.087	0.097	0.077
山西	0.298	0.160	0.096	0.046	0.049	0.118	0.133	0.096
内蒙古	0.148	0.092	0.065	0.033	0.036	0.075	0.094	0.066
辽宁	0.089	0.055	0.048	0.021	0.026	0.031	0.035	0.034
吉林	0.045	0.029	0.027	0.012	0.015	0.017	0.020	0.019
黑龙江	0.054	0.036	0.035	0.016	0.020	0.022	0.026	0.025
上海	0.493	0.249	0.199	0.061	0.080	0.072	0.069	0.087
江苏	1.091	0.381	0.217	0.070	0.085	0.102	0.093	0.112
浙江	0.789	0.387	0.291	0.083	0.107	0.095	0.088	0.117
安徽	2.000	0.515	0.237	0.076	0.088	0.116	0.101	0.125
福建	0.494	0.427	0.601	0.114	0.170	0.087	0.078	0.128
江西	0.728	0.255	0.145	0.047	0.057	0.068	0.092	0.075
山东	0.379	0.171	0.106	0.044	0.050	0.082	0.085	0.079
河南	0.980	0.367	0.163	0.071	0.074	0.187	0.175	0.149
湖北	—	2.306	0.418	0.137	0.143	0.258	0.191	0.258

地区	湖北	湖南	广东	广西	海南	重庆	四川	贵州
湖南	2.306	—	0.772	0.229	0.214	0.332	0.212	0.428
广东	0.418	0.772	—	0.731	1.265	0.184	0.153	0.420
广西	0.137	0.229	0.731	—	1.229	0.149	0.132	0.633
海南	0.143	0.214	1.265	1.229	—	0.105	0.100	0.294
重庆	0.258	0.332	0.184	0.149	0.105	—	1.732	0.974
四川	0.191	0.212	0.153	0.132	0.100	1.732	—	0.630
贵州	0.258	0.428	0.420	0.633	0.294	0.974	0.630	—
云南	0.103	0.134	0.176	0.281	0.173	0.261	0.370	0.856
陕西	0.588	0.396	0.196	0.110	0.102	0.576	0.612	0.303
甘肃	0.115	0.093	0.068	0.044	0.042	0.170	0.327	0.116
青海	0.077	0.064	0.051	0.035	0.033	0.113	0.229	0.086
新疆	0.020	0.017	0.018	0.012	0.013	0.019	0.030	0.021

地区	云南	陕西	甘肃	青海	新疆
北京	0.051	0.412	0.143	0.099	0.033
天津	0.034	0.263	0.088	0.061	0.021
河北	0.045	0.517	0.142	0.092	0.025
山西	0.055	0.945	0.222	0.133	0.029
内蒙古	0.042	0.430	0.197	0.131	0.034
辽宁	0.022	0.102	0.043	0.032	0.016
吉林	0.013	0.054	0.024	0.019	0.011
黑龙江	0.017	0.066	0.032	0.025	0.016
上海	0.047	0.184	0.055	0.040	0.015
江苏	0.056	0.294	0.075	0.052	0.017
浙江	0.060	0.226	0.065	0.047	0.017
安徽	0.059	0.327	0.077	0.052	0.016
福建	0.064	0.152	0.048	0.036	0.014
江西	0.062	0.209	0.050	0.037	0.011
山东	0.044	0.370	0.097	0.065	0.020
河南	0.074	1.284	0.180	0.110	0.025
湖北	0.103	0.588	0.115	0.077	0.020
湖南	0.134	0.396	0.093	0.064	0.017

续表

地区	云南	陕西	甘肃	青海	新疆
广东	0.176	0.196	0.068	0.051	0.018
广西	0.281	0.110	0.044	0.035	0.012
海南	0.173	0.102	0.042	0.033	0.013
重庆	0.261	0.576	0.170	0.113	0.019
四川	0.370	0.612	0.327	0.229	0.030
贵州	0.856	0.303	0.116	0.086	0.021
云南	—	0.152	0.083	0.069	0.020
陕西	0.152	—	0.757	0.359	0.043
甘肃	0.083	0.757	—	2.913	0.044
青海	0.069	0.359	2.913	—	0.048
新疆	0.020	0.043	0.044	0.048	—

附表6　　2013 年我国 29 个省份四元系统耦合协调空间

关联强度测算结果

地区	北京	天津	河北	山西	内蒙古	辽宁	吉林	黑龙江
北京	—	28.469	3.262	1.390	1.586	0.720	0.280	0.246
天津	28.469	—	2.184	0.967	0.915	0.703	0.252	0.215
河北	3.262	2.184	—	4.235	1.261	0.236	0.104	0.099
山西	1.390	0.967	4.235	—	1.877	0.199	0.096	0.096
内蒙古	1.586	0.915	1.261	1.877	—	0.264	0.138	0.143
辽宁	0.720	0.703	0.236	0.199	0.264	—	2.498	0.989
吉林	0.280	0.252	0.104	0.096	0.138	2.498	—	3.505
黑龙江	0.246	0.215	0.099	0.096	0.143	0.989	3.505	—
上海	0.264	0.266	0.174	0.180	0.141	0.196	0.096	0.093
江苏	0.375	0.380	0.285	0.300	0.200	0.199	0.095	0.092
浙江	0.216	0.213	0.151	0.165	0.125	0.146	0.074	0.073
安徽	0.272	0.267	0.224	0.253	0.161	0.133	0.065	0.064
福建	0.111	0.103	0.079	0.094	0.077	0.077	0.043	0.045
江西	0.119	0.110	0.096	0.122	0.087	0.065	0.035	0.036
山东	1.931	2.452	1.655	0.972	0.512	0.372	0.150	0.134

地区	北京	天津	河北	山西	内蒙古	辽宁	吉林	黑龙江
河南	0.606	0.538	0.861	1.369	0.449	0.159	0.077	0.077
湖北	0.252	0.231	0.226	0.304	0.189	0.115	0.060	0.062
湖南	0.130	0.116	0.110	0.152	0.109	0.066	0.036	0.038
广东	0.095	0.085	0.071	0.094	0.080	0.060	0.035	0.038
广西	0.049	0.042	0.037	0.051	0.046	0.029	0.017	0.020
海南	0.054	0.047	0.040	0.053	0.049	0.035	0.021	0.024
重庆	0.090	0.075	0.079	0.126	0.101	0.042	0.024	0.026
四川	0.132	0.108	0.113	0.184	0.162	0.062	0.036	0.041
贵州	0.068	0.058	0.055	0.081	0.070	0.036	0.021	0.024
云南	0.052	0.044	0.040	0.059	0.056	0.029	0.018	0.020
陕西	0.361	0.289	0.401	0.867	0.494	0.119	0.064	0.069
甘肃	0.135	0.104	0.119	0.219	0.243	0.053	0.031	0.035
青海	0.114	0.088	0.094	0.162	0.198	0.049	0.030	0.034
新疆	0.034	0.027	0.022	0.031	0.046	0.022	0.015	0.019

地区	上海	江苏	浙江	安徽	福建	江西	山东	河南
北京	0.264	0.375	0.216	0.272	0.111	0.249	1.931	0.606
天津	0.266	0.380	0.213	0.267	0.103	0.110	2.452	0.538
河北	0.174	0.285	0.151	0.224	0.079	0.189	1.655	0.861
山西	0.180	0.300	0.165	0.253	0.094	0.122	0.972	1.369
内蒙古	0.141	0.200	0.125	0.161	0.077	0.087	0.512	0.449
辽宁	0.196	0.199	0.146	0.133	0.077	0.065	0.372	0.159
吉林	0.096	0.095	0.074	0.065	0.043	0.063	0.150	0.077
黑龙江	0.093	0.092	0.073	0.064	0.045	0.061	0.134	0.077
上海	—	3.138	9.785	1.309	0.658	0.426	0.455	0.317
江苏	3.138	—	3.480	10.910	0.517	0.684	0.866	0.708
浙江	9.785	3.480	—	1.842	1.010	0.671	0.370	0.317
安徽	1.309	10.910	1.842	—	0.448	7.250	0.591	0.716
福建	0.658	0.517	1.010	0.448	—	0.344	0.150	0.164
江西	0.426	0.684	0.671	0.902	0.779	—	0.181	0.280
山东	0.455	0.866	0.370	0.591	0.150	0.181	—	1.209
河南	0.317	0.708	0.317	0.716	0.164	0.471	1.209	—

续表

地区	上海	江苏	浙江	安徽	福建	江西	山东	河南
湖北	0.536	1.214	0.714	1.959	0.485	0.807	0.416	0.959
湖南	0.253	0.396	0.327	0.471	0.391	0.263	0.175	0.336
广东	0.208	0.232	0.253	0.223	0.566	0.154	0.111	0.154
广西	0.072	0.084	0.081	0.080	0.121	0.056	0.052	0.075
海南	0.092	0.100	0.103	0.092	0.177	0.066	0.058	0.077
重庆	0.083	0.119	0.090	0.119	0.089	0.079	0.095	0.192
四川	0.102	0.140	0.107	0.134	0.103	0.138	0.126	0.231
贵州	0.079	0.103	0.088	0.101	0.105	0.069	0.072	0.121
云南	0.053	0.065	0.056	0.061	0.065	0.072	0.050	0.075
陕西	0.180	0.294	0.184	0.288	0.134	0.208	0.365	1.131
甘肃	0.058	0.081	0.057	0.073	0.046	0.054	0.103	0.170
青海	0.052	0.069	0.050	0.061	0.041	0.048	0.085	0.128
新疆	0.017	0.020	0.016	0.017	0.014	0.013	0.023	0.025

地区	湖北	湖南	广东	广西	海南	重庆	四川	贵州
北京	0.252	0.130	0.095	0.049	0.054	0.090	0.132	0.068
天津	0.231	0.116	0.085	0.042	0.047	0.075	0.108	0.058
河北	0.226	0.110	0.071	0.037	0.040	0.079	0.113	0.055
山西	0.304	0.152	0.094	0.051	0.053	0.126	0.184	0.081
内蒙古	0.189	0.109	0.080	0.046	0.049	0.101	0.162	0.070
辽宁	0.115	0.066	0.060	0.029	0.035	0.042	0.062	0.036
吉林	0.060	0.036	0.035	0.017	0.021	0.024	0.036	0.021
黑龙江	0.062	0.038	0.038	0.020	0.024	0.026	0.041	0.024
上海	0.536	0.253	0.208	0.072	0.092	0.083	0.102	0.079
江苏	1.214	0.396	0.232	0.084	0.100	0.119	0.140	0.103
浙江	0.714	0.327	0.253	0.081	0.103	0.090	0.107	0.088
安徽	1.959	0.471	0.223	0.080	0.092	0.119	0.134	0.101
福建	0.485	0.391	0.566	0.121	0.177	0.089	0.103	0.105
江西	2.503	1.571	0.477	0.123	0.140	0.137	0.138	0.140
山东	0.416	0.175	0.111	0.052	0.058	0.095	0.126	0.072
河南	0.959	0.336	0.154	0.075	0.077	0.192	0.231	0.121
湖北	—	2.330	0.435	0.160	0.163	0.292	0.280	0.232

地区	湖北	湖南	广东	广西	海南	重庆	四川	贵州
湖南	2.330	—	0.749	0.250	0.228	0.352	0.289	0.359
广东	0.435	0.749	—	0.820	1.390	0.201	0.214	0.363
广西	0.160	0.250	0.820	—	1.520	0.183	0.208	0.614
海南	0.163	0.228	1.390	1.520	—	0.126	0.154	0.279
重庆	0.292	0.352	0.201	0.183	0.126	—	2.654	0.917
四川	0.280	0.289	0.214	0.208	0.154	2.654	—	0.765
贵州	0.232	0.359	0.363	0.614	0.279	0.917	0.765	—
云南	0.116	0.142	0.191	0.343	0.207	0.309	0.564	0.803
陕西	0.573	0.360	0.183	0.115	0.105	0.589	0.805	0.245
甘肃	0.121	0.091	0.068	0.050	0.047	0.187	0.463	0.101
青海	0.099	0.077	0.063	0.048	0.045	0.152	0.398	0.092
新疆	0.023	0.018	0.020	0.014	0.016	0.022	0.045	0.020

地区	云南	陕西	甘肃	青海	新疆
北京	0.052	0.361	0.135	0.114	0.034
天津	0.044	0.289	0.104	0.088	0.027
河北	0.040	0.401	0.119	0.094	0.022
山西	0.059	0.867	0.219	0.162	0.031
内蒙古	0.056	0.494	0.243	0.198	0.046
辽宁	0.029	0.119	0.053	0.049	0.022
吉林	0.018	0.064	0.031	0.030	0.015
黑龙江	0.020	0.069	0.035	0.034	0.019
上海	0.053	0.180	0.058	0.052	0.017
江苏	0.065	0.294	0.081	0.069	0.020
浙江	0.056	0.184	0.057	0.050	0.016
安徽	0.061	0.288	0.073	0.061	0.017
福建	0.065	0.134	0.046	0.041	0.014
江西	0.072	0.208	0.056	0.048	0.013
山东	0.050	0.365	0.103	0.085	0.023
河南	0.075	1.131	0.170	0.128	0.025
湖北	0.116	0.573	0.121	0.099	0.023
湖南	0.142	0.360	0.091	0.077	0.018

续表

地区	云南	陕西	甘肃	青海	新疆
广东	0.191	0.183	0.068	0.063	0.020
广西	0.343	0.115	0.050	0.048	0.014
海南	0.207	0.105	0.047	0.045	0.016
重庆	0.309	0.589	0.187	0.152	0.022
四川	0.564	0.805	0.463	0.398	0.045
贵州	0.803	0.245	0.101	0.092	0.020
云南	—	0.154	0.090	0.092	0.024
陕西	0.154	—	0.714	0.416	0.044
甘肃	0.090	0.714	—	3.636	0.048
青海	0.092	0.416	3.636	—	0.065
新疆	0.024	0.044	0.048	0.065	—

附表 7　　2009 年我国 29 个省份四元系统耦合协调空间

关联强度测算结果

地区	北京	天津	河北	山西	内蒙古	辽宁	吉林	黑龙江
北京	—	27.162	3.337	1.486	1.464	0.762	0.271	0.252
天津	27.162	—	1.964	0.909	0.743	0.654	0.215	0.193
河北	3.337	1.964	—	4.267	1.097	0.235	0.095	0.096
山西	1.486	0.909	4.267	—	1.706	0.208	0.092	0.097
内蒙古	1.464	0.743	1.097	1.706	—	0.238	0.113	0.124
辽宁	0.762	0.654	0.235	0.208	0.238	—	2.360	0.988
吉林	0.271	0.215	0.095	0.092	0.113	2.360	—	3.205
黑龙江	0.252	0.193	0.096	0.097	0.124	0.988	3.205	—
上海	0.280	0.248	0.174	0.188	0.128	0.202	0.091	0.094
江苏	0.422	0.376	0.303	0.332	0.191	0.219	0.095	0.097
浙江	0.225	0.195	0.148	0.169	0.111	0.148	0.069	0.072
安徽	0.262	0.226	0.203	0.240	0.131	0.125	0.056	0.058
福建	0.110	0.090	0.074	0.092	0.065	0.075	0.038	0.043
江西	0.128	0.104	0.097	0.129	0.080	0.069	0.034	0.037
山东	2.178	2.431	1.760	1.080	0.491	0.409	0.151	0.143

地区	北京	天津	河北	山西	内蒙古	辽宁	吉林	黑龙江
河南	0.625	0.488	0.836	1.389	0.393	0.160	0.071	0.075
湖北	0.250	0.202	0.212	0.297	0.160	0.111	0.053	0.058
湖南	0.128	0.101	0.102	0.148	0.092	0.064	0.032	0.036
广东	0.097	0.076	0.069	0.095	0.070	0.059	0.032	0.037
广西	0.053	0.040	0.038	0.055	0.042	0.031	0.017	0.020
海南	0.056	0.043	0.039	0.054	0.043	0.035	0.019	0.023
重庆	0.084	0.062	0.070	0.117	0.080	0.038	0.020	0.023
四川	0.115	0.083	0.093	0.158	0.121	0.053	0.028	0.033
贵州	0.066	0.049	0.050	0.078	0.058	0.034	0.018	0.022
云南	0.052	0.038	0.038	0.058	0.048	0.028	0.016	0.019
陕西	0.346	0.243	0.361	0.817	0.402	0.111	0.055	0.062
甘肃	0.152	0.102	0.125	0.242	0.232	0.058	0.031	0.037
青海	0.140	0.095	0.108	0.195	0.207	0.059	0.033	0.040
新疆	0.036	0.025	0.022	0.032	0.042	0.022	0.014	0.019
地区	上海	江苏	浙江	安徽	福建	江西	山东	河南
北京	0.280	0.422	0.225	0.262	0.110	0.267	2.178	0.625
天津	0.248	0.376	0.195	0.226	0.090	0.104	2.431	0.488
河北	0.174	0.303	0.148	0.203	0.074	0.192	1.760	0.836
山西	0.188	0.332	0.169	0.240	0.092	0.129	1.080	1.389
内蒙古	0.128	0.191	0.111	0.131	0.065	0.080	0.491	0.393
辽宁	0.202	0.219	0.148	0.125	0.075	0.069	0.409	0.160
吉林	0.091	0.095	0.069	0.056	0.038	0.060	0.151	0.071
黑龙江	0.094	0.097	0.072	0.058	0.043	0.062	0.143	0.075
上海	—	3.456	9.946	1.229	0.639	0.448	0.502	0.319
江苏	3.456	—	3.755	10.866	0.533	0.763	1.013	0.757
浙江	9.946	3.755	—	1.694	0.962	0.691	0.400	0.312
安徽	1.229	10.866	1.694	—	0.394	6.888	0.589	0.653
福建	0.639	0.533	0.962	0.394	—	0.338	0.155	0.155
江西	0.448	0.763	0.691	0.857	0.767	—	0.202	0.285
山东	0.502	1.013	0.400	0.589	0.155	0.202	—	1.295
河南	0.319	0.757	0.312	0.653	0.155	0.480	1.295	—

续表

地区	上海	江苏	浙江	安徽	福建	江西	山东	河南
湖北	0.520	1.250	0.679	1.719	0.441	0.792	0.429	0.904
湖南	0.245	0.406	0.309	0.411	0.354	0.257	0.180	0.315
广东	0.208	0.246	0.248	0.202	0.530	0.156	0.118	0.149
广西	0.077	0.095	0.084	0.077	0.121	0.060	0.059	0.078
海南	0.092	0.107	0.101	0.083	0.167	0.068	0.062	0.075
重庆	0.076	0.115	0.081	0.098	0.076	0.073	0.092	0.171
四川	0.087	0.127	0.089	0.104	0.082	0.119	0.114	0.192
贵州	0.075	0.104	0.081	0.087	0.093	0.066	0.072	0.112
云南	0.052	0.068	0.054	0.053	0.060	0.071	0.052	0.071
陕西	0.168	0.292	0.168	0.244	0.117	0.197	0.363	1.028
甘肃	0.064	0.094	0.062	0.072	0.047	0.060	0.120	0.181
青海	0.062	0.088	0.059	0.066	0.046	0.059	0.108	0.148
新疆	0.018	0.022	0.017	0.016	0.014	0.014	0.026	0.025

地区	湖北	湖南	广东	广西	海南	重庆	四川	贵州
北京	0.250	0.128	0.097	0.053	0.056	0.084	0.115	0.066
天津	0.202	0.101	0.076	0.040	0.043	0.062	0.083	0.049
河北	0.212	0.102	0.069	0.038	0.039	0.070	0.093	0.050
山西	0.297	0.148	0.095	0.055	0.054	0.117	0.158	0.078
内蒙古	0.160	0.092	0.070	0.042	0.043	0.080	0.121	0.058
辽宁	0.111	0.064	0.059	0.031	0.035	0.038	0.053	0.034
吉林	0.053	0.032	0.032	0.017	0.019	0.020	0.028	0.018
黑龙江	0.058	0.036	0.037	0.020	0.023	0.023	0.033	0.022
上海	0.520	0.245	0.208	0.077	0.092	0.076	0.087	0.075
江苏	1.250	0.406	0.246	0.095	0.107	0.115	0.127	0.104
浙江	0.679	0.309	0.248	0.084	0.101	0.081	0.089	0.081
安徽	1.719	0.411	0.202	0.077	0.083	0.098	0.104	0.087
福建	0.441	0.354	0.530	0.121	0.167	0.076	0.082	0.093
江西	2.459	1.536	0.483	0.133	0.143	0.127	0.119	0.134
山东	0.429	0.180	0.118	0.059	0.062	0.092	0.114	0.072
河南	0.904	0.315	0.149	0.078	0.075	0.171	0.192	0.112
湖北	—	2.104	0.406	0.159	0.154	0.250	0.223	0.206

续表

地区	湖北	湖南	广东	广西	海南	重庆	四川	贵州
湖南	2.104	—	0.696	0.248	0.214	0.300	0.229	0.317
广东	0.406	0.696	—	0.841	1.349	0.177	0.176	0.331
广西	0.159	0.248	0.841	—	1.570	0.171	0.182	0.597
海南	0.154	0.214	1.349	1.570	—	0.112	0.128	0.257
重庆	0.250	0.300	0.177	0.171	0.112	—	2.000	0.767
四川	0.223	0.229	0.176	0.182	0.128	2.000	—	0.597
贵州	0.206	0.317	0.331	0.597	0.257	0.767	0.597	—
云南	0.106	0.128	0.179	0.343	0.196	0.266	0.453	0.715
陕西	0.502	0.314	0.165	0.111	0.096	0.486	0.620	0.209
甘肃	0.124	0.093	0.072	0.056	0.050	0.181	0.418	0.101
青海	0.111	0.086	0.073	0.059	0.052	0.160	0.392	0.101
新疆	0.022	0.018	0.020	0.015	0.016	0.021	0.039	0.019

地区	云南	陕西	甘肃	青海	新疆
北京	0.052	0.346	0.152	0.140	0.036
天津	0.038	0.243	0.102	0.095	0.025
河北	0.038	0.361	0.125	0.108	0.022
山西	0.058	0.817	0.242	0.195	0.032
内蒙古	0.048	0.402	0.232	0.207	0.042
辽宁	0.028	0.111	0.058	0.059	0.022
吉林	0.016	0.055	0.031	0.033	0.014
黑龙江	0.019	0.062	0.037	0.040	0.019
上海	0.052	0.168	0.064	0.062	0.018
江苏	0.068	0.292	0.094	0.088	0.022
浙江	0.054	0.168	0.062	0.059	0.017
安徽	0.053	0.244	0.072	0.066	0.016
福建	0.060	0.117	0.047	0.046	0.014
江西	0.071	0.197	0.063	0.059	0.014
山东	0.052	0.363	0.120	0.108	0.026
河南	0.071	1.028	0.181	0.148	0.025
湖北	0.106	0.502	0.124	0.111	0.022
湖南	0.128	0.314	0.093	0.086	0.018

续表

地区	云南	陕西	甘肃	青海	新疆
广东	0.179	0.165	0.072	0.073	0.020
广西	0.343	0.111	0.056	0.059	0.015
海南	0.196	0.096	0.050	0.052	0.016
重庆	0.266	0.486	0.181	0.160	0.021
四川	0.453	0.620	0.418	0.392	0.039
贵州	0.715	0.209	0.101	0.101	0.019
云南	—	0.136	0.093	0.104	0.023
陕西	0.136	—	0.706	0.449	0.041
甘肃	0.093	0.706	—	4.594	0.053
青海	0.104	0.449	4.594	—	0.078
新疆	0.023	0.041	0.053	0.078	—